U0069546

多難
興邦

胡漢民、汪精衛、蔣介石
及國共的分合興衰 1925—1936

蔣永敬——

著

▋ 推薦序　《多難興邦》導讀

張玉法

　　蔣永敬先生近以新著《多難興邦》書稿見示，頗驚其以九五高齡，尚皓首窮經，完成此學術論著，實為學界之光。永敬先生要我寫序，實不敢當；最有資格寫序者當為北京社會科學院近代史研究所的楊天石先生。天石先生近年以蔣介石日記為本，研究蔣介石，成果豐碩，已出書多種。永敬先生此書以蔣介石的《事略稿本》為本，研究胡漢民（1879－1936）、汪精衛（1883－1944）、蔣介石（1887－1975）的關係，兼論有關史事，天石先生對這段歷史當最熟悉。永敬先生說，近與天石先生聯絡上，也請天石先生為序。為了共襄盛舉，願寫幾段贅言，作為本書的導讀。

　　《多難興邦》一書研究的時段，起於1925年7月國民政府成立，止於1936年的西安事變落幕。書中的主角為胡漢民、汪精衛和蔣介石，歷史的場景為孫中山去世後國民黨內部對孫中山所遺留下來的聯俄容共政策之處理、國民革命軍的北伐戰爭和清黨、戰後國民黨各個軍頭或個別或聯合的反蔣戰爭、國民黨的剿共戰爭、以及日本對中國東北和華北的侵略。從上述諸多歷史事件中，都可以看出胡、汪、蔣三位國民黨高層人物的權力鬥爭。三人有時分，有時合，分時易招外患，包括共黨勢力之擴張和日本之侵略；合時外患則易息止或減緩，包括共產黨再度與國民黨合作、以及日本對中國

侵略之減緩。但當國共決定合作抗日時，日本怕日後使中國屈服無望，激使日本全面侵略中國，但日本終被戰敗。

胡、汪、蔣的關係，對1925年到1936年的國民黨史之所以重要，涉及孫中山於1925年去世後國民黨領導人的繼承之爭。胡比汪大四歲、比蔣大八歲，汪比蔣大四歲。就三人在國民黨內的資歷來看，似應以胡、汪、蔣為序。胡和汪於孫中山在日本東京辦《民報》時，即為《民報》的主筆，時為1905年，蔣尚不識孫中山。其後胡和汪一直協助孫中山推動革命，到民國建立後亦如此。蔣受孫中山的重視已遲至1913－1916年孫中山討伐袁世凱時，蔣在國民黨中地位真正開始重要，更遲至1924年孫中山任命其為黃埔軍官學校校長時。由於蔣建立黨軍有成，成為國民黨推動革命的主要力量，乃成為孫中山的主要依靠。孫中山採行聯俄容共政策時，汪反對，廖贊同，胡兩可、有條件，蔣贊同、也反對。孫中山過世後，汪排胡，蔣以軍制汪，開啟三人的權力之爭。此一權力之爭，到1935年汪與蔣分道，1936年胡去世告一段落，但汪、蔣的鬥爭仍未已，最後汪自抗日陣營出走，與日本合作，此為後話。

永敬先生對胡、汪、蔣的關係，早年即曾潛心研究過。近年由於有關胡、汪、蔣的史料開放日多，特別是蔣日記的開放和蔣中正總統檔案《事略稿本》的出版，使研究者對胡、汪、蔣的關係，從表面的觀察進入到內心的了解。永敬先生所依據的主要史料《事略稿本》，係蔣介石的編年大事記，其中不僅大量引用蔣的日記，也引用了有關蔣的其他檔案，是研究蔣介石最有系統、最接近一手資料的珍貴史料。永敬先生退休後事少心靜，涵泳其間，深切體會，據以重新探討胡、汪、蔣的分合關係及其影響，每能發前人所未發；撰寫成書，以饗讀者，尤能嘉惠學界。

《多難興邦》一書所探討的，雖然以胡、汪、蔣的分合關係為重要脈絡，對諸多歷史現場的觀察也能以簡明的詞句讓讀者了解。

譬如永敬先生指出：對1931年日本侵略中國的「九一八」事變和對1933年日本侵略熱河的戰爭，都是不戰而逃；對1932年的日本侵略上海戰爭，是戰而後和；對1933年日本進攻長城的戰爭和塘沽協定，是戰而後屈；對1935年與日本所訂的「何梅協定」，是不戰而屈；對1936年日本侵略綏遠的戰爭，是戰而不屈。前此未見有學者如是比較、使讀者一目了然者。永敬先生如是提示，只是幫助讀者了解大要，實際情形如何，仍須讀者細心閱讀。

匆忙讀了永敬先生的這本書稿，對永敬先生的治學精神至為感佩。曾向永敬先生提出若干小意見，皆承永敬先生接納。嘗見史學界有人見到別人批評就惱怒，益覺永敬先生在史學界之所以能「大」，乃因其能「容」。

■ 推薦序　追求真相，老而彌篤
——讀《多難興邦》感言

楊天石

　　突接蔣永敬教授來函，命我為他的新著《多難興邦》作序，我既感榮耀，又感到意外。

　　蔣永敬教授是我的多年老友。早在1981年，我完成《中華民國史》第一編的寫作和修訂任務後，接手主編《中華民國史》第二編第五卷（現為第六卷）。該卷記述北伐戰爭與北洋軍閥覆滅的過程，期間，我曾一再、仔細讀過永敬教授的《鮑羅廷與武漢政權》一書。說「一再」，說「仔細」，都是實情，並非虛語。該書是永敬教授的成名作，也是他的代表作。它大量引用庋藏於台北的中國國民黨黨史會的各類檔案，特別是會議紀錄，闡述大革命時期蘇聯顧問鮑羅廷的來華及其作用。當時，兩岸隔絕，要想到台灣查閱有關資料，有類登天，幻想而已。因此，詳博富贍的永敬教授的著作就正符合我的需要。

　　我和永敬教授的進一步相識是關於「中山艦事件」的研究。關於這一事件，國共兩黨的學者各有不同解釋。「共派」認為是蔣介石的陰謀，「國派」認為是中共的陰謀，蔣介石則表示，要弄明白這一事件，只有在他死後看他的日記。我因為機緣湊巧，恰恰讀到了當年那一時期的蔣介石日記，又讀到了當年審理中山艦事件的案

卷，據此寫成〈中山艦事件之謎〉一文。永敬教授曾多年研究中山
艦事件，其研究成果在台灣學界受到充分肯定，被視為「嚴謹、公
正」，「有學術上永久價值」。但是，永敬教授在讀到拙文後，卻
盛讚拙文及其後續論文〈中山艦事件之後〉，視為「後來居上」，
多次稱道，並親到北京社科院近代史研究所訪我。我很敬佩永敬教
授的謙遜和真誠，相識、相交即自此始。

　　我和永敬教授之間也有爭論，例如，孫中山有無所謂「聯俄、
容共、扶助農工」的「三大政策」問題。永敬教授一度認為是「贗
品」，我則認為「三個方面確實都來自孫中山」，爭論結果，達成
一致。由此，我認識到永敬教授能擺脫黨派成見，惟真相是從的精
神。我們之間的友誼因此益進、益深。

　　永敬教授長我十餘歲，著作等身，享譽中外，屬於我的前輩
學者。前些年，永敬教授清理藏書，大部分捐贈南京大學民國史研
究中心，少部分親自摘抄的國民黨黨史會資料，則賜給我這個尚屬
年輕的小老弟。我親眼看見當時在南京大學工作的陳紅民教授到台
北蔣寓打包、裝箱的情形，心想，永敬教授年事已高，是到了怡情
養性為主的時候了。然而，出乎我意料的是，永敬教授的新舊著
作，如《抗戰史論》、《百年老店國民黨滄桑史》、《國民黨興衰
史》、《孫中山與辛亥革命》、《孫中山與胡志明》等，如泉湧水
噴，不斷問世。蔣介石日記在美國公開後，永敬教授又與政治大學
劉維開教授合作，迅速寫成《蔣介石與國共和戰（1945－1949）》
一書，對這段民國史上最難於落筆的段落提出了重要見解，風行一
時。其後，永敬教授又大加增訂，於2014年出版《蔣介石、毛澤東
的談打與決戰》一書，對這一段歷史的闡述益趨完整、深入、細
緻。其對於這一時期兩大主角——毛澤東、蔣介石的功過分析超出
於黨派之外，更有獨到而引人思考之處。我想，這一本書，應該是
永敬教授的收手之作了吧？永敬教授舊學功力很深，寫一手很好的

毛筆字，常與張玉法院士有唱和之作，與我也偶有唱和。永敬教授的詩，出語通俗而質樸，有其特殊風致，我曾建議他整理出版。然而，我萬萬沒有想到的是，永敬教授的一本新著《多難興邦》又即將出版了。我除了用驚詫異常來描述自己的心情外，幾乎找不到其他讚美詞語。須知，永敬教授已經九五高齡了呀！正如玉法院士所述，這是奇蹟，史學家、史學界的奇蹟。

人類的精神世界中有兩大追求，一是真理，一是真相，前者主要屬於思想、政治領域。後者主要屬於歷史學領域。就後者說來，歷史學家或皓首窮經，沉埋於檔案文獻，或踏遍天涯，遍尋當事人勘詢；對自己的著述則窮年累月，焚膏繼晷，鞠躬盡瘁，一改再改，務求其真實、完善。衰、病、孤、窮，不止不休；面臨困境、險境，遭受打壓、禁言，初衷不改。為何？其目的就在於揭示真相，將被掩蓋了、被扭曲的、或尚未為人認識的真相昭示於人間，流傳於千古。這是歷史學家的一種敬業精神，是對民族、對歷史，對子孫後代的嚴肅、認真、負責的態度。有了這種精神和態度，歷史學才能不斷進步、更新，在世上流傳的、人們所讀到的才是真史、全史，而不是假史、殘史，甚至是穢史、惡史。永敬教授之所以到了近百高齡還堅持筆耕，新作不斷，舊作的更新、增訂不斷，我想，只能是歷史學家追求真相的精神激勵使然。「烈士暮年，壯心不已。」此之謂也。

永敬教授的這本新書，寫近代中國1925年7月廣州國民政府成立至1936年12月西安事變這十餘年間事，計分「國民政府從廣州到南京」、「北伐統一後的南京國民政府」、「國共第一次內戰」、「安內成功，攘外見效」等四章。內容涉及國共兩大政治派別的生死鬥爭與國民黨內胡漢民、汪精衛、蔣介石三大派系的分合興衰，是民國史的重頭章節。永敬教授多年治史，一部民國史可謂爛熟於胸，又反覆閱讀《事略稿本》選錄的資料，因此，本書談全域，則

高屋建瓴，簡約明晰；談細部，則深入精當，繪形繪聲；談觀點，則超出舊論，每多新見，發人深思，大開新的議論、探討之門。永敬教授自述，寫作本書，期於「增進這一階段歷史真相，助於多方面的認識」。我覺得，這一目的已經達到了。

　　我為本書的出版賀，為永敬教授的高齡康強賀。文桂大嫂的在天之靈當亦為之欣慰。

■ 自序

著者年邁力衰，深感時光可貴，不自量力，着手本著《多難興邦》，記述1925年至1936年的民國史事，僅是民國史的極小部分。完整的民國史，需要大工程、大手筆，重要者有如張玉法院士的《中華民國史稿》[1]，內容涵蓋的史事，從1912年民國建立，到1990年代的台灣時期。全書以政治、外交、軍事史為主，社會、經濟、文化、思想史為輔。對於中華民國的開國，由分裂走向統一，體制認同與政治權力之爭，以及八年抗戰等，均有探討。

呂芳上教授的《民國史論》[2]，分為七大範圍，三十七個子題。內容創新，包括民國史學研究，婦女史研究，民初政局，抗戰前、抗戰時期及抗戰後的中國。

大陸方面，張憲文教授和張玉法院士主編的《中華民國專題史》[3]，內分十八個主題，探討從帝制到共和，文化、觀念與社會思想，北京政府時期的政治與外交，國民革命與北伐戰爭，國民政府執政，十年經濟建設，教育的變革與發展，抗日戰爭，國共內戰等。此外，還有張憲文教授的《中華民國史》四大巨冊。[4]內容豐富。

---

[1] 聯經出版公司出版，1998年。台北。
[2] 台灣商務印書館出版，2013年。台北。
[3] 南京大學出版社出版，2015年，南京。
[4] 南京大學出版社出版，2011年，南京。

北京社會科學院近代史研究所李新等數十位學者，以約二十年的時光，編纂完成的《中華民國史》[5]，全書三十六卷本，時限起自1912年到1949年，中華民國在大陸時期的三十八年歷史。論者認為很多事件和人物，具有「顛覆性」。其終結在1949年，視為中華民國的「滅亡」。事實上，中華民國自1949年遷台以來，迄近七十年的歷史，格局雖小，但已轉型為民主自由的國家。孫中山的三民五權，雖貶猶存。

本著涉及的史事和人物，過去已有大量的專著，可謂汗牛充棟。史事方面，僅以國共問題而言，重要者有如李雲漢教授的《從容共到清黨》[6]、《中國國民黨史述》[7]兩書，均大量利用國民黨黨史會珍藏史料，尤其後者二百餘萬言的巨著，記述國民黨一百年的歷史，實難能可貴。陳永發院士的《中國共產革命七十年》[8]，是一部頗具學術水準的巨著。大陸方面，楊奎松教授的《國民黨的聯共與反共》[9]、《中間地帶的革命》[10]及其《西安事變新探》[11]等名著，善用第一手原始資料，堪稱「獨得之密」。

人物方面，如蔣介石、胡漢民、汪精衛、張學良、毛澤東等的研究及著述，更是繁多，重要者有如呂芳上教授主編的《蔣中正先生年譜長編》[12]，十二巨冊，集過去諸種蔣傳譜牒之大成。楊天石教授的《找尋真實的蔣介石》[13]，馳名中外。陳紅民教授對於胡漢民的研究，最為傑出，其所輯注的《胡漢民未刊往來電稿》[14]，

---

[5] 中華書局出版，2011年，北京。
[6] 中國學術著作獎助委員會出版，1966年，台北。
[7] 近代中國出版社出版，1994年，台北。
[8] 聯經出版公司出版，2001年，台北。
[9] 社會科學文獻出版社出版，2008年，北京。
[10] 山西人民出版社出版，2010年，太原。
[11] 東大圖書公司出版，1995年，台北。
[12] 國史館、中正紀念堂、中正文教基金會出版。2014年，台北。
[13] 〈一、二、三、四輯〉三聯書公司出版，2008、2010、2014，2017。香港。
[14] 廣西師範大學出版社出版，2005年，桂林。

珍藏於美國哈佛燕京圖書館，四十三卷、兩千多件，經陳教授輯注出版後，分裝十五巨冊。該書的前言中，陳教授對台灣、大陸、海外其他地區有關研究胡的著作，做了詳細的評介。其中很有意思的一段話，是對本人的《民國胡展堂先生漢民年譜》的評語，說是：「該年譜存在的瑕疵，是對1931年『約法之爭』後期的活動記述，相當簡略，與此前的內容，不成比例。」[15]此評可謂一語中的。著者有幸，本著第二部分的「約法之爭與湯山事件」，算是有了補償。至於其他相關人物的研究著作，如汪精衛、張學良、毛澤東等，不勝枚舉。

　　總之，本著內容，如與上列各著較量，可謂「小巫見大巫」。既然如此，何必多此一舉！所謂學無止境，「做到老學到老」。著者鑒於蔣中正總統檔案《事略稿本》大量資料，頗多精粹，殊有解讀之必要。如與大陸方面近年出版之此類史著及資料，互為印證，必可增進這一階段歷史真相，助於多方面的認識。此為著者撰寫本著的主要原因。本著採取「述而不作」方式，儘量引錄原始文獻，以代論述。疏漏之處，在所不免，尚希讀者有以指正之。

　　本著承吾友張玉法院士和楊天石教授賜序，至感榮幸。稿成，並請玉法先生審閱，承其指示增加前言與結論，使本著有頭有尾，並提示諸多修正的卓見。謹此誌謝。

　　此外，玉法先生在其本著的〈導讀〉中，歸納本著「書中的主角胡漢民、汪精衛和蔣介石，歷史的場景為孫中山去世後，國民黨內部對孫中山所遺留下來的聯俄容共政策之處理，國民革命軍北伐戰爭和清黨」等等問題。亦如天石先生對本著四章的概括：「涉及國共兩大政治派別的生死鬥爭，與國民黨內胡漢民、汪精衛、蔣介石三大派系的分合興衰，是民國史的重頭章節。」為了回應玉

15　陳紅民，《胡漢民末刊往來電稿》，前言。頁3。

法先生的歸納，和天石先生的概括，特在本著之末，增列附錄四篇：（一）〈胡漢民傳〉。（二）〈汪精衛傳〉。（三）〈鮑羅廷傳〉。（四）〈大陸學界重評蔣介石歷史地位〉。以助於本著歷史背景的了解。這四篇附錄，均為著者的舊作，並做補充和修正。

本著完成時，適逢相聚一甲子吾妻文桂十週年之忌日，特以此書為紀念。

蔣永敬

2018年2月17日　於台北市木柵永安寓

目次 contents

附 錄

▌前言

　　本著《多難興邦》，是記述國民政府從1925年7月在廣州成立後，到1936年12月西安事變國共內戰停止，其間十一年半的史實。在此期中，內憂外患，互為影響，循環激盪。即每當內憂嚴重時，外患亦隨之加劇。或當外患嚴重時，內憂亦隨之增強。例如1927年及1928年寧漢分裂及北伐戰爭，而有南京事件五國通牒及日本兩度出兵山東；1930年的中原大戰及寧粵分裂，而有中東路事件及「九一八」事變；而「九一八」事變，中共紅軍之勢力，因之膨脹；此亦促成國民黨人部分的團結。在此內憂頻仍、外患深入之際，蔣介石以「忍辱負重」之精神，克服難關，化險為夷，使中國分而復合、衰而復興，可謂「多難興邦」。這一史實，過去的研究，雖屢見不鮮，但由於新史料的出籠，特別是國史館蔣中正總統檔案《事略稿本》八十二冊千餘萬字的刊佈，其中一至四十一冊，正是這一時期的史料，在長篇累牘中，不乏精粹。著者以「沙裡淘金」的心情，希從這些大量資料中，尋找一些精粹，輔以必要的佐證，來對這一時期的史事，做一補充，提供同好者的品嘗。

　　本著分四大部分，第一部分「國民政府從廣州到南京」，從1925年孫中山去世後，國民黨為「接班人」問題，先後有胡漢民、汪精衛、蔣介石三人的鬥爭。先有胡、汪分裂，後有汪、蔣分裂，因亦造成國民黨的分裂。

　　1925年7月，廣州大元帥府改組為國民政府，素稱「莫逆之

交」的胡漢民與汪精衛，呈現裂痕。迨廖仲愷被刺，兩人從此分裂。胡被放逐莫斯科，汪握軍政大權，實際「唯命是從」於俄顧問鮑羅廷及季山嘉。與此同時，蔣介石由平定滇、桂軍之內亂，而至兩次東征的勝利，所謂「功高震主」，汪、蔣矛盾，因之產生，中山艦事件，蔣取汪而代，國民黨內之共產派，亦因之失勢。迨蔣率師北伐，共派由發動迎汪而倒蔣，樹立武漢政權，代國民黨發號施令。迎汪雖告成功，倒蔣卻無所成，因蔣北伐有成，攻克上海、南京，有了反擊的憑藉，實行清黨，奪回黨權，奠都南京，以胡為南京國民政府主席，與武漢汪政府對立，史稱「寧漢分裂」。汪亦不諱言，說：「武漢政府是俄國的，南京政府是中國的。」亦事實也。

　　本著第二部分「北伐統一後的南京國民政府」，並未能達成中國實質的統一。北伐期間（1927年），不僅國民黨處於寧漢分裂狀態，即寧漢各自內部，亦非一致，寧方蔣與桂李（宗仁）不和，桂李迫蔣下野；漢方共黨與左派，亦分道揚鑣。國民革命軍也有內戰，武漢張發奎的革命軍，尾追共派賀龍、葉挺的革命軍南下廣東，自相火拼。桂李的革命軍，亦自南京西征武漢之唐生智的革命軍。北伐之後，從1929年到1930年，國民革命軍之內戰，更為頻仍。先有蔣之討伐桂李，繼有張發奎、唐生智、馮玉祥等反蔣戰爭。1930年的中原大戰，是各派反蔣的大聯合。中共乘此時機，大肆擴展紅軍，造成南京國民政府最大困境。

　　北伐統一後的南京國民政府，可分兩個階段，前一階段為胡、蔣合作，後一階段為汪、蔣合作。胡、蔣之合，是從1928年10月國民政府改組，到1931年2月湯山事件。汪、蔣之合，是從1931年「九一八」事變之後，到1935年11月汪之被刺。前者為時兩年有半，後者將近四年。

　　北伐統一之初，山頭林立，尾大不掉。蔣要集權中央，支持者少，反對者多。胡漢民揭櫫孫中山「以黨治國」旗幟，建立訓政

制度，助成蔣介石之集權。在連年內戰期間，口誅筆伐，助蔣「討逆」。蔣在完成「討逆」之後，要制定訓政時期約法，胡反對之，被蔣監禁於湯山，史稱「湯山事件」，致生「寧粵分裂」。迨「九一八」事變，乃得恢復自由，蔣亦因胡反對，二度下野。

1932年1月，為應付淞滬戰役，汪、蔣復合。行一面交涉，一面抵抗對日政策，汪負交涉之責，蔣負抵抗之責。汪以外交掩護軍事，蔣以剿共掃除地方軍人割據，以此應變國難，雖遭責難，終能度過難關，爭取準備抗戰及建設時機。

本著第三部分「國共第一次內戰：圍剿、反圍剿、追剿與長征」。國共在大陸時期，有兩次內戰，一為抗戰前從1930年到1936年的六年內戰；一為抗戰後從1946年到1949年的四年內戰。第二次國共內戰研究，著者近年有《蔣介石、毛澤東的談打與決戰》的問世。為填補此一缺口，茲就國共兩方資料，做一系列之探討。

本著第四部分「安內成功攘外見效」。「兩廣事件和平解決」，安內有成，攘外見效。1936年11月的綏遠戰役，正足顯示此一現象。「西安事變內戰停止」，算是一種「和平統一」，安內攘外更有進展。惟剿共與掃除地方軍人割據，僅是安內攘外的治標。治本建設尤為重要，內容浩繁，限於能力及篇幅，擬就公路交通及基礎教育為例，簡要記述之。

▍一、國民政府從廣州到南京

（一）胡汪蔣分合之時序

胡漢民（1879－1936），汪精衛（1883－1944），蔣介石（1887－1975），自孫中山1905年成立同盟會後，到1925年去世的二十年間，在孫中山的領導下，是最佳的革命伙伴，三人大致保持分工合作的關係，胡之職責，重在內部策劃：汪之職責，重在對外聯絡：蔣之職責，重在軍事任務。自孫中山去世後，三人關係，即行變化，時分時合。從1925年孫中山的去世，到1936年胡的去世，其間十一年，所謂汪、蔣合，胡、蔣合，各有兩次。胡、汪原為莫逆之交，始終有分無合，而三人之分合，亦影響國民黨之分合。

第一次汪、蔣合，是從1925年8月廖仲愷被刺到1926年三月「中山艦事件」，為時僅有半年。第二次是從1932年1月淞滬戰役，到1935年11月國民黨四屆六中全會，汪之被刺，為時三年十個月。

第一次胡、蔣合，是1927年4月國民黨「清黨」，到8月「寧漢分裂」蔣介石下野。第二次是從1928年10月南京國民政府改組，到1931年2月「湯山事件」，為時約兩年半。

胡、汪兩位「元老」，似在後起之「雄」蔣的操縱下，扮演「你來我往、你進我退」的角色，其間糾葛，殊有試探討之必要。以下僅就北伐統一前（1925－1927）三人之分合記述之。

（二）廖案發生胡汪分裂

　　1924年9月，中國北方發生第二次直奉戰爭，直軍內部將領馮玉祥等倒戈，發動北京政變，推翻曹錕政府，直軍首領吳佩孚落荒而逃，無兵無勇的皖系軍閥首領段祺瑞，被奉系軍閥首領張作霖、國民軍系首領馮玉祥，推為北京臨時政府執政。因孫中山與張、段原有同盟之約，乃於11月13日離粵北上，號召「和平統一」，其廣州軍政府大元帥職務，命胡漢民代理，1925年3月12日，孫在北京去世。7月1日，廣州軍政府改組為國民政府，胡卸代帥職務，汪任國府主席，兩人裂痕由此呈現。胡對此事曾有回憶，錄之如下：

> 記得在國民政府改組前，先由政治會議商量人選名單，自先生（孫中山）北行至逝世，我（胡）一直代理先生為政治會議主席。此外還有常務委員三名，即我、（廖）仲愷、雲梯（伍朝樞）。後來（汪）精衛回來，又加入了精衛，一共四個人。我們四個人便把政府委員人選名單商量擬定了。精衛和仲愷把名單拿去說：「還有汝為（許崇智）、（蔣）介石他們，斟酌斟酌。」幾天沒有拿回來。外面傳說某人加入，某人添進，連報紙都宣布了。一天，我和精衛兩人在政治會議辦公，我寫了個紙條問他（汪）：「政府組織的人選名單擬定後，你拿了去，至今未拿回。現在外面又有新名單出現，報紙亦竟宣布，未知是何原因？」精衛不答，摺著我寫的紙條走了。過幾天開政治會議，我主席，精衛、仲愷交出名單，與當時擬定的不相同，與報紙宣布的卻一般無二。我問精衛、仲愷、鮑羅廷，說：「政府組織名單，原來已這樣定了，我還沒有知道，這是鬧的甚麼玄虛？我不知道

可以，但不能在我未知道以前向外宣布。先生死了，我甚麼事都可以不問，但不能不顧黨。我與你們之間，祇就歷史關係來說，也不能這樣相欺。」說完，仲愷和精衛都臉紅沒有作聲。我等了一會，大家都沒有說話，便把筆一擲，跑回休息室裡去了。過一會，鮑羅廷入來，他說：「名單原沒有定準，只是不小心向外面公佈了。他們犯幼稚病，胡先生還得原諒他們。」卑躬屈節的說了一大套，我也沒甚理他。[1]

依據國民政府組織法的規定：國府委員十六名，國府主席由委員無記名投票選舉。6月30日開會選舉，十六名委員中出席十一名，他們是：汪精衛、胡漢民、譚延闓、許崇智、林森、廖仲愷、伍朝樞、古應芬、朱培德、孫科、程潛。汪以全票當選為國府主席，留下汪「自己選自己」的笑談。據鄒魯記述：

政治會議根據組織法，選舉國府主席。那時政治會議的秘書是伍朝樞先生，因為事情重大，他特別鄭重，對於發出的選票，收回的選票，每次都高聲報告。在選舉票朗讀完畢後，他立起來說：「發出選票十一張，收回選票十一張，選舉汪兆銘的十一張。」他遲疑了一下，顯然覺得有些奇怪，便故意又高聲報告了一次：「發出選票十一張，收回選票十一張，選舉汪兆銘的十一張。」這樣揚穿了汪兆銘自己選自己的伎倆，而汪也滿面通紅。[2]

這次國府改組，胡交出代理軍政府大元帥職權，降為國府外交

---

[1] 胡漢民，〈革命過程中之幾件史實〉，《東方雜誌》三十週年紀念專刊。1934年3月，上海。
[2] 鄒魯，《回顧錄》，上冊，頁167－168。

部長，乃鮑羅廷和汪、廖事先的安排，彼等以為胡必定不願屈就此職，正可藉此將胡排出政府。但胡欣然就任，實出彼等意料之外。據胡氏之女胡木蘭回憶：

> 先父向未嘗從事外交工作，一般人皆以為先父將不就職。不意先父並不以權位縈心，一切聽命於黨，欣然就任外交部長職。時曾任廣州市財政局長之王棠，他原係華僑，回國參加革命者，在先父就任外交部長的當天，來訪先父，對先父言：「奇怪，剛才在汪先生處，汪說：展堂（胡字）居然就職了！」引為異數。因一般人以為你曾代理大元帥，集黨政軍大權於一身，必不屑就區區外長之職。先父答云：「我乃一黨員，凡黨之決議，我必遵守。」[3]

　　廣州國民政府改組後，政情驟趨緊張，親共與反共互為激盪，左、右兩派之衝突，有一觸即發之勢。但其奇特的現象，中央左，地方右，當時國民黨中央黨部已成左派的大本營，廣州市黨部則相反。時為「青年才俊」型的市黨部執行委員黃季陸，晚年回憶說：「孫哲生（科）、馬超俊等人已離開廣州，市黨部就只剩下我和吳鐵城等少數幾個人，吳因兼公安局長關係，不便採積極的反共行動，實則只剩下我一個人，在孤軍奮鬥。」[4]

　　1925年8月20日，廖仲愷被刺於國民黨中央黨部門前，當時被指為謀刺之嫌疑犯胡毅生、林直勉等，與胡漢民有關，毅生為胡之堂弟，林為胡之親信。8月25日晨6時許，汪派軍隊一營，至廣州德宣路28號包圍胡寓，並將胡寓衛士繳械，進屋搜查，聲稱搜捕胡毅生，但並無胡毅生。長兄胡清瑞被帶走，旋釋放。胡乘間離寓，由

---

[3] 胡木蘭，〈有關先父生平的幾點補充〉，《傳記文學》卷28，期6，1976年6月。
[4] 黃季陸，〈胡先生與西山會議〉，《傳記文學》，期28，卷6。

黃埔軍校校長兼廣州衛戌司令蔣介石派兵護送軍校。汪之此舉，曾引用《孟子》，讚胡為舜，自比皋陶。據其事後致函國民黨浙江省執委會說：

桃應問曰：「舜為天子，皋陶為士，瞽瞍殺人，則如之何？孟子曰：執之而已矣。展堂（胡字）固重要，至舜而止，弟（汪自稱）等固微末，其職務則為皋陶。殺生於展堂，不能以瞽瞍自命，至多自比於象。皋陶可執象，弟何以不能執殺生？當日弟等命黨軍士兵往執殺生，其家人詭云在展堂處，遂逕往展堂處。見展堂之不識，問你是胡毅生否？答以非是。遂捨而問別人。當時士兵志在得殺生，不暇致詳，而展堂及其夫人、女公子見來勢洶洶，亦不知所為，相率由後門逸去。弟寓距展堂寓後門才數十武，弟其時與介石在司令部，內人（陳璧君）在寓，見展堂夫人及其女公子，走至告以兵變，且云與展堂相失，內人駭不知所以然，乃馳車至司令部告知。弟等始急派妥當軍佐，平日認識展堂者，率衛兵偕內人往覓得展堂。……展堂夫人驚魂未定，宜有戒心，於是決心前往黃埔，遂與展堂及女公子暨內人同往。……展堂在黃埔住十日，每日與弟等通訊，既縈念叛軍宜如何平定，並問胡毅生、林直勉等，果否與刺廖案有關係。展堂當時僅知叛軍當剿，猶不知其大象作如許壞事也。[5]

至於胡與廖案有無關連？汪在上函中說：「若云被嫌，則誠有之。」彼云：

5　汪精衛，〈致國民黨浙江省臨時執行委員會函〉，1925年9月24日，（國民黨黨史會藏檔）〈抄件〉。

以嫌疑犯人林直勉供稱：屢在展堂家開會議，驅逐仲愷也，誤會亦誠有之。以既在展堂家開會議，則展堂應知情也。惟據後來精密調查之結果，知彼輩在展堂家開會，發攻擊仲愷之言論，是一件事；後來魏邦平一班帝國主義走狗，結合謀殺仲愷，又是一件事。前一件事，展堂不能不謂為不知；後一件事，則展堂完全被瞞過，且由展堂家移為魏邦平家之會議矣。故謀殺之案，展堂全不知情，所謂「釋嫌」者此也，所謂「誤會盡釋」者此也。[6]

胡後來為廖案覆林直勉書中，對當時情況，有如下之說明：

（但記當七月中）一日，吳鐵城宴諸人於外交部私邸，飯後談孫文學會（按：受戴季陶《孫文主義之哲學的基礎》影響之反共團體）事，吳又言仲愷過袒彼黨（共黨），殆受其欺。哲生（孫科）慨然曰：我當忠告之，不能聽；則當諷其辭職。後此結果如何，未見哲生報告。惟仲愷遇刺之前數日，先邀君佩（李文範）深談，謂將辭去黨部農民、工人兩部長，而請弟（胡）代之。君佩以告，弟未遽可否。翌日，適為國府會議，飯後他委員皆去，仲愷乃與弟詳言，不能繼續任職之故。蓋亦知共產黨之為患，而於總部（中央）勢力蟠結太深，不易救正，責渠一手辦去，尤為苦難，故惟有易長之一法。何以不推他人？則仲愷云：他人易受劫持，且無理論，惟兄（胡）最為鮑羅廷所畏重。弟覺其詞意甚誠；惟以其事出之太驟，個人生平做事，亦未有不經考慮準備，而冒昧為之者，因力辭。且謂兄既知之深，則仍以終其事為

6　汪精衛，〈致國民黨浙江省臨時執行委員會函〉，1925年9月24日。

宜，諺所謂解鈴繫鈴也。農民、工人兩部，患在秘書等要職，悉是彼黨份子，持權行事，若能以漸去之，吾二人何擇，若不能去，則弟更不如兄矣。次日，仲愷復來，先泛論當時國際情形甚久，既又談及部長易人事，余仍持前議，仲愷亦唯唯別去。（按：8月17日下午中央政治會議決議：廖仲愷辭農民部長，以陳公博繼任。）兩日後而仲愷被刺於黨部矣。當時共黨之焰極張，故不願發表仲愷最後之談話意見；且鮑羅廷等已決意藉此興大獄，必無人能信聽者。……吾深信仲愷最後已知親共之非，惜其不能及身矯正而死；且疑共黨人，亦未嘗不知之，而利其死也。[7]

　　廖案帶來的政潮，驚心動魄。內幕真相，頗多爭議。此一事件經過，從胡的自述中，可以清楚的看到汪在此時態度的傲慢，鮑羅廷的專橫，胡之受冷落，自述云：

仲愷被刺，是8月20日早上，……剛要起身上車，中央黨部忽來電話說：仲愷被刺，已入醫院。那時吳鐵城任公安局長，我在痛悼之中，立刻找了他來，同伯南（陳濟棠）、鐵城到醫院去看仲愷，仲愷已死了。我便折往許汝為（崇智）處。我說：仲愷在中央黨部被刺，事情重大，應該澈底究辦。其時精衛亦在汝為處，力主邀鮑羅廷來，他說：必須請鮑先生來，大家共同研究。鮑羅廷來後便說：應該組織一個特別委員會，辦理此事。於是開臨時會議，由鮑羅廷提出汪精衛、許崇智、蔣介石三人為特別委員。將當時的黨部、政治會議、國民政府各機關職權，一律交特別委員會統制。

7　胡漢民，〈為廖案覆林直勉書〉，《胡漢民先生文集》，1933年10月25日。冊2，頁729－730。

這個委員會，有黨政軍一切大權。汪、許二人並推鮑羅廷為最高顧問。那時共黨猖獗，譚平山等盤踞黨部，我做外交部長，已不甚聞問黨政。……第二天，我遇到精衛，我問對於廖案進行有無頭緒，精衛不答。……第三天，我到黨部，見到廖夫人何香凝女士，很悲慟的坐在靈旁，我趨前慰勉了幾句。廖夫人說：今天接到一個消息說，刺廖先生是毅生主持的。毅生是我的堂弟，我聽了一驚。我說：根據什麼消息，可以知道嗎？仲愷這樣犧牲，太痛心了！誰犯法，誰應該受法律裁判。廖夫人不作聲，我也無從知道她的話何所根據。……我綜合兩日來的情形，覺得這件事很奇怪，便再訪精衛，精衛雖然沒有理我，我見到精衛，我說：仲愷這件事有頭緒嗎？精衛又不答。我向來講話坦率，總是知無不言，言無不盡的，就說：……仲愷被刺有三個重要原因：（一）軍閥作亂。……（二）同志反共……（三）自相猜忌。……精衛又不答。我看精衛神色不佳，忖測大亂將作。又轉訪介石，我把上面的話同樣說了一遍。介石說：很是，我也這麼想；但是汪先生的意見呢？我說：奇怪得很，找他幾次，說了幾遍，他儘是不作聲。介石說：胡先生的三點意見，我以為第一點尤屬事實，辦理這一案，對於軍隊反側，不能不特別注意。介石當時除長黃埔軍校外，還兼汝為（許崇智，粵軍總司令）參謀長，他努力想把黨軍與粵軍合併，所以對於軍隊的情形，尤其留心。我事後想：這一篇話，雖然精衛不睬，但以後我所以能夠被逐，而不至於喪命，實在是很大的關鍵。[8]

---

[8] 胡漢民，〈革命過程中之幾件史實〉。

廖被刺之當日下午,中央政治會議舉行臨時會議決議,以汪精衛、許崇智、蔣介石組織特別委員會,授以政治軍事及警察一切全權。當即宣布戒嚴。偵查結果,認為胡毅生、朱卓文、林直勉三人嫌疑最大,即由特委會下令拘捕三人,胡毅生、朱卓文事先逃走,林被捕。胡毅生之被嫌,因其主持「革命紀念會」及「文華堂」及《國民新聞》,做反共之活動及宣傳。林之被嫌,因軍人李福林向特委會報告,謂其「親聞朱卓文、林直勉等公開聲稱,非殺死廖仲愷不可。」朱卓文原為孫中山之親信,興中會時期即追隨孫中山,曾助宋慶齡「私逃」至東京,和孫結婚。因當場被捕的兇手陳順,使用手槍的槍照,乃是朱卓文的。[9]

廖案之主謀者何人?前述汪致浙江省黨部之函,則指為胡之堂弟胡毅生及其親信林直勉等,而胡之「被嫌」,「則誠有之」,共黨亦是如此宣傳,共產黨人羅亦農在其機關報《嚮導》為文指出:

> 國民政府成立之後,許多右派的官僚政客,得不到做官的慾望,並且還有許多被裁撤,如胡毅生、林直勉等。都是賦閒,且胡毅生失去了胡漢民執政時賣官鬻爵的大買賣,哪有不惹動他們的無名火,積極的鼓吹煽動起來!……至於廖仲愷死後之各方面態度,右派當然非常的快意;胡漢民的態度當然最侷促不安,……據報載:他(胡)有參加暗殺的嫌疑。[10]

胡認為共黨譚平山(國民黨中央組織部長)有「可疑」,他在一次演講中指出:

---

[9] 李雲漢,《從容共到清黨》,頁383-388。
[10] 亦農,〈廖仲愷被刺前後的廣州政局〉,《嚮導》,上海。130期,1925年9月18日。

廖先生在廣州時候的情形，鮑羅廷是專對付中央政治會議的，譚平山是專對付中央黨部的。廖先生則身兼數部部長，忙到無以復加。共產黨知道廖先生不易受利用，於是想法謀害了他。所以當時事情發生，共黨大權在握，而並沒有人來查問。……然據後來調查，汪精衛竟知道廖先生死後，譚平山即不敢出門一步，此實大為可疑之點。[11]

林直勉固非廖案之主謀，而胡之懷疑譚平山，亦非事實。然其認為廖死「有利」共黨，亦特見也。

廖案主謀究為何人？始終未得確證。十年後，朱卓文有一自白，無異自認為主謀。時朱化名朱玄鼎，任中山縣土地、建設局長，並斥資創辦《中山日報》，曾與該報編者閒談廖案舊事，說出了廖案真相，節錄如下：

維時余（朱）等一般老同志，在廣州南堤有一俱樂部，名曰「南堤小憩」，余僦居其間，大家對此赤焰，甚為切齒，酒酣耳熱之際，罵座不已。後來眾意為抽薪止沸計，決議殲其渠魁，習知俄顧問鮑羅廷、嘉倫與汪精衛、廖仲愷等，每日必集東山百子路鮑公館會議，乃密遣死士，伺機以炸彈、機槍襲之。下手前一日，余誡起義諸死士，當熟勘地形，以利進退。詎此輩血氣之儔，於東山茶寮中，竟將此謀浅聞於衛戍部某偵緝員，某急上聞。時吳鐵城任衛戍司令（按為廣州公安局長），聞訊大驚。即以電話向余詰詢，嚴責顧全大局，切勿使伊為難，反覆以公私情誼相勸止。余以事既如此，知不可為，遂亦作罷。然大家恨共之積忿，迄未少消，

---

[11] 胡漢民，〈廖仲愷殉國五週年講詞〉，《中央日報》，南京。1930年8月20日。

而一時對鮑羅廷、嘉倫將軍諸俄寇，又無可奈何，乃轉而埋怨親共之汪、廖等人，大罵還是自家人不好，引狼入室，但亦止於口頭謾罵，初無若何鋤奸計畫可言也。一星期後，某日，余方午睡，陳瑞同志自外歸來，言殺廖事，神色自若。余知事非尋常，必有大患，即探囊出港紙二百元與之，促其離穗。世人所謂朱某殺廖，如是而已。[12]

9月15日，廖案處理告一段落，這天，胡請准由黃埔軍校移往廣州頤養園療養。鮑羅廷來訪，一見面，態度非常親密，對胡云：

蘇俄的同志，一定歡迎胡先生前去，如胡先生理論之深博，與態度之光明，我敢以人格擔保，蘇俄政府歡迎胡先生，一定比歡迎任何大使、公使要熱烈。一般人以廖同志的案，懷疑胡先生，這是沒有的事；不過因此也不宜在廣東，不如到蘇俄走走，可以考察考察。

此時胡的態度，祇是淡然坐著，不動聲色，鮑又說：

但胡先生去，必須坐俄國船，不能在上海停靠。我們並不是不放心胡先生，不過以胡先生的聲望地位，怕反動份子會利用胡先生的招牌，攪出危害革命的事情來。[13]

胡以為出去走走，總比幽禁在廣州好，而且可以藉此了解蘇俄的情形。因此，也就同意赴俄。就在這一天，汪在國民黨中央常會報告說：

[12] 雷嘯岑，《三十年動亂中國》（亞洲出版社，1955年，香港），頁27－28。
[13] 胡漢民，〈革命過程中之幾件史實〉。

自廖案發生以後，社會上對於胡漢民同志發生兩種批評：一則謂政府處置胡漢民同志失之太寬，實則胡毅生與胡漢民同志為兄弟，然胡毅生此次謀殺廖仲愷同志舉動，漢民同志事前毫不知情，何能代為負責。一則黨軍當日往漢民同志住宅，搜捕胡毅生，遂以為政府對於胡漢民同志予以難堪，未免失之太嚴，因此生出許多謠言。實則革命政府之下，決不能因一、二同志個人之體面，故縱要犯。今政治委員會議，根據廖同志未被刺以前之決議，仍請胡同志往外國接洽，以非常重大任務，付之胡同志之手，由此可知當日政府當局，對於胡同志，並無若何芥蒂。[14]

此時汪之態度，一副「當權派」的面孔，對「老友」胡漢民，好像「恩寵有加」，與其上述致浙江省黨部函諷刺之言，截然不同。彼等所謂「考察」或「接洽」，乃放逐也。在此權力鬥爭中，胡是失敗者，乃吟〈讀史〉詩一首，以抒所感：

不信陳豨能反漢，但聞雍齒且封侯。摘瓜有句唐臣泣，煎豆無詞漢室憂。竟日賦狙非下策，當時顧犬亦深謀。窮荒注易談何易，楚澤行吟且未休。[15]

（三）胡被放逐莫斯科

胡自1925年9月22日，乘俄船赴莫斯科，到1926年4月29日返抵廣州，計為時七個月另七天。隨行秘書朱和中，撰有《與胡漢民先

---

[14] 國民黨中央執行委員會常委會議紀錄，1925年9月15日。
[15] 胡漢民，〈讀史〉（十四年），《不匱室詩鈔》（登雲閣現代仿宋印刷所，1936年，廣州），卷1，頁12。

生遊俄八月之回憶》，記述在俄活動，至為詳盡。復以胡之自述，這一「遊記」，殊有內容。以下摘要記之。

是日，胡自廣州黃埔碼頭乘俄輪蒙古號啟程赴俄，隨行人員有秘書李文範、朱和中、副官杜成志、女木蘭等一行五人。朱奉鮑羅廷、汪精衛之派，監視胡之行動，朱一上船，也反共了。朱通德文，在俄助胡翻譯。胡去國之日，自比被逐之屈原，作〈楚囚〉之詩曰：

> 稚子牽衣上遠航，送行無賴是秋光。看雲遮處山仍好，待月來時夜漸涼。去國屈原未顦顇，酖人叔子太荒唐。浮屠三宿吾知戒，不薄他鄉愛故鄉。[16]

船行途中，遇大風，29日停泊朝鮮釜山港二日，仍遇風浪，船傾40度以上，入晚始定。胡詩興又起，得七律二首，其中一首曰：

> 深秋不識蛟龍怒，渤海東瀛取次過。擊楫使人驚歲月。迴舟為我避風波。青山如解興亡恨，故國惟聞變徵歌。攜得嬌兒行萬里，元龍豪氣未消磨。[17]

10月4日，抵海參崴，當地黨政軍及民間團體約二萬人，列海岸歡迎，停留三日，接受各界之公宴。6日，登車赴莫斯科，行五日，車抵赤塔，下車參觀，並接受宴會。自赤塔換乘快車，每遇大站，均有當地黨政及工人代表在站歡迎。28日，抵莫斯科，赤軍一團列隊致敬，黨政軍及人民團體到站歡迎者，約六萬餘人，人山人海，盛況空前。

---

[16] 胡漢民，〈楚囚〉（十四年），《不匱室詩鈔》，卷一，頁12–13。
[17] 胡漢民，〈抵海參崴途中遇大風〉，《不匱室詩鈔》，卷一，頁13。

胡抵莫斯科後，下榻維爾塞飯店，住食雖佳，惟價過昂，每日約需折合廣東毫洋五十元，以所攜旅費不多，不擬住此。時有自粵來莫斯科之俄人航空處長李靡及其秘書范伊博，住歐洲飯店，需價較廉。范略通俄語，為方便計，胡等一行，遂遷歐洲飯店。

　　胡抵莫斯科之次日，約訪俄外長加拉罕（Lev Karahan），加即派汽車來接，並允訂參觀程序表。五日後，表始送來，多為觀劇及遊宴，胡以所列項目均非重要，要求改進，彼答將有第二、第三表。

　　11月7日，為蘇俄十月革命紀念日，胡參加其紀念會，應《真理報》布哈林（Nikolai Bukharin）之約，撰〈蘇俄十月革命紀念的感想〉，復應《工人報》之約，撰〈中國國民黨的真解〉，對於曲解三民主義者，有所辯正，指出：

> 看到報紙上，時有「國民黨代表小資產階級」的一句話，這容許是未認識國民黨整個的三民主義和國民黨真正的革命精神，或者是國民黨的黨員一派，有如上文所述，誤解了三民主義，或祇是割裂的接受主義的一部分，違反了全部。[18]

　　上述「國民黨員的一派」，顯然是指國民黨內的共產派。文中且指出：「在中國革命陣營中，不同意有其他黨派及主義之存在。」此即胡所堅持的所謂「黨外無黨，黨內無派」。胡在莫斯科的言論，頗為當時國際所注意，據鄧演達自莫斯科回國後，向國民黨二全大會報告說：

> 他（胡）每次發表文章，都有俄、德、法、英四國文字的轉譯，……他們對於胡先生十分注意，以為這是中國革命的一

---

[18] 胡漢民，〈中國國民黨的真解〉，1926年10月，《胡漢民先生文集》，冊3，頁43。

個領袖，現在到西方來，是要切實和西方民眾聯合的。[19]

　　鄧演達者，為國民黨的左派，為一「縱慾主義者」，其時自德至莫斯科，與胡住同一飯店，在德時，與數位女子裸體合照，向胡炫耀云：「你看這是多麼文明！」胡諷之曰：

> 你（鄧）若說是多麼新奇，多麼自然，多麼美麗，或多麼野蠻，還都說得上；若說多麼文明，那還比不上牛馬豬狗那樣文明。因為你脫掉衣服，這只是一時的事，而這些獸物，簡直是長期天然的裸體。豈不是照你說：牠們都比你文明多了嗎？[20]

　　11月23日，國民黨有西山會議之發生，是為國民黨改組後分裂之始。俄共內部亦以之作為政爭工具，一派指責史達林（Joseph Stalin）及鮑羅廷輩，對中國問題處置之失當，主張中國革命應公開列入第三國際，不應由史達林個人暗中操縱。此一反史派之主要人物為：托洛斯基（Leon Trotsky）、坎門列夫（Leon Kamenev）、拉狄克（Karl Radek）等。第三國際主席團主席季諾維夫（Gregory Zinoviev）亦加入此派，日共首領片山潛及德共首領勒德經（Lara Zetkin）與英、法共黨首要亦多同情支持之。胡因對中共不滿，與反史派目標接近，亦思利用第三國際關係，揭發中共之祕密。季諾維夫認為有機可乘，乃多方對胡爭取，坎門列夫夫人，為托洛斯基之妹，似負有特殊使命，首先與胡聯絡，曾組織一文化社及「不侵中國會」，常約胡演講，且介紹胡密訪拉狄克，彼向胡攻擊史達林

---

[19] 中國國民黨二全大會速紀錄，鄧演達報告，〈在莫斯科晤胡經過〉，國民黨黨史館藏檔。

[20] 胡漢民，〈青年之煩悶與出路〉，《胡漢民先生文集》，冊4，總頁1214。

對中國問題處置之失當。

時有第三國際宣傳部拉非士，向胡「說教」，討論中國國民黨黨綱問題，拉主張應予修改，胡與之辯論。據朱和中記述：拉非士第三次單獨訪胡，討論問題時，朱向拉訴述中共之非，胡亦歷歷為之指證，拉則始終袒護中共，是以這次談話，極不愉快。事後朱悔失言，胡則以為「已得真相而喜」。自此而後，胡等皆有戒心，修改黨綱之議，拉等從此亦不復議矣。惟胡有函向廣州中央報告經過云：

> 連日與第三國際宣傳部拉非士等討論黨綱，結果大致須依三原則（平行的）。所提出民族問題、對外問題、政治組織問題、階級問題，俱與現在國民黨黨綱大同小異（差者很少）。弟（胡）因覺得第一次大會宣言及黨綱，更無全部改作之必要。……拉非士、片山潛俱多注意於政治左傾派之一層，拉非士就於政治組織問題說：「如果是個瘋子，此時便在中國提出無產階級專政的口號。」片山潛說：「余是共產國際，設國民黨打倒一切軍閥，統一中國，要以無產階級專政，實行共產政治，我難道不贊成這句話？然而中國的革命，就要失敗。」諺云：與人說龍肉，不如以豬肉啖。我革命祇是需要超過革命的理論，這是非革命。[21]

1926年2月17日，第三國際執行委員會第六次擴大會議在莫斯科舉行，季諾維夫擬將中國問題，列入第三國際公開討論，要胡提議將中國國民黨加入第三國際。大會開幕時，胡向大會演說，表示

---

[21] 此函全文載於1926年2月5日廣州《國民日報》，函末註日期為「14日」，無月份。函中有「這是全體執行委員會和代表大會所宜注意的」句。據1925年12月30日中央政治會議紀錄：「汪主席宣讀胡漢民委員旅俄各種報告及文字，決議交甘乃光同志在報上發表。」則此函應為1925年11月14日胡自莫斯科所發。

願與第三國際聯絡。史達林立即約胡談話，力主打消胡之提議，相與辯論達五、六小時之久，據胡後來自述：

> 我到了俄國，看見反對派托洛斯基，正在反對史達林，他們的互相反對，都是以中國問題為爭執之目標。我看了這種現象，就很不高興，以為拿別一民族革命的事情，來作為自己權利之爭，這就是最不革命。當時季諾維夫剛剛和托洛斯基聯合起來，反對史達林，就是被稱為新反對派首領。季諾維夫是主張把中國問題公開，放在第三國際裏面，而不是要史達林偷偷摸摸地攪。我的主張，在表面是和季諾維夫相同的，不過我提出這種主張，是佔在中國國民黨的立場，主張國民黨公開加入第三國際，第三國際裡面的一切情形，我們都要曉得，一切事情，都要國民黨自己負責，這完全是為國民黨自身打算，這是和季諾維夫根本不同的。季諾維夫曉得我要把中國問題放在第三國際，他很高興，他認為利用的機會到了。
>
> 事情是很巧的，剛剛史達林也曉得我有這種主張。這明明對於史達林不利，他馬上就找我談話，帶著很嚴重的神氣對我說：「你這一個主張，是佔在國民黨左派的立場上提出來的，國民黨的右派，是否同意你這一個主張呢？如果不同意，那你的這個主張，根本還沒有得到國民黨本身的同意；況且全世界的帝國主義者，都注意中國問題，你們把中國問題放在第三國際裡面，恐怕弄巧成拙，事情反而弄得不好了。」我說：「不錯，不過我的意思卻不是這樣，我以為你們如果承認國民黨是同志，就應該正正式式聯絡，斷斷不可以用曖昧的手段；因為用曖昧的手段，就不是同志。……我說這幾句話，明明是反駁史達林的，弄得史達林也無話可說

了。……於是史達林的說話，就轉變了一個方式，他回答的話，似乎在說話之外，別含深意。他更帶有嚴重的神氣說：「你這個主張，在黨部還沒有決議案，非得審慎不可。」我因此輕淡的回史達林說：「我是一個提案人，不過提案到第三國際來商量罷了，決議的權，還是在第三國際，我是沒有權的。」史達林聽了這話，才放心了。我平日和史達林談話的時間，都是很短的，惟有這一次談話，前後幾乎費了五、六個鐘頭，史達林幾乎費了九牛二虎之力，來對這個問題。於此更可見史達林對於中國問題曖昧與私心了。[22]

3月10日，第三國際執行委員會議對於胡所提國民黨加入第三國際案，決議依照東方股審查意見，予以保留。審查人為印度共產黨人魯依（M. N. Roy），秉承史達林之意旨而行。這天會議，胡亦列席，季諾維夫向胡解釋一切，胡無堅持。

此事1928年汪精衛在巴黎時，有人致函汪云：「汪先生主張國民黨容共聯共，胡先生主張國民黨加入第三國際，如果汪先生有罪，那麼胡先生更有罪了。」胡對此批評，有所解釋，說是：「本著當時的組織民族國際的原意，使中國國民黨獨立自主，不受共產黨的操縱愚弄，同時可以拆穿共產黨第三國際的西洋鏡。」

茲據1924年8月，國民黨中央決議：「在中國國民黨中央執行委員會政治委員會內，設國際聯絡委員會。其職務為：（一）與世界各國平民革命運動聯絡。（二）與世界各國內被壓迫民族革命運動聯絡。（三）與第三國際聯絡。」此案亦出自胡的建議。[23]

因此，胡在莫斯科提議國民黨與第三國際聯絡而加入之，實有

---

[22] 胡漢民，〈民族國際與第三國際〉，《胡漢民先生文集》，冊4，總頁1397－1399。
[23] 拙著，〈鮑羅廷對國民黨的「左運」工作〉，拙撰《國民黨興衰史》（增訂本），（台灣商務印書館，2016年），頁406。

所本也。然胡對此不提，其忘之乎？抑有意隱瞞乎？

第三國際執委會議結束後，胡即於3月13日離莫斯科返國，行前一日，史達林復約胡談話，力言國民黨加入第三國際案，俟諸半年以後。胡唯唯而已。胡等一行乘火車東行，過烏拉山，入西伯利亞，正值雪花飛舞，極目無際，心情為之一爽，乃賦詩曰：

> 大漠歸途春未到，雪花仍與慰塵勞。漫空絮舞風如醉，一色光瑩月漸高。自是九天霏玉屑，翻疑萬壑湧銀濤。灞橋舊日尋詩客，到此應須分外豪。[24]

車復東行，過貝加爾湖畔，憑弔蘇武牧羊故地，見其湖光山色，明媚多姿，詩興又起，賦〈貝加爾湖道中〉絕句曰：

> 疏林掩映紅橋外，山色深藍入畫圖，猶有玉田三萬頃，貝加湖要勝西湖。
> 遠山漸出天如笑，積雪纔消草已蘇，記得來時兒有句，不曾閒卻貝加湖。[25]

車行十二天，3月25日抵海參崴，始知是月20日廣州發生中山艦事件。負責接待者為俄人范斯亭，朱和中與之交涉去粵之船，未果。4月13日，有商船去粵，朱擬乘此船。范謂加拉罕（俄駐北京大使）將至海參崴，必搭此船返華，要胡等候，11日，范告知和中，接加拉罕來電云：廣州中央執行委員會於5月1日開會，胡應回莫斯科，另有重要宣傳。胡與和中均以為此係偽電，不之信。其實廣州中央政治會議確於4月7日決議：「電致胡漢民同志，請在俄宣

---

[24] 胡漢民，〈西伯利亞雪〉（十五年），《不匱室詩鈔》，卷一。頁13。
[25] 胡漢民，〈貝加爾湖道中〉（十五年），《不匱室詩鈔》，卷一。頁13。

傳此次中央執行委員會全體會議決議各種事項，暫緩回國。」[26]蓋自中山艦事件後，蔣介石軍政大權在握，去汪拒胡，似為俄與蔣之協議也。

為了船的問題，俄方一直拖延，4月19日午後，范告知和中：夜間一時有船，且云將有老友相晤。胡謂此必鮑羅廷也。和中不之信。晚11時，忽接黃昌穀電話，謂將同船回國。未幾，鮑偕陳友仁、邵力子、顧孟餘、譚平山及其他中共人員數人，另有中、韓籍衛士各十名登船。當夜2時，船離海參崴。29日，返抵廣州黃埔。結束了訪俄「放逐」之旅。

胡回粵後，提出反共策略：「黨外無黨，黨內無派」八個字之主張，未為同志所接受，益為鮑羅廷所忌，他對朱和中說：「胡漢民曾提議以兵力監視我，此言予雖未證實，然其反對我共產黨徒，則已證實矣。殊不知君等在海參崴，原有命令解胡漢民於莫斯科；若非予，則胡漢民將為俘虜終身矣，何其負義一至於此耶！」[27]

鮑羅廷與蔣介石獲致協議，蔣之「黨務整理案」，在5月15日的二屆二中全會獲致通過，對共黨言行有所限制。然在會前，胡、汪均離粵，此一「棄汪排胡」，顯然亦為蔣、鮑之協議。胡於5月11日避往香港，轉赴上海，閉戶讀書，不豫黨事。是日汪亦同船赴港，然兩人並未見面。據胡木蘭回憶：「在船上，我偶上洗手間，忽然看見汪太太（陳璧君）走在前面，嚇了一跳，不敢繼續前往，急回告知先父，先父言：或許汪先生亦在船上。及船抵岸，我們故意不先下船，但見曾仲鳴以小船來接汪氏夫婦。」[28]

胡之離粵，據陳公博的回憶，是鮑羅廷玩了一個手段，把胡嚇走。大約是在5月10日的黃昏，鮑約甘乃光、陳公博到白雲山，聲

---

[26] 中國國民黨中央政治會議第128次會議紀錄，1926年4月7日。國民黨黨史館藏檔。
[27] 朱和中，〈與胡漢民先生遊俄八月之回憶〉。
[28] 胡木蘭，〈有關先父生平的幾點回憶〉，《傳記文學》卷6，期28。

稱開祕密會議，且說蔣與譚延闓都已去了。當甘、陳到白雲山時，只見鮑羅廷，而蔣、譚未至，鮑云彼等明晨可到。屆時譚來而蔣未來。譚云只是蔣先生約我們遊山，並無會議。但胡得此消息，認為或有政變，遂於當天（11日）下午匆匆附船去香港。[29]此時胡之胸中，不免滿懷悲憤，賦詩二首曰：

> 漢節羈留異域遲，懸知相苦是相思，如何邂逅長亭日，不贈當歸贈可離。
> 解衣投地訴君王，百戰餘生亦可傷，無怪旁觀人冷語，從來健者欠思量。[30]

「健者欠思量」句，似指譚延闓而言，時譚代理國民政府主席，說是蔣約遊山，顯然受鮑之騙。

（四）從中山艦事件到迎汪倒蔣

1926年3月20日，廣州發生中山艦事件，使蔣取汪而代，從此軍政大權，握於蔣介石之手。此一事件，久為歷史之謎，1987年，大陸學者楊天石利用南京第二檔案館此一事件的檔案，發表〈中山艦事件之謎〉，揭開了這一事件之謎。在此事件發生後，蔣介石一直認為汪精衛要謀害他。事件後的第三天，蔣有一呈文給國民政府軍事委員會，說明事件的梗概：

> 本（三）月十八日酉正，忽有海軍局所轄中山艦，駛抵黃埔中央軍事政治學校，向教育長鄧演達聲稱：係奉校長（蔣）

---

[29] 汪瑞炯等編註，《陳公博苦笑錄》（香港大學出版，1979），頁64－65。
[30] 胡漢民，〈讀唐人說部二首〉（十五年），《不匱室詩鈔》，卷一。頁14。

命令，調遣該艦，特來守候等語。其時本校長因公在省，得此報告，深以為異。因事前並無調遣該艦之命令，中間亦無傳達之誤，而該艦露械升火，互一晝夜，停泊校前。及十九日晚，又深夜開回省城，無故升火達旦。中正防其有變亂之舉，為黨國計，不得不施行迅速之處置，一面令派海軍副校長歐陽格暫行權理艦隊事宜，並將代理局長李之龍扣留嚴訊；一面派出軍隊於廣州附近，緊急戒嚴，以防不測。幸賴政府聲威，尚稱安堵。[31]

中山艦是蔣來往廣州省城、黃埔的座艦。報告的意思，是說負責調艦的李之龍，趁蔣登艦時，把他劫持送往海參崴。李之龍是中共黨員，背後當然有人指使。指使者是何人？蔣在4月20日對退出第一軍的黨代表及共派軍官的晚宴上表示：「這要等我死了之後，才可以完全發表，因為這種內容太離奇、太複雜了。」席間有位陳同志問李之龍被扣押的情形，蔣即進一步說明，有人設計用中山艦迫其離粵。當時雖未指明設計人的姓名，但汪精衛的名字呼之欲出。其時汪是國民政府主席、軍事委員會主席、國民革命軍總黨代表，背後有俄顧問季山嘉（Kissanga）的支持。蔣在說明最後的幾句話，頗為露骨，說是：「預定是日待我由省城乘船回黃埔途中，想要劫我到中山艦上，強迫我去海參崴的話，我也不能完全相信；不過有這樣一回事就是了。但是如果真有這事情的話，我想李之龍本人，亦是不知道他究竟為什麼。他不過是執行他人的命令而已。」[32]

「他人」是誰？蔣在這年九月間對汪之親信陳公博說：「汪先生要謀害我，你（陳）不知道嗎？汪先生是國民政府主席，是軍事

[31] 毛思誠編，《民國十五年以前之蔣介石先生》，1926年3月23日。（香港龍門書店影印，1965年），頁630。（以下簡稱《民十五前蔣》）。
[32] 《民十五前蔣》，1926年4月20日，頁653－654、657。

委員會主席，他對我不滿意，免我職好了，殺我也好了，不應該用陰謀害我。」[33]

茲就蔣在4月20日晚宴中的說明及其自記，對汪蔣兩人之矛盾衝突及其原因，分別節略如下：

（一）抹黑鬥臭，蔣曰：當三月二十日事情未出之前，就有一派人想誣陷我（蔣），並且想拆散本校（黃埔軍校）。就造出一種空氣，說校長（蔣）是不革命的；這不革命的話，分明就是說反革命的話一樣的。拿不革命的話，來加我反革命的罪名。[34]在事件前：3月3日，劉峙、鄧演達告知，有人以油印品分送，做反蔣宣傳。[35]3月10日，近日反蔣傳單不一，疑我、謗我、忌我、誣我、排我、害我者，漸次顯明。[36]

（二）挑撥離間，蔣曰：還有人（按指汪）在演講之中，說是：「土耳其革命完成之後，才殺共產黨。難道中國革命沒有成功，就要殺共產黨嗎？」這些話，統統引起一般軍官恐怖與自衛心思。所以對於黨代表全部的不安和懷疑了。[37]

（三）釜底抽薪，蔣曰：現在廣東統統有六軍，廣西有兩軍。廣東是第一、二、三、四、五、六各軍，照次序排下去，廣西自然是第七、八軍了。但是第七軍的名稱，偏偏要擱起來，留在後面而不發表，暗示我的部下，先要他離叛了我，推倒了我，然後拿第二師（師長王懋功）和第二十師，編成第七軍，即以第七軍軍長報酬我部下，反叛我的代

---

[33] 汪瑞炯、李鍔、趙令揚編註，《苦笑錄》：陳公博回憶，（香港大學亞洲研究中心，1980年）。頁72。（以下簡稱《苦笑錄》）。

[34] 《民十五前蔣》，1926年4月20日，頁654。

[35] 《民十五前蔣》，1926年3月8日，頁625。

[36] 《民十五前蔣》，1926年3月10日，頁623。

[37] 《民十五前蔣》，1926年3月10日，頁654。

價。[38]2月26日，褫王懋功師長職，並扣留之。俄人季山嘉等為之震驚，以其利用王懋功圖謀不軌。[39]（按此乃蔣之先發制人也。）

（四）共黨助陣，蔣曰：政治主任教官高語罕，每次演講，有形無形之間，詆毀本校長不革命的言論。……先暗示一般同志，對我失了信仰，並且還有彰明較著，說我們團體裡，有一個段祺瑞。要打倒北方段祺瑞，就先要打倒這裡的段祺瑞。[40]

（五）北伐受阻，蔣曰：我們辦這個學校（黃埔軍校）是為什麼？不是統一廣東就算的，乃是要北伐，就是要統一中國。萬不料我提出北伐問題，竟至根本推翻，弄得軍事政治，差不多都立在被動地位，沒有自動的餘地。[41]（蔣致汪函：自弟（蔣）由汕回省以來，即提議北伐，而吾兄當時極端贊成之，並準備北伐款項，以示決心。不料經顧問季山嘉反對此議，而兄即改變態度，因之北伐之議，無形打消。）[42]

（六）調虎離山，蔣曰：季山嘉要弟（蔣）去北方練兵，意在使弟離粵，以失去軍中之重心，減少國民黨之力量，乃兄（汪）竟順其意贊成之，惟恐不遑。及弟與季山嘉反臉，令（季）赴俄休養，而兄恐觸其怒，反催弟速行。[43]（3月14日，頃聆季新〔汪字〕言，有諷余離粵意。其受讒已深，無

---

38 《民十五前蔣》，1926年3月10日，頁654－655。
39 《民十五前蔣》，1926年2月26日，頁621。
40 《民十五前蔣》，1926年4月20日，頁655。
41 《民十五前蔣》，1926年4月20日，頁656。
42 拙撰〈三月二十日事件之研究〉。《中華民國初期歷史研討會論文集》（中央研究院近史所，1984年4月）。頁159－181。〈錄蔣致汪函〉。
43 拙撰、〈三月二十日事件之研究〉。

法自解。）[44]

（七）採取行動，蔣曰：3月19日上午，準備回汕休養，而乃對方（按指汪）設法陷害，必欲使我無地容身，思之怒髮衝冠。下午五時，行至半途，自忖為何必欲微行？予人以口實，骨氣安在！故決回東山（寓所），犧牲一切，以救黨國也，否則國魂銷盡矣。終夜議事，四時（20日）詣經理處，下令鎮壓中山艦陰謀，以其欲擺布陷我也。[45]

二十日昧爽，宣布省城戒嚴，捕獲李之龍及各軍黨代表（共黨）多人，並圍繳罷工委員會械。……六時，聞黨軍已奪回中山艦，乃即往造幣廠、北校場，訓誡第二師將士。晚，俄顧問及其軍事委員伊萬洛夫司堪來告，士兵監視其寓所，且繳衛隊械。[46]

（八）棄汪保蔣，二十二日上午，俄使館參議某來見蔣，問蔣以對人問題，抑對俄問題。蔣答以對人。彼言祇得此語，心已大安。當令季山嘉、羅茄覺夫等，離粵回國。十時後，開政治委員會，決議令俄顧問主任季山嘉等引去，第二師各黨代表撤回。[47]（此次會更決議：汪主席請病假，李之龍查辦。）

此時汪的反應如何？據陳公博的回憶：汪於十九日下午即請病假，在西華街家中休養。次晨廣州戒嚴，汪府電話不通。陳公博到汪府時，汪臥在樓上的一個帆布床上，面色蒼白，顯得病很重。汪表示外間戒嚴事，完全不知，正有人來報告此事，還在懷疑。未幾，譚延闓、朱培德亦到，說蔣找過他們，並帶來蔣的親筆信，大

[44] 《民十五前蔣》，1926年3月14日，頁626。
[45] 《蔣介石日記》，1926年3月19日。
[46] 《民十五前蔣》，1926年3月20日，頁628。
[47] 《民十五前蔣》，1926年3月22日，頁629。

意是說共產黨意欲謀亂，所以不得不緊急處置，請汪原諒等語。譚說李之龍已被扣押。至於第一軍的黨代表，無論是否共產黨，已於昨日下午全體免職，概行看管。汪很憤慨的坐起來，禁不住一陣頭暈，又倒在床上，說：「我是國府主席，軍事委員會主席，介石這樣舉動，事前一點也不通知我，這不是造反嗎？」大家商量結果，要去造幣廠問問蔣。汪立起來，抓著一件長褂穿上，說：「我也和你們一齊去造幣廠」，可是穿上一半，又暈倒在床上，汪夫人焦急的勸阻。汪說：「好！等你們回來再說罷，我在黨有我的地位和歷史，並不是蔣介石能反對掉的。」當日下午，形勢已漸緩和，譚、朱已自蔣處回到汪府，祇說蔣介石要限制共產黨，大家便鬆了一口氣。因為當時國民黨人心目中，不論其為左派或右派，無不希望限制共產黨的活動。[48]

　　汪認為中山艦事件，乃由於西山會議派之挑撥。此亦非無所據。據陳公博之回憶，是鄒魯（西山會議派）和伍朝樞玩的一個「小把戲」，竟然鬧出這件大事來。鄒曾經對陳說：自胡漢民出亡莫斯科之後，大家都感到沒有辦法。至於如何拆散廣州的局面，只有使共產黨和蔣介石分家。於是鄒在外面想辦法，伍在廣州內部想辦法。一次，伍請俄領事吃飯，次日伍又請蔣之左右吃飯，伍在席間不經意的說：昨晚俄領事告知，蔣近期往莫斯科。蔣得此消息，不禁懷疑，向汪試探，表示擬往莫斯科休養，汪竟同意，更致蔣之懷疑，乃提出希望和陳璧君一同出國。陳聞有莫斯科之行，積極準備行裝，催蔣早日動身。恰有俄船至粵，請蔣參觀，蔣約汪同去，汪未允。蔣更懷疑，以為此船是預備他參觀時，將他扣留直送莫斯科的了。因此之故，蔣決定反共反汪。這是三月二十之變的真相。[49]

---

[48] 《苦笑錄》，頁58－61。
[49] 《苦笑錄》，頁77－78。

回顧八個月以前，汪鬥胡，是文鬥，胡敗。這次汪鬥蔣，仍用文鬥。蔣以武鬥還之，汪敗。所謂鬥人者，人恆鬥之。

中山艦事件後，廣州政局為之改變，據中共中央在其一項通告云：

> 國民黨第二次代表大會以後，三月二十日事變以前，廣州國民政府是左派執政時期。
>
> 三月二十事變以後，廣東全個政治局面，起了巨大的變化。
>
> 此時武裝中派（蔣）專政，右派乘機向革命勢力進攻。
>
> 五月十五日，國民黨全體委員會議，我們（中共）採取了必要的退讓政策。[50]

1926年7月1日，蔣就任國民革命軍總司令，旋即出師北伐，中共改變策略，反守為攻，反退為進，由發動「迎汪復職」而至「迎汪倒蔣」。自中山艦事件後，中共黨內曾有退出國民黨的傾向，但在七月間接受共產國際的指示，仍要共黨留在國民黨內，幫助和聯合左派，控制中派，使之左傾。同年11、12月間，在莫斯科舉行的共產國際第七次擴大會議中，譚平山概括中共對國民黨的總策略，是加強左派，反對右派，孤立中派，並使之左傾。[51]

國民黨內有沒有真正的左派？左派的標準又如何認定？一度成為共黨內部爭論的問題。鮑羅廷在廣州十月間的國民黨中央地方聯席會議中的共黨黨團小組會的報告中，認為國民黨上層的某某等左派，是滑稽而不可靠的。廣東地區的中共人員附和鮑的意見，否

---

[50] 中共〈中央央通告第二號：關於省港罷工的通告〉，1926年7月31日。中共檔案館編，《中共中央文件選集》（1926），（中共中央黨校出版社，1989年），第二冊，頁276－277。（以下簡稱《中共文件》）。

[51] 黃修榮編，《共產國際與中國革命關係史》（中共中央黨校出版社，1989年）。上冊，頁306。

認國民黨內有真正左派的存在。上海中共中央和共產國際遠東局方面，認為國民黨內，必須有左派之存在，才是國共合作的關鍵。反之，對共黨而言，只有兩條出路，一是與右派合作，隨之壓迫工農群眾；一是由共黨直接領導群眾，直接和右派衝突，這就是共產黨和國民黨直接的衝突。這樣，共黨即處於孤立的地位。因此，縱使國民黨沒有左派，也要設法替它找出左派，更要替它培養左派，使它們有力量，以便和共產黨聯合對抗右派。這就是共黨「迎汪復職」的目的。[52]

　　七月底，蔣離粵赴北伐前線，8月20日，在長沙接得廣州來電，知後方有迎汪之謀，藉此以「倒蔣」。[53]

　　為使「迎汪復職」正式上演，在共黨策動下，10月15日至28日，在廣州舉行國民黨中央委員、各省區、各特別市、海外總支部代表聯席會議，共出席八十五人。據分析；共派四分之一，右派、中派共約四分之一，左派稍多，再加上半左派，會場空氣完全為左派所籠罩。會議除通過左派政綱外，主要是通過「迎汪復職」案。中共中央檢討這次會議的結果，認為反右擁汪之熱情，使中央與地方左派互通聲氣，必可使「迎汪復職」活動起來。但鮑羅廷及廣州地區中共人員認為：「迎汪復職」只是一個宣傳口號，雖然蔣有電報請汪回來，但蔣已把廣東政權交給李濟深，以抵制汪，三月二十日事件餘威仍在，如做得太左，是很不利的。而且國民黨中央制度及人事已經改變，汪回已無職可復。[54]但中共中央對汪的影響力，估計過高，認為：

　　　汪回，左派始有中心，左派政權在廣東始能建立。至於汪回

---

[52] 拙撰，〈北伐期間「迎汪復職」問題〉（北伐史事與史料學術研討會論文），1996年6月。（單行本頁3）。

[53] 《民十五前蔣》，1926年8月20日。頁736。

[54] 拙撰，〈北伐期間「迎汪復職」問題〉，頁7－9。

的地位問題，他不必與蔣爭黨的名義上的主席，已經有很多的要職，即令一職不任，只要他到了廣州，事實上便成為左派中心，政治的中心，並且是黨的中心。所以我們當積極設法勸汪回。[55]

此時北伐軍已克武漢（9、10月間）及南昌（11月7日），據有華中地盤的吳佩孚、東南地盤的孫傳芳兩大軍閥勢力，相繼瓦解，蔣之聲望，急遽升高。與此同時，新加入革命軍的第八軍軍長唐生智軍力強大，視兩湖地盤為己有，頗欲取蔣而代之。鮑羅廷及中共方面乃利用此一矛盾，聯唐結汪以制蔣。如此，「迎汪復職」、「汪蔣合作」，逐漸變為「迎汪倒蔣」了。前者原為中共中央陳獨秀之導演，後者則由鮑羅廷主導之。

1926年11日26日，廣州中央政治會議決議國民政府遷移武漢，在此之前的十天（11月16日），鮑羅廷即偕國民政府一些委員陳友仁（外交部長）、徐謙（司法部長）、孫科（交通部長）、宋子文（財政部長）等一行離粵北上，12月1日到南昌與蔣會晤後，10日由牯嶺到武漢，受到唐生智的盛大歡迎。13日，由鮑提議成立「中國國民黨中央執行委員會暨國民政府委員會臨時聯席會議」（簡稱「臨時聯席會議」），執行「最高職權」。[56]

同時，國民黨中央政治會議及蔣之總司令部在南昌，於是形成鄂、贛對立之局。1927年1月12日蔣到武漢，當天的晚宴中，鮑在席間當面辱蔣，說蔣祖護黨中老朽（按指張靜江），喪失革命精神，聲色俱屬，意在逼蔣消極辭職也。[57]鮑致詞中說：革命之所以

---

[55] 中共中央與遠東局〈對於目前時局的幾個重要問題〉，1926年11月9日。《中共文件》，冊2，頁443。

[56] 拙著，《鮑羅廷與武漢政權》，〈中國學術獎助委員會，1963年。傳記文學再版，1973年〉，頁32－33。

[57] 蔣中正總統檔案《事略稿本》（國史館，2003年，台北）。冊1，頁16。（以下簡稱《事略稿本》）

能迅速發展到武漢，乃是因為實行孫中山的「三大政策」；「以後如果什麼事情都歸罪於C.P.，欺壓C.P.，妨礙農民工人的發展，那我（鮑）可不答應的。」第二天，蔣、鮑兩人長談中，蔣指責鮑「跋扈橫行」，「破壞蘇俄以平等待我民族的精神」。[58]蔣鮑關係，原尚和諧，從此反目成仇。

在鮑的主使下，武漢方面即以「中央執行委員及國民政府擴大會議」名義致電南昌，謂該會自2月21日起在武漢正式辦公，並決定在3月1日以前召開國民黨二屆三中全會。全會確定的議題由陳公博致蔣說明，大體是：（一）中央恢復舊制，不設主席。（二）設軍事委員會，選主席團三人，以蔣、汪、譚三人充之。（三）改選國府委員二十四人。（四）改選政治委員會十五人，主席團以蔣、汪、譚三人充之。對共派亦有限制的概議。[59]

但武漢自3月10日到17日的三中全會的決議案，頗不相同。三中全會決議取消主席制，恢復常務委員九人，汪、譚（延闓）列名第一、第二，蔣第三。政治會議恢復為政治委員會，委員十五人，主席團七人，汪、譚列第一、第二，沒有蔣。軍事委員會主席團七人，汪及唐生智列第一、第二，蔣列第六。國民政府常務委員五人，孫科列首，沒有蔣。[60]

蔣之原來職位政治會議主席、組織部長、軍人部長，均被撤消或替換，只保留國民革命軍總司令，而其權限，復由全會通過條例加以限制，總司令為軍事委員會委員之一，其出伐動員令，須由軍事委員會議決，國民黨中執會通過，交總司令執行之。[61]如此，蔣被排出決策領導階層。這次全會，蔣沒有出席，人事的安排，算是

58 李雲漢，《從容共到清黨》（中國學術著作獎助委員會，1966年，台北）。頁537。
59 拙著，《鮑羅廷與武漢政權》，頁41－42。
60 拙著，《鮑羅廷與武漢政權》，頁47－48。
61 〈中國國民黨二屆三中全會通過國民革命軍總司令條例案〉，1927年3月17日。第二歷史檔案館編，《中國國民黨第一、二次代表大會會議史料》（江蘇古籍出版社，1986年，南京），下冊，頁801。（以下簡稱《會議史料》）。

以汪為首的左派政權。同時，全會還通過〈對全體黨員訓令案〉，對蔣加以攻訐，說：

> 自北伐軍興，軍事、政治、黨務之集中個人，愈使政治之設施，不能受黨的指導，而只受軍事機關之支配。此種制度，弊害甚多，不但使黨內之昏庸老朽分子（按指中央代主席張靜江）盤踞於內，官僚、市儈及一些投機分子乘機而入，因此縱成個人獨裁、軍政專政之謬誤。[62]

　　武漢三中全會的結果，可謂完成了「迎汪復職」的一切工作，蔣似乎被孤立起來，其唯一出路，有待東南作戰計畫的成功。3月22日和23日，革命軍先後進佔上海和南京，蔣有了反擊的力量。

　　4月1日，汪從法國經由莫斯科來到上海，蔣和國民黨元老吳稚暉等正在籌議清黨，要汪留滬合作分共。汪當然不從，即與陳獨秀發表聯合宣言，4月10到了武漢，共黨之「迎汪復職」，算是大功告成。15日，汪出席武漢中央執行委員會擴大會議，通過「關於懲治對蔣中正問題」，原文如下：

> 蔣中正戮殺民眾，背叛黨國，罪惡昭彰，著即開除黨籍，並免去本兼各職，交全體將士各級黨部及革命民眾團體拿解中央，依法懲治。[63]

　　譚平山在會中高呼「十月革命實現了！」意指共產黨推翻了國

---

[62] 〈中國國民黨二屆三中全會通過對全體黨員訓令案〉，1927年3月16日。《會議史料》，下冊，頁795。

[63] 〈中國國民黨中央執行委員會第二屆常務委員會第七次擴大會議紀錄〉，1927年4月15日。《會議史料》，下冊，頁801。

民黨。[64]似乎蔣被「打倒」。但蔣於4月12日實行「清黨」，即中共所謂「四、一二政變」，18日，成立南京國民政府，史稱「寧漢分裂」。

附錄：國民革命軍克復南京紀

　　1927年3月23日，國民革命軍克復南京，為蔣及國民黨解除危機一大關鍵。此時國民黨中央在武漢，已成為鮑羅廷發號施令的工具，由於革命軍在蔣的指揮下，先後克復上海（3月21日）和南京，乃有反擊的力量。由寧漢對立，而至寧立漢不立，由國民黨的統一而至北伐統一。國民政府奠都南京。因此南京的克復，實為重要關鍵。毛思誠撰有〈國民革命軍克復南京紀〉一文，富有史料價值，節略如下：

　　　　十五年（1926）冬，我軍既克南昌，稍事整頓，即繼續向蘇、浙、皖進攻。其計畫分西路、東路、中央三軍。西路軍集中黃陂、孝感一帶，沿平漢路進窺河南，以制敵之進援，總指揮為唐生智。東路軍由閩、贛分道入浙，集中嚴、衢一帶，進窺淞滬，並協助江右軍略取南京，總指揮為何應欽，前敵總指揮為白崇禧，於1月（1927）6日出發入浙。中央軍分為江左、江右兩軍，蔣總司令自兼總指揮，江左軍總指揮為李宗仁，江右軍總指揮為程潛，汪左軍集中英山、霍山一帶，進取安慶，並協助江右軍攻取南京，進窺津浦路。江右軍又分為第一、第二、第三各縱隊。第一縱隊集中九江，沿江東下，至秋浦，出貴池，經大通，向蕪湖，而進攻南京。第二縱隊由贛東，協助東路入浙後，經廣德、寧國，進

---

[64]　周佛海，〈逃出赤都武漢之報告〉，《清黨叢書》（國民黨廣西省黨部，1927年。）

攻溧水、南京。第三縱隊集中祁門、黟縣，經青陽，向蕪湖進攻南京，孫逆創（傳芳）鉅痛，深知不敵，遂北上求援於張宗昌、褚玉璞。直魯軍派大部南下，分駐津浦路南段，及南京、蘇、常一帶。孫逆見援兵大至，逆焰復張。適浙軍夏超、陳儀、周鳳岐諸人，見孫氏倒行逆施，舉旗獨立，響應我軍。孫逆遂使韓光裕、李俊義各部，以全力攻浙，夏、周幾不支。幸我軍已克南昌，以浙、贛唇齒相依，關係重大，因命第一軍從贛東援浙，是為東路軍。初，我東路入浙，已達嚴州、桐廬，因敵勢方張，不得已，退回衢州附近，以避其鋒。待我東路軍後續部隊援兵開到，即反攻。……大破之。

當我軍入浙之際，皖軍陳調元、王普，及贛軍殘部劉寶題、馮紹閔等，尚盤踞皖境，與南京相犄角。我軍以肅清長江下游為目的，遂命江左、江右兩軍，及第二獨立師賀耀組部，分途進迫皖省。二月十八日東路軍既佔領杭州，而江右軍及賀師亦到秋浦、祁門、石棣，敵軍劉寶題、馮紹閔退寧國，陳調元、王普附義於我，反戈向敵，於是皖境遂告收復。可長驅進攻南京矣。……蔣總司令赴安慶督師，親自指揮東路與援閩之師。……分途向滬、蘇、常、寧進攻，先後克復松江、吳興、宜興、溧陽，而佔領淞滬。敵紛向江北清江浦潰退。江左軍、江右軍及賀師……向南京前進，破敵於六郎橋、陶吳、江寧鎮，而佔領秣陵關。於是張（宗昌）孫（傳芳）兩逆，放棄南京，退守蚌埠、徐州。而我軍遂於三月二十三日克復南京矣。[65]

---

[65]　《事略稿本》，1927年3月24日。冊1，頁139-144。

二、北伐統一後的南京國民政府

（一）從北伐統一到中原大戰

蔣介石於1931年5月5日，在南京召開的國民會議開幕詞中，講述自1925年7月出師北伐，到1928年6月完成北代，統一中國後，再由1928年3月討伐桂系，而至1930年5月對閻錫山、馮玉祥的中原大戰。有簡明扼要之說明，閱之一目了然，節錄如下：

民國14年（1925）7月1日，成立國民政府於廣州，15年（1926）6月6日，授中正以國民革命軍總司令之命，7月7日，誓師北伐。自此武裝同志，其篤信主義之精誠，雖膏肝腦於原野，暴白骨於榛莽而不惜，以長期之奮鬥，正昭示吾人以統一之艱難。約計時期，可分以下數個階段：

自廣州誓師，以至擊潰吳佩孚於武漢，消滅孫傳芳於東南，奠都南京，毅然清共，復繼續北伐，底定徐淮，此第一階段也。

此階段為期至短，中原猶未統一。中正復因武漢業經清共，為保全革命軍力量之團結，以對抗北洋軍閥計，遂決心下野，不意雖有寧漢合作，而黨統竟以中斷。在此階段，諸事停頓，惟龍潭一役，足以昭示國民革命軍見危授命之精神。此第二階段也。

17年（1928）1月，中正奉命復職後，即積極進行北伐軍事，四月底，肅清徐克。5月1日，克復濟南，而3日竟遭日軍之橫阻，致有濟南鉅創之國恥紀念。6月收復平津，東北服膺主義，全國統一。此第三階段也。[1]

1928年6月，國民革命軍進入北京，奉系軍閥首領張作霖退出北京時，中共中央致毛澤東和朱德的信，以及中共中央發出關於〈張作霖退出北京後的形勢與黨的任務和策略〉通告，對於中國局勢有所分析和預測，其後皆見諸事實。節錄如次：

> 這次所謂北伐，實有達到京津的可能，但他們達到京津後，軍閥的統治，並不會統一，反動的統治，仍然是在繼續的崩潰，國民黨軍閥之間，開始了更劇烈的更複雜的衝突，反動統治始終不能穩定，其主要原因有五：第一、是帝國主義間在華的衝突；第二、是豪紳資產階級之間的衝突；第三、是豪紳資產階級與軍閥之間的衝突；第四、是軍閥之間的衝突；第五、是工農革命群眾與豪紳資產階級軍閥之間的衝突。帝國主義在中國，並不需要一個統一的政府，他要利用中國各派的衝突，來維持擴大其在中國的地位，因為每個帝國主義，都要扶植一派軍閥。英帝國主義幾月來，已經與桂系軍閥勾結上了。日帝國主義，則有不同的主張，代表工業資產階級的在野派，則主張勾結蔣介石軍閥：而代表豪紳地主買辦的田中政府派，則仍繼續其維持張作霖的政策。馮、閻打到北京後，將形成張作霖、馮玉祥、閻錫山三派軍閥，互相向日本帝國爭寵的形勢。蔣介石則將繼續與日本在野

---

[1] 《事略稿本》，1931年5月5日。冊11，頁52－54。

派吊膀子，或完全倒在美國帝國主義的懷中。（第二至第
五略）

現在全國軍閥割據，顯然劃分成五大派；蔣介石的江、浙、
皖、閩，桂系的兩湖、兩廣，馮玉祥的陝、甘、豫、魯、
天津，閻錫山的山西、北京一帶的內蒙，張作霖的東三省。
此五派軍閥，必要在一種互相利用互相衝突的形式之下生
存著。蔣、桂兩系的衝突，近一年來，沒有一天停止，開
始是桂系與西山（會議）派聯合倒蔣，繼則蔣介石聯合汪
精衛派倒桂系，繼更發生間接的軍事衝突。廣東之張（發
奎）、李（濟深）戰爭，桂系對湘戰爭，都是這一間接衝突
的表現。

現在的情形，則是桂系聯合馮以制蔣，而蔣則會聯閻以對馮
的局面。同時蔣更將在北伐軍達到京津後，利用南京政府
及中央黨部的地位，來玩一些軍事統一、財政統一、政治統
一等等把戲，這不但是一些笑話，而且會更加促成軍閥間衝
突，以至於部分的或巨大的軍閥戰爭之爆發。[2]

國民黨各系軍閥在取得北京以後，內部爭鬥的形勢更轉嚴
重。蔣、馮的衝突，在爭山東中已表現，馮、閻的衝突，
在北京、天津的接收，又緊張起來。蔣發表閻為京津衛戍
司令，顯係要拉閻以制馮。可是馮之欲佔有天津，染指北
京，亦有其決心，京津間配布鹿鍾麟、韓復榘大軍數萬，馮
推薦韓、鹿兩人參加直省政府，可以具見馮之用心。近更有
閻軍三團在南苑被韓復榘繳械的消息，如此咄咄逼人。閻錫
山則謀與直魯軍和平接收京津，一面仍派人到北京接收，一
面聲言會攻天津。奉軍鮑（文樾）旅得使團保障與閻諒解，

---

2 節錄中共中央致朱德、毛澤東並前委信，1928年6月4日。《中共文件》，冊4，頁
241－242。

056　多難興邦

安全退出北京，而馮軍故意繳鮑旅的械，公使團竟提出嚴重質問。在蔣一方面，現在實力薄弱，他的嫡系軍隊錢大鈞部（第三十二軍）在滬，方鼎英部（第四十六軍）駐浦口、徐州之間，劉峙部（第一軍）、繆培南部（第四軍）駐徐州、泰安之間，都沒有上前線，顧祝同部（第九軍）因聞桂、馮將在前線解決他們而向後退走。還有第三、第十、第十七、第二十六、第三十三、第三十七、第四十等軍，非蔣嫡系的雜色軍隊，也沒有地盤安插。可以說這次北伐，老蔣是枉費一場心血。[3]

中共上項分析和預測，相當準碓，即北伐統一後，一連串之內戰是也。正如蔣之報告所云：

> 乃統一未久，而變亂旋生，18年（1929）桂系叛變於前，張（發奎）、馮（玉祥）稱亂於後，幾經討伐，粗告平定。於是閻錫山復挾馮玉祥以自重，表裡為奸取求無已，於是有19年（1930）之大叛變，亦係軍閥集團之最後掙扎。賴將士奮勇，民眾歸心，東北軍奉命入關討逆。劇戰六閱月，戰線數千里，中央與逆軍相持，前方之兵力，合計過於百萬，溽暑專征，卒平大難。而寄生於軍閥庇護下之擴大會議，亦隨之崩潰，國家遂得重告統一。
> 自國民革命軍北伐，迄於討伐馮、閻，軍事告終，我革命將士傷亡者，已達三十餘萬，而民眾生命財產，直接間接由戰爭而受之損失，何可勝計！國家財富之耗喪，更無論矣！[4]

---

[3]　中共〈中央通告第五十二號〉，1928年6月12日。《中共文件》，冊4，頁259-260。
[4]　《事略稿本》，1931年5月5日。冊11，頁54。

在上述一連串的內戰中，尤以1930年5月至10月中原大戰為劇烈。雙方傷亡至重，其較詳細約數，蔣於1930年10月13日大戰告一段落時，向南京中央報告的情況如下：

> 此次大戰（中原大戰），我們討逆的軍隊，死的傷的總計起來，約有九萬五千多人。逆軍方面的死傷，至少要比我們增多三分之一。單據鄭州、彰德、洛陽一帶，調查他們傷兵的數目，就已是二萬多，在北平、天津的還不算。由這樣去統計起來，可知道逆軍的死傷，至少在十五萬人以上。在馮玉祥說是有十七萬人，我們以為是妄言，實際總沒有這麼多的。閻錫山說十五萬，我們也以為是瞎說。可是戰爭開始以後，馮玉祥軍隊實在二十七萬以上，開戰後他即陸續招兵，後來招到的，亦約有十五萬。閻錫山則有二十萬以上。兩方面合起來，足足有六十萬兵。但他們所有的槍砲，卻是不夠分配，只有四分之一的人用槍，四分之三均係用大刀梭標，同我們步槍機關槍來拚，當然要死得多。所以逆軍與中央軍兩方，共計至少是死傷了三十萬人。人民的犧牲，還不算在內，有戰線上餓死的，有被敵人壓迫、或被搶去糧食不留些種子的，有房子被燒了的。這般無形中死的，簡直是不勝計算。從這些地方看起來，這一次的討逆戰爭，犧牲真是重大！我們為什麼要有這次戰爭？為什麼人民有這樣大的犧牲呢？簡單一句話，就是為求我們中國統一，真正得到永久和平。[5]

1930年10月15日，蔣介石於中原大戰行將結束時，論中國之統一及和平問題，與今之所謂「和平統一」，有無異同，錄之以供

---

[5] 《事略稿本》，1930年10月13日。冊9，頁47－49。

比較：

> 所謂國內統一云者，乃綱紀嚴明，民意強固，自能以國家之
> 力量，戡叛亂於未形。捨此而外，和平之名，終無所立。我
> 國自民元以來，既以國民之苟且求安，革命之障礙未除，坐
> 使軍閥披猖，各私其軍，各私其境，爭雄競武，以陷國家於
> 破碎支離。又值民意未伸，無恥政客，得以恣其淆亂，遂使
> 甲乙雞蟲之鬥爭，成為循環習見之故事，迷途忘返，視若固
> 然。迄於近年統一完成之後，而此奇謬之錯覺，猶深襲於一
> 般之人心，甚至兩年以來，中央確保和平統一之征伐，尚有
> 以甲乙相爭等觀者，順逆不分，邪正不辨。
> 然軍閥惡習，蔓延相尋，即如今次討逆之役，在參加叛亂之
> 各方，實無不沿僭竊割據之舊習，而有不可告人之隱衷，然
> 當其謀叛之始，則又張皇飾詞，託其兵諫之美名，而施行要
> 脅。一般反覆政客，黨國叛徒，復從而因緣利用之，混淆是
> 非，顛倒黑白，國民不能洞燭其奸，又以和平破裂為慮，而
> 徒望以中央非分之容忍，於是禍乃勃發，而不可收拾矣。
> 竊以為今日統一最大之障礙，乃在公道不彰，邪說紛紜，因
> 之趨向不端，人心不定，甚至認叛逆與黨國對立為慣例，認
> 構兵作亂為政爭之常態，此國家之所以大亂，統一固無從實
> 現，而和平亦無由保障矣。[6]

　　蔣之「統一和平」，與現今流行之所謂「和平統一」，大異
其趣，前者是以統一求和平，後者是以和平求統一；前者是以武力
求統一，與後者以和平求統一，兩者相反也。且蔣之「統一和平」

6　《事略稿本》，1930年10月15日。冊9，頁55－58。

論，為一元化，與現今流行的所謂多元化，亦格格不入也。中原大戰，實蔣與閻錫山、馮玉祥之戰，在大戰時，蔣稱閻、馮為軍閥，數年以後（1935），兩人都當了南京中央的軍事委員會副委員長，而蔣是委員長。其中所謂「黨國叛徒」，應包括被「永遠開除」國民黨籍的汪精衛在內，數年之後，當了國民政府的行政院長（1932）和國民黨的副總裁（1938），蔣是總裁。因此，蔣之上述「統一和平」論，是是非非，很難言也。

（二）南京國民政府之困境

蔣介石於1931年5月5日在南京召開的國民會議大會開幕詞中，講到關於「討逆戰爭」之影響，分析其客觀的環境，承認過去政治的失敗與錯誤，指出：

> 國民政府定都南京以後，中央固屬確立，但國家仍常陷於軍事時期，兩次北伐，再度西征，張（發奎）、桂（李宗仁）叛變，繼以唐（生智）、馮（玉祥），至十九年（1930）雖係訓政開始年度，而該年軍事較任何往年為激烈。地方受軍事之影響，政令受軍事之影響，財政交通，無一不受軍事之影響。檢點過去政治情形，每多增人愧憤者。以言物質建設，則因軍興無款，復因戰事而無法吸收外資，雖舉辦甚多，然成效少見。如興辦公路一項，民國十五年（1926）全國僅二千公里，至十九年（1930）增至五萬一千二百公里，為足差強人意。然以中國幅員計之，亦已僅矣。
>
> 以言剿共剿匪，因前方大規模作戰之時，無兵可調，致星星之火，逐漸燎原。
>
> 以言禁烟，則政府雖有禁絕之決心，但在軍事期間，各處庇

種之情形，無從制止；而租界未能收回，遂成烟土盜匪薈萃
之淵藪；即無中國產土，外國產土亦能做充分之供給。

以言銀價低落，則事關國際市場，竟無有效救濟之方法。因
戰爭而國民生產低落，更鮮向世界市場易取現金之貨品。

以言外交，則不平等條約之縛束，迄未能完全解除，各國每
存觀望之心，以靜俟中國大局之穩定、全國之統一，每逢國
內戰爭發動之日，即外交機關清淨無為之時。

以言吏治，則貪汙之風迄未清除，……而一般風氣之壞，亦
大半由於戰爭頻仍，社會無固定之秩序，與正當軌道以範
圍之。

以言賑災，則如南北災區之擴大，死傷之枕藉，而政府竟無
法可以施賑。每念內戰所遺害於國家者，不禁太息痛恨，軍
閥叛亂者之毫無心肝也。

以言教育。則據十七年（1928）統計，全國大學及專門學校
學生為19,453人。中學學生為234,811人，即就中學生而論，
平均尚須一千七百人中，方能有一人。小學生為七百萬餘
人。但學齡兒童失學者，尚在三千五百萬人以上。全國文
盲，據約計為百分之八十。以如此交通梗塞，如此生產落
後，如此教育不普及之情形，苟不藉相當期間從根本著手，
雖有智者，亦難謀國。[7]

　　南京國民政府之最大困境，即為中共之「赤禍」與「暴動」。
蔣介石於1931年5月12日，在南京召開的國民會議大會中，報告近
年中共之「赤禍」指出：

---

[7]　《事略稿本》，1931年5月5日。冊11，頁61－63；72。

近年以來，受赤匪荼毒最烈而最慘者，厥為江西與湖南，而湖北次之。今試就贛、湘二省有形之損失言之，其統計已至堪驚人。江西人民被匪慘殺者，約十八萬六千人，難民之流亡者，約二百十萬人，各縣被匪焚燬之民房約十萬餘棟，財產之損失約六萬五千萬元，穀米之損失約三千九百萬擔。湖南之匪禍蔓延，雖不若江西之廣，而損失亦不相上下。計被匪慘殺者約七萬二千人，房屋被燬者約十二萬餘棟，財產之損失約三萬萬元。當匪禍最熾之時，江西全省八十一縣之中，計全縣有匪者，有寧都、興國、安福、永新、弋陽等十一縣。大部有匪者，有瑞昌、修水、銅鼓、萬載、萍鄉、吉安、吉水等二十五縣。股匪出沒未徧全境者，有上饒、廣豐、玉山等三十一縣。其間人民之喘息流離，倖免於死者，亦勢將無以為生。更就鄂省而言，則如沔陽、潛江、監利、石首、公安等縣，與洪湖匪巢接近，受禍最烈。而麻城、羅田、黃岡、黃安、黃梅、孝感、通城、崇陽、大冶、鄂城等處，亦無不備受赤匪之蹂躪。吾人設想，若使贛、湘、鄂之匪禍，次第延及各省，則每年全國人口之損失，當在五百萬人以上。財產之損失當在八十萬萬元以上。寧非駭人聽聞之尤者乎。夫赤匪之所以自任毀壞新中國生命之責者，實受赤色帝國主義之嗾使。民國十六年（1927），其黨翼即散布於湘、鄂、贛、粵等省，製造中國之內亂，五年以來，焚殺滛劫，罪惡昭著，擢髮難數。舉其最動人心魄之浩劫，當推十六年（1927）八月南昌之變，同年十二月廣州之變，十九年（1930）七月長沙之亂，同年十月吉安之亂，其他如廣東之海陸豐，福建之龍巖、永定，江西之上饒、永新、銅鼓、弋陽，湖南之平江、瀏陽、華容，湖北之沔陽、黃安、監利，河南之商城等縣，均曾經赤匪攻佔，組織偽蘇維埃政府，偽

紅軍指揮部，偽軍事委員會等機關。而肅反委員會之殘殺良民，財政委員會之綁票勒贖，尤為各地人民之所痛心疾首。凡赤匪蹂躪之區，男女八歲以上、十六歲以下者，編為兒童團。二十三歲以下者，編為少年先鋒隊。二十三歲以上、四十歲以下者，編為赤衛隊。以甲村而推乙村，以一鄉而及一縣，日夜迫脅，暴動所至，十室九空。統計全國曾被匪禍之地，蓋達三百縣以上。[8]

中共之「赤禍」，中共則名之曰「革命暴動」。中共宣稱：

> 中國封建軍閥，在「五卅」（1926）以後的大革命當中，廣大工農勞苦群眾鬥爭，革命暴動的威力，已經動搖了他的基礎，吳佩孚、孫傳芳先後倒台，革命將要澈底的勝利，建立完全獨立自由、永久和平統一的中國。但是中國國民黨……竟實行背叛革命，投降帝國主義，利用封建軍閥，來摧殘工農勢力，使帝國主義的侵略，重行加強，使封建軍閥的統治，危而復安。[9]

中共如何搞「革命暴動」？茲就中共方面的資料，整理如次：

> 閩西：大規模的殺戮反動豪紳及其走狗，並燒毀反動派房屋，這種群眾的肅反行動，是十分對的。但燒了一些不應該燒的屋，殺了一些不必殺的人（如吃鴉片的及略有嫌疑的），焚燒商人賬簿，沒收豐稔市的商店，則是犯了盲動主

8　《事略稿本》，1931年5月5日。冊11，頁129-132。
9　〈中共中央共青團中央為反對軍閥戰爭宣言〉，1929年3月28日。《中共文件》，冊5，頁97。

義的缺點。

在暴動失敗後，白色恐怖到來，群眾中調和空氣很濃厚。黨在此時提出「殺盡一切調和妥協分子」的口號，並且毫無群眾基礎的，強迫的，把這一口號執行起來（實行殺人）。這仍是盲動主義的錯誤。

永定：搶下洋商店，攔搶金豐商貨，失了小資產階級同情，使一般人認我們做土匪。這是流氓無產階級意識領導的錯誤。

龍巖：白土的鬥爭，從前年（1927）減租，到去年一月平分豬肉、平糶、算賬，二月捉委員，殺土豪的走狗，捆家長，繳槍，一步一步走到高潮，這個方法本是很對的。……2月13日（1929）殺人繳槍，在客觀上做的是暴動，但同志們卻不承認是暴動。不知此時以赤色政權宣布地主的罪狀，燒毀田契，發布土地政綱，……這種不把鬥爭範圍擴大，而只求縮小的政策，實是犯了機會主義錯誤。[10]

國民政府政治之失敗與錯誤，以及「赤禍」之蔓延，皆因內戰軍事之所致。平情而論，蔣既軍權在握，亦為內戰主導者。究其責任，不應完全歸咎於所謂「叛亂」者。

中共承認其燒殺的「缺點」和「錯誤」，只是技術性的問題，而非原則性的問題，但其燒殺政策，始終不變，只是燒殺的對象和時機而已。

---

[10] 〈中共閩西第一次代表大會之政治決議案〉，1929年7月。《中共文件》，冊5，頁708－711。

（三）約法之爭與湯山事件

約法之爭，發生於1930年10月中原大戰之後，蔣介石提議召開國民會議，制定訓政時期約法，立法院長胡漢民反對之，兩人意見衝突，蔣於1931年2月28日囚胡於湯山，史稱「湯山事件」。在此之前，胡助蔣穩定政權，使蔣先後平定桂系及閻、馮之變。湯山事件，蔣頗有「過河拆橋」之嫌。

北伐統一之初，群雄並起，山頭林立，尾大不掉。此時軍事勢力的分布，成為六個軍權中心：（一）南京中心，蔣中正的第一集團軍。（二）廣州中心，李濟深的第八路軍。（三）武漢中心，李宗仁的第四集團軍。（四）開封中心，馮玉祥的第三集團軍。（五）太原中心，閻錫山的第二集團軍。（六）瀋陽中心，張學良的東北邊防軍。除南京為中央政府外，其他各中心，均設政治會議分會（瀋陽為政委會），代行中央政府的職權。[11]

蔣思集權中央，頗有障礙。支持者少，反對者多。蔣擬召開國民黨中央執行委員會二屆五中全會解決之。一向支持蔣的黨國元老如吳敬恆（稚暉）、李石曾、張人傑（靜江）等，亦多不表支持。桂系李宗仁、白崇禧反對尤力。蔣提議：對蘇俄外交，應加以研究，而吳敬恆、李石曾則謂不應有此觀念，表示不信任之意態。蔣以為：「如此重大問題，乃不准我一加研究，是果何心耶！」[12]蔣曰：「吳敬恆、李石曾來見，表示意見，謂必欲從新清黨，否則不行。並謂今夕將乘車赴滬。」蔣勸之不聽。「已而，張人傑、李宗仁亦先後來談。宗仁意欲選舉總統，並傳達白崇禧之意，謂祇求清黨，雖推總司令（蔣）稱帝，亦所願意。」蔣勃然大怒，連呼糊塗

---

[11] 拙著，《國民黨興衰史》增訂本，（台灣商務印書館，2016年）。頁136。
[12] 《事略稿本》，1928年8月1日。冊4，頁12。

糊塗。並曰:「此非吾徒也,小子鳴鼓而攻之可也。」[13]其實白非真正「糊塗」,蓋欲使蔣為「袁世凱」而倒之也。吳敬恆、李石曾不准蔣提蘇俄外交,乃疑蔣有恢復「聯俄容共」之嫌,彼等與李宗仁、白崇禧主張清黨,乃針對汪精衛、陳公博、顧孟餘、甘乃光等的左派,認為彼等有共黨嫌疑而欲清除之。

其時南京特別市黨部的各級黨部和中央黨部的區分部,頗有汪派人馬,在蔣主持陣亡將士追悼會時,高喊各種口號:打倒西山會議派、打倒無政府主義派、打倒吳稚暉、廢除政治分會。[14]

吳稚暉、李石曾、張人傑等均是無政府主義者,吳主張「相安一時」,李高唱「分治合作」,均為支持李宗仁等山頭林立現狀,異於蔣之集權中央。五中全會自1928年8月8日開始,到14日結束。李宗仁堅持清黨,留滬拒來南京。蔣為湊足全會法定人數,拉攏汪系左派的委員參加。引起李石曾、張人傑之不滿,不告而別去滬。蔣歎曰:「同志間之懷疑無信,不顧大局,竟至於此!」[15]全會通過的各種議案。蔣以為「左右兩派皆未能滿足,然盡余之力,而會議得有結果,亦未始非黨國之幸也。」[16]

右派不滿的全會決議案,有如各地政治分會限於本年年底一律取消。在未取消前,限制其權力:不得以分會名義對外發布命令,並不得以分會名義任免該特定地域內之人員。[17]此案顯然是對桂系而立。取消大學院,改設教育部案。[18]是廢除元老派蔡元培、吳稚暉、李石曾等創立的制度,彼等又何能滿意。全會用二屆五中全會名義,乃是繼承左派汪精衛之二屆「黨統」。實質上,左派並無所得。

---

[13]　《事略稿本》,1928年8月3日。冊4,頁21。
[14]　《事略稿本》,1928年8月6日。冊4,頁36。
[15]　《事略稿本》,1928年8月9日。冊4,頁66。
[16]　《事略稿本》,1928年8月14日。冊4,頁82。
[17]　《事略稿本》,1928年8月14日。冊4,頁72。
[18]　《事略稿本》,1928年8月14日。冊4,頁82。

蔣自五中全會結束後，從8月15日起離開南京，與夫人宋美齡悠遊於奉化山林之間，大部分時間留在上海。9月3日晨，胡漢民由歐洲返國來到上海，蔣至緊張，以為桂系二李（李濟深、李宗仁）必將擁胡倒蔣，即約陳公博要他去找劉興（鐵夫）祕密去天津、塘沽，給150萬元，要劉把白崇禧指揮的北伐軍（劉的舊部）搶過來；如果捉住白，便殺了他。蔣說：「他（胡）回來，一定要動兵的，我們應該要準備。」惟胡之作為，非如蔣之所料。據陳公博之回憶：

> 聰明的胡先生這次回來，倒不是為用兵，而是上尊號的；他知道不能和蔣爭，祗想在南京分嘗一嚐的滋味。他在歐洲，已經起草了一個改革國府的方案，上設主席，而下設五院。藉名是實行建國大綱，而對於大綱所規定的條件，倒不注意它是否已成立。胡先生所要的僅是立法院，而把國府主席讓之蔣先生。這個方案是蔣先生所需要的。[19]

　　胡到上海後，政治氣氛，立現開朗。當天即與蔣及吳稚暉、李石曾、張人傑等會晤，並發表談話，把李石曾的「分治合作」，正名為「分工合作」；且「分工合作」原則，宜用於各個人事業，不含政治意味。9月15日，發表〈訓政大綱提案說明書〉，要義即為「一切權力，皆由黨集中，由黨發施。」[20]此說正符合蔣之集權中央。18日，蔣先回南京。當晚，胡與蔡元培、李石曾、戴季陶、王寵惠、李濟深、李宗仁、陳銘樞諸位黨政軍大員同車赴京。10月3日，國民黨中央常會依胡之提案，通過〈訓政綱領〉及〈國民政府

---

[19] 陳公博，《苦笑錄》，頁183－184。
[20] 胡漢民，〈訓政大綱提案說明書〉，1928年8月由歐返國而作。《胡漢民先生文集》，冊3，頁409。

組織法〉。綱領規定：

（一）中華民國於訓政期間，由中國國民黨全國代表大會代表國民大會，領導國民，行使政權。

（二）中國國民黨全國代表大會閉會時，以政權付託中國國民黨中央執行委員會執行之。

（三）依照總理（孫中山）建國大綱所定，選舉、罷免、創制、複決四種政權，應訓練國民逐漸推行，以立憲政之基礎。

（四）治權之行政、立法、司法、考試、監察五項，付託國民政府總攬而執行之，以立憲政時期民選政府之基礎。

綱領並規定設立中央執行委員會政治會議，對中央執行委員會負責，凡中央執監委員及國民政府委員，均為當然委員。其職權：討論並決議建國綱領、立法原則、施政方針、軍事大計，凡國民政府委員，各院院長、副院長，各院委員，各部部長，各委員會委員長，各省政府委員、主席、廳長，各特別市市長，駐外大使、特使，以及特任、特派之人選，均由該會決定。其決定事項，逕交國民政府執行。[21]

上項規定，既可符合蔣之集權中央的主張，且標出孫中山「以黨治國」的旗幟。這是胡的高明之處。最重要者，乃政府人事的安排。10月8日，國民黨中常會通過人選如下：

國民政府主席兼陸海空軍總司令，蔣中正。

行政院院長譚延闓，副院長馮玉祥。

---

[21] 〈訓政綱領〉，〈中央政治會議暫行條例〉。《革命文獻》輯22，頁316；327－329。轉引拙著《胡漢民先生年譜》，〈國民黨黨史會，1978年，台北。〉頁432－434。

立法院院長胡漢民，副院長林森。

司法院院長王寵惠，副院長張繼。

考試院院長戴傳賢，副院長孫科。

監察院院長蔡元培，副院長陳果夫。

國府委員：除各院院長、副院長為當然委員外，尚有何應
欽、李宗仁、楊樹莊、閻錫山、李濟深、張學良。共為十七
名。可謂胡、蔣合作的政府。汪系左派一無所有。[22]

　　集權進一步的工作，即為整軍，亦即所謂「削藩」。從1929年
1月1日到20日開編遣會議，結果不歡而散。桂李以武漢政治分會名
義免去湘省主席魯滌平之職，以何鍵代之，並進兵湖南。蔣於3月
23日下令討桂。4月4日即告敉平。桂李雖然迅告崩潰，但各方反蔣
活動，卻在滋生蔓延。汪系二屆中央在滬成立反蔣總部，以「護
黨救國」為號召，委李宗仁為「南路護黨救國討賊軍總司令」，
繼續參加者，有張發奎、唐生智、石友三等，均以「護黨救國」名
義反蔣。馮玉祥及閻錫山亦先後加入，最後形成中原大戰，均被
敉平。[23]胡在此時期，口誅筆伐，聲援蔣之「討逆」。汪助桂李、
閻、馮「反蔣」，針鋒相對，旗鼓相當，轟轟烈烈，歎為觀止。

　　1930年10月3日，中原大戰告一段落，蔣介石由鄭州前線致電
南京中央，提議召開國民黨三屆四中全會，確定召集國民會議及制
定訓政時期約法。顯然這是接納汪精衛的「和平」條件。因汪在中
原大戰時期，與閻錫山、馮玉祥等合作，在北平成立「中國國民黨
中央執行委員會擴大會議」和「國民政府」，主張召開國民會議及
制定「約法」等。因此，蔣、汪頗有和解可能，立法院長胡漢民反
對之，於11月1日發表〈和平〉一文，其言曰：

---

[22] 拙著《胡漢民先生年譜》，頁434。
[23] 陳公博，《苦笑錄》，頁224。

凡是煽亂的人，一定是一班無恥的官僚政客，乃至如汪精衛等，一切失節的黨人。……如果與這種人講和平，甚至為他們所惑，許其和平，其禍害之大，更是不可以推測了。[24]

至於汪所提出的約法，胡則認為：

更是胡鬧，因為總理（孫中山）臨終遺囑，明白要我們大家「務須依照余所著建國方略、建國大綱、三民主義及第一次全國代表大會宣言」。我們在第三次全國代表大會中，且已議決將總理所著的這種主要遺教，定為效力等於約法的根本大法。如果於此之外，再要有所謂約法，那豈不是要把總理的遺教，一齊擱開，另尋一個所謂約法出來嗎？[25]

胡氏之言，不僅反汪，也與蔣之意見衝突。11月12日，國民黨四中全會時，乃將蔣之10月3日的提議，列為大會主席團的提案。會中復有張群提出的「請速召開國民會議制定約法案」，顯然是秉承蔣的旨意，也有反駁胡之主張的意思，此案甚長，其中第四、第五點說道：

（四）總理（孫中山）訓政期中，應行約法之主張，在同盟會之四綱宣言、孫文學說、中國革命史中，均有說明。總理畢生一貫之主張，三十年有如一日，故不能僅限於遺囑及建國大綱。

---

[24] 胡漢民，〈和平〉，《中央》半月刊，卷3，期1，1930年11月1日，南京。引據拙著《胡漢民先生年譜》，頁492。
[25] 胡漢民，〈國家統一與國民會議之召集〉，《中央週刊》，期124。《胡漢民先生年譜》，頁491。

（五）建國大綱，原極簡括，故三全大會決議：「確定總理
所著之三民主義、五權憲法、建國大綱及地方自治開始實
行法，為訓政期內中華民國最高之根本法。」惟上述各種遺
著，所涉方面至廣，其中闡明立法原理及立法政策者固多，
不含法律性質者亦復不少。確定根本法之目的，非備裝飾，
原期實行，一條、一項、一字、一句之中，必須確切簡明，
始易於共習共守；尤須嚴格固定，以保法的權威。[26]

　　胡以為上項提案解釋過多，且謂第五點已由三全大會決議，不
必討論。李石曾、吳稚暉均不以胡之意見為然。李說：如因兩方意
見不同，而撤銷一方意見，豈非剝奪他人言論自由乎？胡云：該
案第五點已為三全大會決定，如加批評，豈亦言論自由權所許耶？
吳曰：

其實照本席看來，第五點在本案中講得最好。……至於其
他四點，雖不免露骨些，但警告我們不要做錯，含義也很
好。……至於約法要不要，就應在國民會議中去表決。如果
表決了應該有約法，就把總理的根本大法約一約。我們四中
全會自然不能規定。[27]

　　胡仍堅持原見，認為彼等所謂的約法，並非孫中山主張的約
法。胡曰：

總理所講的約法，在同盟會的四綱宣言中，已經說得很明

---

[26]　《胡漢民先生年譜》，頁494。引據國民黨三屆四中全會提案原件，1930年11月。
　　（國民黨黨史會藏檔）
[27]　《胡漢民先生年譜》，頁495。引據國民黨三屆四中全會會議速紀錄，1930年11月
　　15日。（國民黨黨史會藏檔）

白，就是：「凡軍政府對於人民之權利義務，及人民對於政府之權利義務，悉規定於約法。」後來到了民國元年的時候，所謂約法，就是憲法的代名詞。所以這種約法，非我們之約法。現在如果還要約法，不是現在還應該有軍政府嗎？我們再看總理在建國大綱內，就沒有提到約法兩個字，而單講訓政了。如果說現在馬上頒佈憲法，實行憲法，固然也很好；但是不是有了白紙黑字的憲法，就是憲政。這一點，總理在建國方略的序文內，已說得很明白，並不是本席個人所杜撰的。[28]

由於胡的堅持，全會僅決定於1931年5月5日召開國民會議，未提制定約法，但問題沒有解決。國民會議之前，蔣於2月2日考慮訓政時期需要約法問題，認為約法之目的，在維持國家之和平統一。若將約法或憲法成立，則統一與和平有明確之保障。對外交涉，當可減少若干困難。[29]蔣對胡之反對約法，至為痛恨，其2月10日自記曰：

胡氏是真小人，實屬不可與共事者也。余（蔣）乃為黨國而容忍已久，然看人面目，受人束縛，昨日紀念週時，尤逼人太甚，故余情不自禁，幾欲痛泣。[30]

蔣對胡之惡語相加，為東北人事問題，即已有之。蔣為酬庸張學良舉兵入關，助其取得中原大戰勝利，提議張及王樹翰加入國府為委員，胡亦極力反對。蔣於日記中即曾責之曰：「此誠小人下流

---

[28] 《胡漢民先生年譜》，頁496。引據國民黨三屆四中全會會議速紀錄，1930年11月15日。（國民黨黨史會藏檔）
[29] 《事略稿本》，1931年2月2日。冊10，頁8-9。
[30] 《事略稿本》，1931年2月10日。冊10，頁56。

之尤者也。」[31]

其後，責胡之言，屢見不鮮。看來胡之遭殃，勢不可免了。
2月28日，蔣記曰：「晚，胡漢民來寓，乃留止之，勿使其外出搗
亂也。」[32]並手書致胡，「勸其悔改自新，以利黨國。」函長數千
言，訴其諸多「罪狀」。[33]胡對此事件，有至詳之自述，極為生
動。節錄如下：

> 大概是二十年（1931）2月26日，我接到介石的請束，邀我
> 在28晚到總司令部晚餐。28日是星期六。星期六是立法院例
> 會，……全日會議九小時，人也困倦了，便告休會。……然
> 後驅車到總司令部。這時候，大約是八時三刻。介石住所，
> 在總司令部後面。晚餐在總司令部，款客卻在介石住宅內。
> 我的車直駛介石住所。剛進門，便有十餘名總司令部警衛
> 軍，荷槍實彈的圍了前來，把我的四名便衣衛士、四名武
> 裝衛士，邀進別室去了。我自己拿著呢帽、手杖，大踏步進
> 門，進門是一條甬道，甬道盡頭，一併排兩間屋，右邊一間
> 房中，我望見季陶（戴）、益之（朱培德）、稚暉（吳）、
> 亮疇（王寵惠）、敬之（何應欽）、楚傖（葉）、蘆隱
> （劉）、果夫（陳）、立夫（陳）……等等。都已到了。楚
> 傖見了我，忘形似的大聲說：「好了，胡先生到了。」接
> 著，高凌百（總司令部機要秘書）迎了出來，接了我的呢
> 帽、手杖，讓我到左邊一間屋中。一面讓，一面說：「衆
> 了，請胡先生過那邊坐。」我以為有什麼事商量，便隨了他

---

[31] 「蔣中正日記」〈未刊本〉，1930年11月26日。轉引《蔣中正先生年譜長編》，冊
3，頁306。

[32] 「蔣中正日記」，〈未刊本〉，1931年2月28日。轉引《蔣中正先生年譜長編》，冊
3，頁368。

[33] 《事略稿本》，1931年2月27日。冊10，頁175–189。

去。一入室，誰都沒有在，祇有首都警察廳長吳思豫，靜靜的坐在那裡。我便起了一陣疑慮。這一間屋布置楚楚，中間一張大菜檯，兩旁兩排椅子，我向大菜檯席位的正中一坐，高凌百和吳思豫便在兩旁站著，情形很嚴肅。高、吳向我招呼一會，便拿上一封信來。這信很厚，大概有十幾張紙，不是介石親筆，但介石在旁邊加了許多註，下面又簽了他的名字。我看過這信，便被高凌百收了回去。信的內容是這樣的：先說介石如何尊重崇拜我，說除總理（孫中山）以後，第一個為他所尊重崇拜的便是我。次說我近來反對政府，反對介石，無論在黨務政治方面，處處與他為難。接著便列舉了很多條款，算是我的罪狀。重要的有：一、勾結汝為（許崇智）。二、運動軍隊。三、包庇陳、溫（陳群、溫建剛）。四、反對約法。五、破壞行政。……在每一條款之下，介石自己註了幾句，最後註的幾句大意是：「先生每以史丹林自命，但我不敢自承為托羅斯基。中正欲努力革命，必須竭我能力，不顧一切做去，斷不敢放棄自身責任也。」（按：《事略稿本》中蔣致胡函，與胡所述有別。可能經過修改。）

我看完這信，又氣又笑。高凌百收這封信時，我吩咐他說：「找介石來，我有話說。」高、吳兩人很忸怩，吶吶不能出口的說：「總司令開會，怕沒有時間吧，胡先生吃飯吧，有甚麼話，吃完飯再商量。」一面說，一面便傳飯。「我不想吃飯。」我正色說。這兩個人無法，一個假裝打電話，一個在室內走幾圈。挨了約莫半個鐘頭，邵元沖來了。元沖誠惶誠恐的問我：「胡先生有什麼意思？」「什麼意思？」我問。「你去找介石來，我要問他什麼意思？」元沖似乎不敢盡其詞，悄悄走了。一會，元沖又來，吞吞吐吐說：「蔣先

生沒有什麼意思。」他好似沒有敢把我和介石的話，完全傳述出來。「沒有什麼意思，幹甚麼這般做作？」我憤然說。「蔣先生想胡先生辭立法院長。」元沖明知捱延不了，便找我入另一屋子，講了這麼一句。「何止辭立法院院長，我甚麼都可以不幹，組庵（譚延闓）未死時，我已經說過辭職了，但必須找介石來，這樣便可以了事了嗎？」

到十二點鐘，介石來了。隨著十幾名衛士，他一入來，衛士統統站在門外。王世和（蔣之侍衛長）戎裝持槍，跟了進來。介石坐在我的對面，王世和也不客氣，居然按著槍，坐在我和介石邊旁的一個椅子上。高凌百、吳思豫兩人，有時坐一會，有時出去走一走，我也不理。「你近來有病嗎？」我問介石。「沒有病。」「那很好，我以為你發了神經病了。」我笑笑說。「你給我的信，我已經看了。但你何所據而云然，你應該明白告訴我。」介石不作聲。「你說我勾結汝為，這是什麼憑據？」我問。「這是聽人說如此。」介石說。「汝為在黨是一個同志，在私人是數十年共患難的朋友。就黨的歷史來說，你配說我勾結汝為嗎？」我憤然了，我說：「退一步說，從十七年（1928）到今天，我沒出過南京，汝為也沒到過南京，我何從同他見面？你拿證據來，證明我有和汝為通信通電，甚至勾結了攪甚麼事出來，這才算事實。做一個人，想說話，不能這樣不負責任。」「撤銷汝為通緝令，不是胡先生也贊成的嗎？」大概沒話講了，介石才這麼說。我笑起來了，我說：「原來你這麼幼稚，下一個通緝令，於汝為何損？撤銷一個通緝令，於汝為何恩？我覺得你們之所謂通緝與否，狐掘狐埋，根本不值得重視。且就事實來說，撤銷汝為通緝令，是誰提議的？溥泉（張繼）提出，靜江（張）、雪竹（何成濬）附和，你是會議主席，

同意通過了的,與我何干?我看這類案,簡直小孩子的把戲,也不值得我反對,即使我贊同或反對,也不過是相當的罷了。你何以不能去問問溥泉、靜江和雪竹,是不是為了勾結汝為,才主張撤銷他的通緝呢?」介石仍然不作聲。再說到運動軍隊,那在你心目中,一定有你的軍隊和我的軍隊了。你的軍隊是些什麼人?你發電或找他們來問一下,問問我對他們說些甚麼話?我從不同人密談,我的事無有不可以公開。如果敬之(何應欽)、益之(朱培德)、經扶(劉峙)、雪竹等等,算是你的軍隊中人,那我告訴他們的話,不但可以公之於天下,而且可以刻之為「軍人格言」。如果你以為真如(陳銘樞)、伯南(陳濟棠)是我軍隊中的人(其實我根本沒有軍隊,也從不想有我的軍隊),那我對他們又說了些甚麼話?你可以派人到立法院搜檢我的文電,訊問我的辦理文件者。否則,你應該拿出你的證據來。我說了一大篇,介石儘不作聲。

　　胡繼續說明關於陳群、溫建剛的事,蔣仍不作聲。遲了一會,才說:「胡先生,你反對我的約法呢?」胡云:

我不聽則已,一聽倒動了氣了。我嚴厲的問:「你的約法嗎?你有你的約法給我反對嗎?開國民會議是一回事,訂約法又是一回事。」我在立法院紀念週上公開演講:遵依總理遺教召開國民會議,這有錯誤嗎?不依總理遺教來召開國民會議,可以冒牌算總理主張的國民會議嗎?⋯⋯不過我忠告你,為你個人計,約法並不能再增高你的身價,反只能減低你的信用。做總司令,做主席,做行政院長,而國事至此!進一步說,你操縱一個國民會議,通過約法,再選你做總

統，你能做得好，我也許可以相當贊成，但你萬不能懷疑我會和你爭總統，因此而以去我為快。你要這麼存心，便沒有能認識我。其實主席或總統，能值幾文一斤？……假如我真想做總統，或者運動軍隊，自為其政，我卻沒有這麼蠢。你在前方與閻、馮相持，我有什麼做不得的。前方的形勢愈緊急，後方的地位愈艱危，整個南京城，跑來跑去在黨部、政府開會的，幾乎祇有我一個人。……我不在那時推翻政府，卻到現在戰事定了，你也回來了，才來推翻政府。這種蠢事，大概平常人腦筋都會想得出來，決不是我做的。

去年組庵在世時，我已經說過不幹了，從今天起，我什麼都可以不問。「胡先生能辭職，很好。但不能不問事，我除總理以外，最尊敬的便是胡先生，今後遇事還是要向胡先生請教。今晚胡先生火氣太盛，我又不會說話，講什麼事，向來辯不過胡先生。不過我蔣中正斷不肯冤枉胡先生，如果冤枉了胡先生，我蔣中正不姓蔣。」一面說，一面拍胸脯。介石向來擅長發誓。我笑笑不出聲。最後我告訴他：你不對，祇有我教訓你，除我以外，怕沒有人再教訓你了。你不當以為我不敢教訓你，如果我畏死，也不至今日才畏死，早就不出來革命了。……介石默然，過一會，道了休息，便鞠躬如也的出門去了。按槍旁坐的王世和也跟了出去。這時大概是深夜兩點多鐘，高凌百和吳思豫兩人，坐一會，走一會。介石走後，便又傳飯，高、吳兩人吃飯，我祇喝了些湯。這一晚，我沒有睡覺。第二天早上，我寫了一封辭職書，內容很簡單，祇說：「因身體衰弱，所有黨部政府職務，概行辭去。」（按胡辭立法院長，以林森繼，邵元沖副之。林未就，由邵代理。）又寫了一封信給介石，大意說：「我平生昭然，揭日月而行，你必有明白的時候，……」信末我還附

了幾句，謂「留居此間，室小人雜，諸多不便，能往湯山亦好。」就在這天上午九點鐘，由吳思豫、邵元沖等，以十餘名兵警送我到湯山。

在湯山幽居的生活，的確清靜得可以，除我以外，有鄧醫生、木蘭和男女工人各一名。……而且幽居一室，空氣惡劣，窗外便是兵警，擎著槍，槍影從窗中照映入來，更令人難堪。這天（3月1日）下午，稚暉、季陶來看我，我對稚暉、季陶說：「我是一個手無縛雞之力的書生，介石這麼防範我，還怕我插翅飛上天嗎？」季陶說：「胡先生，這些都不用說了，我勸胡先生以後還是學學佛。」……他勸我學佛，我倒動氣了。已經成了神，為甚麼要學佛，左傳說：「神者，聰明正直而一者也。」像我這個人，不是聰明而正直而一者嗎？我剛要說下去，稚暉接口說：「胡先生，不必動怒，這種事應該看破些。我有一位朋友……他說：中國的政治還攪不好，有甚麼事可以做的，讓他們在台上做戲，我們在台下看戲，不很舒服嗎？我（吳）也是抱這個主張。中國的事，無論如何是弄不好的。」季陶的話，只是可笑；稚暉的話，卻是無恥。我聽了這一說，卻動了真氣了，我說：「你不應該這樣無恥。……你存心在看戲，便不必同我談這些。不過我勸你們要識些廉恥，有些氣節，才配做一個人。」

過了七天，木蘭去找哲生（孫科），聯同亮疇（王寵惠）諸人，去向介石說：「胡先生這麼病，不應該禁在湯山，萬一不測，誰負得這個責任？還不如回到雙龍巷（胡之寓所）住，外面也好看些。」第二天（3月8日），便由吳思豫、邵元沖諸人，把我押送了回來。這時可以看我的，祇有邵元沖、孔祥熙兩人。立法院秘書李曉生，則為管理家務，由邵元沖特許出入，不過出入必須受駐守兵警的檢查。

5月5日，南京召集所謂國民會議，這時西南同志為反對軍閥獨裁，在廣州召開中央執監委員非常會議，昭告中外，聲罪致討。內外要求恢復我自由的聲浪，也一天高似一天。尤以海外各級黨部，如美國、加拿大、古巴、南洋、歐洲各地，函電紛馳，主張甚力。

到了7月13日，又遷香鋪營。香鋪營是庸之（孔祥熙）住所。當時外面風聲很緊，西南又有北伐之說，庸之一再勸我移居，說那邊地方大些，至再至三，我才遷居了去。[34]

胡之被囚，除約法之爭外，尚有其他原因，蔣致胡函有云：「先生（胡）對於中央諸同志及中正個人，從未有所糾正，而惟陰為掣肘，或漫肆譏評；甚至設（譏）為政不成政，教不成教之蜚語，若必欲使中正信用喪失，革命無由完成而後快者。」又云：「今日匪共未除，人心不安，而先生詆毀政府，陰謀內訌。今日軍事初定，政令未一，而先生播弄是非，企圖不軌。若長此搗亂，不惟政不成政，教不成教；抑且國不成國，黨不成黨，而人不成人矣。」[35]

此時蔣集黨政軍大權於一身，職位是中華民國國民政府主席，中華民國陸海空軍總司令，中國國民黨中央執行委員會常務委員會首席常委，並兼中央組織部長。黨務則交其親信二陳（果夫、立夫，即所謂CC系）負責。嗣又兼行政院長及教育部長。在南京中央，唯一敢於對蔣表示不同意見者，乃為胡氏。批評黨政軍，無異批蔣，詞鋒銳利而苛刻，勢必招怨。節錄數段如下：

黨：我們的黨，叫做國民黨，可是事實上，「國民」是一截，「黨」又是一截，黨所做的事，並不與國民發生關係。

---

[34] 胡漢民，〈革命過程中之幾件史實〉。
[35] 《事略稿本》，1931年2月28日〈蔣致胡函〉。冊10，頁187。

不但不與國民發生關係，甚至使國民對黨還增加許多不良的印象！據從北方回來的同志說：「北方人民，本來不甚明瞭所謂國民黨，但觀於年來的事實，也漸漸明白了；他們對黨所具的概念，是（一）中山先生是好的，可是國民黨太糟了；（二）三民主義確是救國的主義，可是黨員如此，如何能推行主義呢！更有人以為國民黨者，打架之黨也，上至改組、西山，下至AA、BB（派）……大之爭主席，小之奪委員，都能無所不用其極。

政：就政治來說，我們在過去數年中，所謂政治的效能，究竟推進了若干呢？我們很難下一個可以令人滿意的答案。我們若本嚴於責己的教誡，則過去人民對於政治，因不見效能而失望，軍人對於政府，因不見效能而反抗，又何能視為怪異呢？……尤其奇怪的，在國民政府遷都三年之中，竟找不出一個違法瀆職的官吏，好像我們的政治，真已把「賢人主義」切實實現了。

前方的將士，儘管拚命的殺敵，後方的官吏，卻適是努力來享樂，……較大的官吏，在南京多住幾天，就覺得身心不安，好像不到上海舒散一下，便無以維持了。兄弟（胡）站在朋友的同志的立場上，對於這種行動，真覺得無限的悲痛！

軍：在以黨治國的意義之下，黨務是一切建設的先驅，政治是實施黨務的樞紐，至於軍事，則僅是政治中的一部。所以在理論上，祇有政治可以左右軍事，而軍事不能左右政治的。

地方黨政：省市黨部的情形，大家總比較熟悉，或者還比較健全些。至於縣黨部以下，假如任意找一個人問他：「貴縣的黨務，近來一定很見進步罷。」他必定答：「不行，也許你們那裡總比較好些吧。」如果問問老百姓，他們更不知黨部為何物，甚至以為黨部者，衙門而已，委員者，能與縣長

接近之黨官而已。遇著地方政治，同樣的不良。地方上的土匪共產黨，便乘機蠢起了。……假如從今以後，仍然萎靡不振，過著腐化敷衍的日子，即使有一場瘟疫，單把共產黨通通病死，也不能建設我們需要的國家。[36]

胡之上項言論，無異是指責蔣以軍事左右政治，有違孫中山以黨治國之道。蔣之反應，乃以兵力扣押之，此較中山艦事件之扣押李之龍，使汪不安去位，蔣得黨內多數同志之同情。湯山事件之扣胡，蔣失黨內多數同志之同情矣。且造成寧粵分裂，殊為失策。學者認為：

> 中國長期處於專制統治之下，個人專斷和獨裁，已經成了一種思維定勢和行為定勢。當蔣介石與胡漢民發生政見分歧時，既不能訴諸於民主的協商和討論，又不能訴諸於辯論與表決，而是無限上綱，暴力軟禁。原本是追求民主和法治的努力（雖然是表面上的形式上的），卻變為反民主、反法治的演示。[37]

湯山事件，迅即造成兩廣合作反蔣。中原大戰時期，廣東軍事將領陳濟棠等在胡的影響下，支持南京，致張發奎、李宗仁的張桂軍，遭遇挫敗，困於廣西。胡被扣時，胡的支持者古應芬立即南下廣州，策動陳濟棠反蔣。粵籍的黨政領袖，以及一些非粵籍的政客，紛紛南下，廣州變成了反蔣中心。陳濟棠也派了李翼中到廣西，要求李宗仁、張發奎合作。4月30日，留粵中央監察委員

---

36 胡漢民，〈同志們自己一切的檢查〉，1930年9月22日演講。《胡漢民先生文集》，冊4，頁1048-1052。
37 楊天石，《蔣介石與南京國民政府》〈中國人民大學出版社，2007年，北京〉。頁283。

鄧澤如、古應芬、林森、蕭佛成，通電彈劾蔣氏。指責蔣之罪狀有六：（一）儼然以繼任總理（孫中山）自命，亦以本黨為其私有。（二）養兵自重。（三）使陳果夫等占領各省黨部，丁惟汾在各省祕密組織為之爪牙。（四）放縱宋子文收受賄賂，操縱金融。（五）以政學系為鷹犬。（六）實行專政排擠同志。[38]

　　5月20日，白崇禧、張發奎到了廣州，汪精衛、孫科等也到了。廣東省主席陳銘樞是蔣的支持者，在被質問對胡受軟禁一事的態度後，就離開了廣州。汪等即於5月27日成立了國民黨中央執行委員會非常委員會和「國民政府」，史稱「寧粵分裂」。這個組合，內容複雜，其中成員包括西山會議派，胡、汪的人馬，孫科的「太子派」。表面上，大家都擁汪為領袖，實際並非如此，人們各懷鬼胎，只有來自廣西的人們，才是真正支持汪。由於陳濟棠支持胡，胡系人馬便佔優勢。[39]

　　為平息寧粵糾紛，蔣曾派中央監察委員張繼赴粵調解，張由粵返京後，提出讓胡外遊主張。6月18日，張與吳敬恆、蔡元培往訪胡詢其意見時，胡亦同意外遊。南京中央亦有多人對胡同情，表示支持此一擬議。蔣以為當初對胡：「留其在京，非懼其反對余個人，而患其分裂本黨，自組黨部，此有可能，而黨事更難問矣。」因此決定：「既做之事，既定之針，不可自變也。」[40]

　　內訌必召外侮，內亂必召外患，即孟子所謂「人必自侮而後人侮之，家必自毀而後人毀之，國必自伐而後人伐之」是也。1929年討桂、討馮之戰以後，而有中東路事件之發生，召致俄軍的入侵。1930年中原大戰以後，以及1931年「湯山事件」而致寧粵分裂之

---

[38] 《蔣中正先生年譜長編》，1931年4月30日，冊3，頁406。

[39] 夏連蔭訪談、胡志偉譯註，《張發奎口述自傳》（亞太政治文化中心出版，台北），頁282－284。

[40] 《蔣中正先生年譜長編》，1931年6月15日，冊3，頁436－437。

際，乃有「九一八」事變大國難之來臨。

　　1931年9月18日，日軍侵佔瀋陽，在無抵抗的情形下，東北各省相繼失陷。國內民情沸騰，紛請團結禦侮。23日下午，首都市民反日救國大會代表赴香舖營請胡「銷假視事」。25日，蔡元培、張繼、陳銘樞攜蔣之函赴廣州，請粵方要員共救危亡。粵方的先決條件，即為恢復胡之自由。10月13日下午，陳銘樞與張繼等陪胡到陵園，和蔣晤面，談約10分鐘，決定次日晨離寧赴滬。屆時，蔣偕張靜江來送行。據胡記述，兩人有如下之對話：

> 蔣：過去的一切，我都錯了，請胡先生原諒。以後遇事，還得請胡先生指教。
> 胡：不然，你說的一切都錯，這又錯了。你應當檢查出在過去的一切中，哪幾條是錯的，然後痛自改正。錯而能改，並不算錯。如果說統統錯了，便無從改起，這卻是大錯。
> 蔣：據胡先生看，錯些甚麼呢？
> 胡：過去最大的錯誤，是大家並沒有為黨、為國、為中國革命去奮鬥，只是努力於私人權力的鬥爭，把共產黨「呃」「嚇」「拆」的三字訣，整套學了來。人人將所有的心思才力，用以對付黨內同志，黨以此不團結，黨的力量以此不能表顯，整個中國革命，也以此完全失敗。這種錯誤，誰都有份；不過我個人要比你們少些。先生（孫中山）逝世以後的一切，你（蔣）都是很清楚的。[41]

　　這時胡正想說下去，張靜江怕說岔了話，即「王顧左右而言他」，高聲說：「今日天氣倒涼爽，胡先生到上海去，長途中也舒

---

[41] 胡漢民，〈革命過程中之幾件史實〉。

服些。時候不早了，應動身了吧？」蔣說：「到上海再見，我一定來上海的。」說著便握別了。[42]

　　胡從1928年9月到南京，1931年2月被蔣監禁。在此之前，助蔣集權，原希蔣能成為土耳其的「凱末爾」。但其結果，胡則認為蔣成了「袁世凱」。平情而論，胡不能沒有責任。胡立身嚴正，詞鋒尖刻。蔣重權術，對胡表面尊重，內心則至切齒。

　　胡自1931年10月，被釋離開南京回粵，旋即留居香港，以國民黨西南執行部名義，左右西南政局，至1935年6月離港出國，為時將近四年。在此期間，胡與西南當局之關係及對南京中央的態度，蔣曾多次接獲情報。

　　1932年6月25日，蔣接得羅偉疆自香港的報告，關於胡與西南軍政當局的關係，以及對南京中央的態度。茲節錄之：

> 胡漢民、蕭佛成、鄧澤如等，日前欲藉反對淞滬停戰協定，以反抗中央。先由執行部及各團體通電，而陳濟棠則藉口軍事行動，須統一軍權，遂乘機要挾（脅）改編海空軍。
> 陳濟棠改編海空軍動機，因孫科前欲率留滬中委赴粵組府，為胡、陳拒絕，孫即進行拉攏桂系李（宗仁）、白（崇禧）與海空軍聯合，欲藉此倒陳。
> 桂軍與陳濟棠，無論如何皆不能澈底合作，桂方急急擴充陸空軍……為陳所忌。此次桂軍本欲乘機入粵，但以陳之內部無大變化，海空軍力薄。同時胡、蕭（佛成）、鄧（澤如）等屢派代表，邀李、白來粵，共謀對付中央，因此暫且按兵。
> 陳自去年迄今，乘中央不暇南顧，積極擴充軍隊，現計人數

---

42 胡漢民，〈革命過程中之幾件史實〉。

084　多難興邦

在九萬以上。……彼等之反對淞滬停戰，實欲乘中央軍疲憊時，大舉北上。至陳之處境，實無擁護中央之可能，因彼內部為胡、蕭、鄧等煽動，已不一致。如李揚敬、黃任寰等則聽信胡等而反對中央，余漢謀則傾向中央。如陳與中央合作，則胡等即可煽動倒陳。且胡等因防陳附中央，遂勾結孫連仲、何鍵及桂軍等為防陳之用。且陳對胡始終亦不致違反。不過為敷衍中央起見，對小問題則似表示與胡相反，而大事則非請示胡不可。

孫科及留滬中委，近日迭派代表赴粵港，與胡、陳聯絡。據密訊：已與北方馮玉祥等聯合，約與西南響應。胡、陳亦派人聯絡十九路軍。胡且與國家主義派完全合作，胡所辦之《中興報》，全付彼派主持。胡最近政策，為攻蔣不攻汪，港省各報皆如此。[43]

1934年3月16日，陳立夫自香港電蔣報告：香港確為反動造謠之中心。陳濟棠以元老威脅中央，以中央反激元老，戲弄兩方，居間取利，故香港方面之空氣，複雜已極。蔣覆之曰：粵陳態度，誠如來電所云：戲弄於中央與元老之間，從中取利，可謂一語破的。廣西在閩亂未發以前，與粵陳殊不相容。迨閩亂既定之後，則有可離可合，極端矛盾之傾向。湖南（何鍵）則始終介乎西南與中央之間，而欲挾以自重者也。[44]

胡、蔣漸有和解可能，1934年12月，南京中央派王寵惠、孫科至香港，邀胡入京共商大計。胡表示：「王、孫此行，確負和平使命。」惟「今日所爭持者，為國家民族存亡問題，與主義政策之實

---

[43] 《事略稿本》，1932年6月25日。冊15，頁214-217。
[44] 《事略稿本》，1934年3月16日。冊25，頁166-167。

行問題。」[45]是胡並無拒絕入京之意，但外間盛傳迎胡去汪之說，汪有赴港晤胡之意。為此，蔣於1935年2月11日電覆汪精衛曰：

> 香港為造謠、誣蔑、挑撥、中傷之策源地，一切離奇消息，均由彼中之司令台發出，吾人久已習聞，祇好一笑置之，所謂見怪不怪，其怪自敗也。亮疇（王寵惠）直接間接並未轉達胡（漢民）意，謂西南願與蔣合作，但汪（精衛）須即離京之表示。律以亮疇持重不落邊際之素性。彼之電胡，恐亦未必有汪挾日自重、國亡無日之露骨語，非胡方捏造，則傳言者張皇其詞，似不可置信。比來吾人之與港方（按對胡）周旋者，實姑盡人事耳。凡所傳述，概不必過於重視。此種見解，兄（汪）與弟（蔣）完全相同。今兄忽欲從亮疇、（李）石曾之言，自往香港一行，不特亮疇無意義，恐由平淡而歸於絢爛，反為推波助瀾者，頻添幾許資料而已，實無必要。[46]

13日，蔣又電汪曰：李曉生（胡之秘書）下午晤見，彼稱胡先生託其轉達三語：（一）現南京愛弟（蔣）者，莫若其本人（胡）相愛之切。（二）不急來滬見面者，即為他日相見之地，並無他意。（三）對汪先生決無彼去我來之意。蔣答如下：行將入川剿赤，此後道途日遠，黨國益艱，但望各方同志，無問彼此，日臻團結，挽此危局而已。[47]

1935年11月，國民黨五全大會的召開，不僅寧粵和解，也是全國的大和解。五屆一中全會，中國五大領袖胡、汪、蔣、閻、馮，

---

[45] 《胡漢民先生年譜》，1934年12月17日。頁536。
[46] 《事略稿本》，1935年2月11日。冊29，頁328-329。
[47] 《事略稿本》，1935年2月11日。冊29，頁348-349。

都在南京中央，有了適當的安排。胡任國民黨中央執行委員常務委員會主席，汪任中央政治委員會主席，蔣任兩會的副主席、行政院長、軍事委員會委員長。閻、馮任軍事委員會副委員長。大家從此相安無事，象徵全國大團結。蔣居其實，胡等則居其名，位尊而無權。

胡當選國民黨中常會主席後，未待到任，即於1936年5月12日，以腦溢血在廣州去世。

在其去世前的「遺言」中，將其篤信的三民主義與其主張的「三非、三不」歸納為：

> 非抗日，不能實現民族主義；非推翻獨裁政治，不能實現民權主義；非肅清共匪，不能實現民生主義。[48]

胡去世，南京中常會通過祭葬辦法〈國葬〉，並推居正等八位委員代表中央前往致祭。蔣另派陳誠為其本人之代表致祭，並寄以祭文及輓聯，文曰：

> 祭文　嗚呼，我公！屹然嶺嶠，為黨先進，為國元老，文章道業，世所共昭。我知公最，皎潔崇高。憶民十三，總理北征，公實留守，力董其成。南都奠定，公長立法，彪炳鴻猷，用支危廈，國步多艱，邊氛日亟，要政萬端，待公籌計。公自歐陸，鼓棹言歸，群情仰望，歡動若雷。初聞公疾，繫維小愒，胡天不弔，山枯海泣。未竟遺志，後死所資。為國一慟，涕泣陳詞。嗚呼哀哉！尚饗。

---

[48] 陳紅民，《胡漢民未刊往來函電稿》前言。（廣西師範大學出版社，2005年，桂林），頁3。

輓聯　滄海正橫流，風雨同舟期共濟。中原誰砥柱，荊榛滿地哭元勳。[49]

胡在生前，蔣曾目之為「真小人」。死後則稱「我公」，譽之為「黨先進」、「國元老」。此亦為胡「平反」也。

蔣對湯山事件，後來曾多次追悔，例如1941年6月9日記：

當時討平閻、馮叛亂以後，乘戰勝餘威，應先積極統一各省軍、民、財各政，而對中央內部謙讓共濟，對胡特予信任與尊重，以國府主席讓之，則二十年（1931）胡案不發生，內部自固矣。[50]

（四）汪蔣合作應變國難

1931年「九一八」事發生，為謀國內團結，終止寧粵對抗，以共赴國難，南京中央要求粵方派出代表。舉行和平會議。而粵方先決條件，則為恢復胡漢民之自由。胡因此被釋，離京赴滬後，粵方代表汪精衛、孫科、鄒魯、伍朝樞、李文範、陳友仁等，於10月21日到達上海，與寧方代表舉行和平會議，胡是粵方幕後指導者。寧方以蔡元培、張繼、張靜江、李石曾、陳銘樞、吳鐵城等為代表，蔣是最後決定者。蔣於22日到滬，得悉「粵方提出條件，意在推倒中央現在組織，否認政府根本法紀，而胡漢民持之尤堅。」蔣聞而歎曰：「展堂（胡字）何尚有意搗亂哉！其將使余進退兩難矣。」又曰：「粵方所推出改組政府之代表，盡為粵人，是廣東儼然成一

---

[49] 《事略稿本》，1936年5月23日。冊37，頁37－38。
[50] 楊天石，《找尋真實的蔣介石》（一），（山西人民出版社，2008年，太原）。頁195。

粵國，將與倭國攻守同盟，而來圍攻我中國乎？」[51]胡固苛刻，蔣亦似言過其實。

惟粵方內部，漸有分歧，汪精衛與孫科願與蔣合作，胡則反對，汪、孫不願與胡破臉，故不敢明白表示。蔣決使用分化之術，孤立胡氏。其法：如胡不願破裂，則暫維統一之局面；否則避免內部糾紛，使胡回粵自擾，無足計較也。[52]

11月5日，陳誠轉何應欽電蔣，說是雙方代表於非正式會談時，提有解決時局方案二，一為請蔣與胡、汪同入黨部負責，為一切政治軍事發動之主體，而政治軍事均由其他同志擔任。二為蔣通電發出後，仍公推續任國府主席，但制度須變更，即主席不兼行政院長，並廢除總司令部。汪及孫科態度甚好，對此方案亦不堅持，胡執意主張實行第一案，謂可免以後一切糾紛。是日，何到南京，蔣告之曰：汪願意合開四全大會，但為情面，難以自主。孫科主張分開合作，胡則主張破壞全會。汪表示誠意，願以分開之中，站在中央地位。蔣以為合開既不可能，則順從汪、孫之意，以合作之心，分開全會亦可也。[53]是汪、蔣、孫皆願合作，孫科雖搖擺不定，但卻傾向妥協。胡仍堅持反對，不免陷於孤立矣。

寧粵妥協結果，國民黨第四次全國代表大會，於11月12日及18日在南京、廣州兩地分別開幕。惟廣州大會堅持蔣須下野，解除兵柄，汪及孫科兩派代表退席，復以選中委發生爭執，退席代表在上海開會，由汪主持之，選出中委十人。三處選出之中央執監委員合併後，名額大增，較之第二、三屆，增加一倍以上。

12月22日，四全大會三方面選出的中央執行委員，在南京舉行四屆一中全會，蔣於會議前夕離京下野。全會推舉胡、汪、蔣及于

---

[51] 《事略稿本》，1931年12月22、23日。冊12，頁195、198。
[52] 《事略稿本》，1931年12月30日。冊12，頁214。
[53] 《事略稿本》，1931年11月5日。冊12，頁243－245。

右任、葉楚傖、顧孟餘、居正、孫科、陳果夫九人為中央常務委員，胡、汪、蔣三人為中央政治會議常務委員，輪流主席，實際三人皆未到任。蔣去奉化，汪留上海，胡居香港。林森為國民政府主席，為國家虛位元首，孫科為行政院長，仿內閣責任制。是以這次黨政改組，實以粵方人士為主。其中以陳友仁為外交部長，陳銘樞為行政院副院長兼交通部長，且為京滬衛戍司令，統轄其第十九路軍駐防京滬。

孫科於1932年元旦就任行政院長後，局勢嚴峻，日軍再陷錦州。尤以財政困難，軍費無著。於是藉外交政策不行為詞，一去上海不回南京，多數閣員亦隨之離職，南京成了無政府狀況。張繼、何應欽於1月12日至奉化謁蔣，勸蔣出山，且謂孫科已在杭州相候，蔣則認為孫不能支此危局，乃於13日下午赴杭。而孫並未至杭。蔣閱各方報告，知孫科與馮玉祥、李宗仁定元旦回京，擬另組特別委員會，決定外交、財政方策；又謂孫科等對於財政擬停付公債本息，外交擬對日絕交等。蔣以為：「乃由展堂恐哲生（孫科）與余（蔣）相晤，故為哲生謀此倒行逆施之策。蓋展堂仍本其借外侮之名，先掃除其所謂蔣派勢力，北方則由馮（玉祥）主持，以倒張（學良），南方則由粵桂出兵兩湖以除蔣。」[54]

1月17日，汪精衛到了杭州，與蔣聯名電胡，邀其一同入京，協助孫科，共支危局。胡遲至19日始覆電，略云：此時救國救民，惟有努力於抗日剿共，各矢忠誠，俾哲生等得行使「責任內閣之職權」，貫徹其政策，而我人以在野之身，竭誠贊助，則對內對外，必獲有生機。意思是要大家不要干涉孫科「責任內閣之職權」。蔣認為：「展堂不止自不來京，而且欲阻吾人入京。」孫科已應汪、蔣之約，到了杭州，蔣表示：「願不顧一切，決計入京，以助林

---

[54] 《事略稿本》，1932年1月13日。冊13，頁33-35。

（森）主席，挽救危機。」汪、孫表示：願隨蔣共同入京。[55]

蔣言「助林主席」，不及「哲生」，林為虛位元首，何能助之？顯給孫科難堪。蔣於21日晚抵京，次日，在勵志社與「各同志」會談，對廣東方面，做嚴厲之斥責：

> 如廣東能切實歸附中央，則對內對外一切問題，皆可迎刃而解。否則，以廣東人而亡國民黨，以國民黨而亡中國，亡國之罪，應由廣東人負之。[56]

蔣氏之言，顯為譴責胡及孫科、陳友仁諸「廣東人」。然亦不免情緒化也。

23日下午，汪到南京，蔣主張政治由孫科主之，黨由汪主之，而其本人不受任何職務，盡力相助。然汪以為儘管黨務，心中不足。似欲取孫而代。而孫卻於24日離京赴滬，宣布辭職。26日，蔣要汪任行政院長，主持大政，汪甚感動。[57]是時淞滬情勢嚴重，日駐上海海軍陸戰隊蠢蠢欲動，與中國十九路軍隨時有發生衝突之虞，28日下午，蔣、汪協議外交方針兩點：（一）積極抵抗。（二）預備交涉。晚開臨時政治委員會，通過任命汪為行政院長。[58]此為「汪蔣復合」之始。當日夜間12時，中、日兩軍在上海閘北發生衝突，淞滬「一二八」抗日戰役，於焉爆發。從此中國對日政策：一面抵抗，一面交涉。蔣負抵抗之責，汪負交涉之責，亦即所謂「汪蔣合作」政策。

一面抵抗，一面交涉之策，旨在以戰求和。汪對此策有如下之說明：

---

[55] 《事略稿本》，1932年1月19日。冊13，頁55－58
[56] 《事略稿本》，1932年1月22日。冊13，頁66－67。
[57] 《事略稿本》，1932年1月26日。冊13，頁80－81。
[58] 《事略稿本》，1932年1月28日。冊13，頁87。

我們所持的對日方針，是一面抵抗，一面交步。因為中國的國難，並非偶然，故要預備長期的抵抗，同時也要盡力的交涉。

就抵抗言，日本為一個富國強兵的國家，中國為一廣土眾民的國家，如果專在一地打，中國是打不過日本的。若要抵抗日本，上海一隅是不夠的，須以全國抵抗。例如日本運兵到上海，從長崎出發，只要兩天就到了。但是中國交通未便，運兵反不如日本便利。若全國抵抗便不同了。例如日本可以將二、三萬人從吳淞上陸，但不能將二、三萬人分布到蘇州、鎮江，若要如此，非增加幾倍不可。至於星羅棋布於全國，則非幾十倍幾百倍不可。我們現在祇有以廣土眾民的中國，與富國強兵的日本長期抵抗，處處抵抗，人人抵抗。如此，則日本必有精疲力盡之一日，我們就可以得到最後的勝利了。

就交涉言，這次中日問題，中國是有十足的理由，來要求國聯來干涉日本的。因為日本是破壞了國聯盟約、九國公約、非戰公約的。我們在外交上既有充分的理由，則何必要放棄外交的方法呢？何必驅使各國守中立呢？我們有國家，則有交涉的權利，我們還未亡國，為什麼不能交涉呢？如果日本放棄無理的要求，則我們無論何時都可以交涉的。

所以一面抵抗，一面交涉，同時進行，軍事上要抵抗，外交上要交涉，不失領土，不失主權，在最高限度之下不退讓，最低限度之上不唱高調，便是我們共赴國難的方法。[59]

---

[59] 汪精衛，〈政府對日方斜〉，1932年2月15日。《革命文獻》〈國民黨黨史會〉，輯36，總頁1570－1572。引自拙著，《抗戰史論》（東大圖書公司，1995年，台北），頁125－126。

汪之上述觀點，正是盧溝橋事變後，蔣之對日採取長期消耗戰略的張本。

　　淞滬戰役，在十九路軍堅強抵抗下，日軍不利，乃增派第九師團來滬，2月15日登陸完畢。蔣以警衛軍編為第五軍，以張治中為軍長，轄第八十七、八十八兩師，增援滬戰。自20日起，戰爭趨於激烈。如第五軍2月22日戰報所記：

> 敵自20日開始攻擊以來，亘三日夜，至今日（22）則傾巢來犯，眾在一萬五千以上，雙方激戰之烈，為開戰以來所未有。卒因我官兵沉著應付，敵終未得逞。而廟行、江灣間，我陣地前，敵屍山積。其損失之大，可以想見。我八十八師損失亦鉅，錢旅長倫體、陳副旅長普民均重傷，營長傷亡六員，連排長傷亡八、九十員，士兵傷亡一千餘名。八十七師傷亡官兵六百餘人。[60]

　　2月24日以後，日方又增派第十一、第十四兩師團，第十九路軍與第五軍以腹背受敵，於3月1日撤至第二防線，停止戰鬥。在此之前，中方亦調胡宗南第一師、蔣鼎文第九師增援。惟前者自河南出發，長江有日艦之監視，乃化整為零，柴船夜渡；後者自江西出發，因共軍之追擊，且戰且走。迨此兩師到達，戰機已失。中日雙方代表，在英、美、法公使及意大利代辦的見證下，於5月5日簽訂停戰協定，日軍撤出上海，中國限駐警察。是役我方官兵傷亡總計為：第十九路軍傷亡官長五四二員，士兵八，一八四名，第五軍傷亡官長三四九員，士兵五，〇二九名。民眾傷亡及財產損失，尚不在內。

---

[60] 〈淞滬抗日戰役第五軍戰鬥要報〉，1932年2月22日。《革命文獻》，輯36，總頁1626。引自《抗戰史論》，頁129。

淞滬停戰後，國民黨四屆二中全會，於1932年3月6日在洛陽行都開會，舉蔣為軍事委員會委員長，行安內攘外之策，其施政方針，軍事方面，準備有計畫的抵抗；外交方面，取公開而有系統的交涉。軍事與外交相配合，以外交掩護軍事，以剿共掃除軍事之障礙，更以建設充實國防力量。[61]

但其實際，並非如此，其後汪之對日交涉，如塘沽協定、何梅協定等，多祕密而被動。

3月9日，日偽「滿洲國」成立於長春，依其計畫，其領域除東三省外，也包括熱河省在內。國聯調查團於6月5日自東北調查後到達北平，汪赴北平向該團陳述中國對於東北的立場，要求張學良向東北進兵，以示中國維護東北領土主權的決心。而日方在簽訂淞滬停戰協定後，將其軍隊調至東北，消滅抗日的義勇軍。其時東北義勇軍數在三十萬以上，南京、北平設有接濟聯絡機關，對其運輸武器路線為山海關與熱河。如此兩路不保，義勇軍惟有依靠蘇俄的援助，這是南京方面所不願見到的事實。因此，汪在北平與張商討如何防守熱河問題。支援東北義勇軍的抗日，亦為配合對日之交涉憑藉。汪說：

> 熱河湯玉麟的軍隊，祇知道運鴉片，哪裡知道國防，哪裡懂得抵抗！現在中央也沒有方法去調換。現在東三省義勇軍能夠有一點小勝利，全靠青紗帳。……如果再過三個月，青紗帳過了，義勇軍沒有方法避免日軍的攻擊。所以我們盡力量援助義勇軍。[62]

---

[61] 〈中國國民黨四屆二中全會施政報告〉，1932年3月4日。轉引拙著，《抗戰史論》，頁132。

[62] 汪精衛，〈東北義勇軍情形報告〉1932年7月9日。（專家座談會速記錄，國民黨黨史會藏檔）。轉引拙著，《抗戰史論》，頁141。

但其最大障礙，乃為駐守熱河的東北軍湯玉麟兼熱河省主席。外交部長羅文榦說：湯玉麟是「國可亡、家可破，錢同命，是捨不得的代表性人物。」既不能抵抗，何能有交涉的條件。[63]

為解決熱河防守問題，蔣亦不斷致電駐平參議蔣伯誠，要他告知張學良，從速進行，其法：先派兵三旅，用夜間動作，到熱河附近，使倭與湯皆不及防。一俟我軍接近熱河，再調湯至察省，則湯必遵行，倭亦無法。[64]

此時北平方面，有「一般人之意見：以為熱河如有軍事行動，漢卿（張學良字）必須離開平津，消去日方目標，方易維持。」這個訊息，可能觸汪驅張動機，乃於8月5日，在滬發出五通電報，其中一電對張學良嚴加指責。說張「去歲放棄瀋陽，再失錦州，致三千萬人民，數十萬里之土地，陷於敵手，致敵益驕，延及淞滬。」今又「未聞出一兵，放一矢，乃欲藉抵抗之名，以事聚斂。」汪表示：惟有引咎辭職，以謝張學良一人；亦望張辭職（北平綏靖公署主任），以謝四萬萬國人。無使熱河平津為東北錦州之續。汪發電後，即留滬不回南京，以示辭職決心。[65]

張見此電文，對記者談話，聲淚俱下，謂決辭職。時蔣駐廬山牯嶺，指揮剿共，當晚接到汪辭行政院長之電，即電國府主席林森及行政院副院長宋子文，挽汪回京。蔣並直接電汪勸其回京。又電在北京的張群，要他告知張學良，應於三日以內，親率所部，急趨熱河，以最祕密、最敏捷之方法行之。張仍猶豫。蔣自記曰：

---

63 〈羅文榦致胡適〉，1932年9月19日。《胡適來往書信選》（中華書局，1983年，香港）。中冊，頁135。

64 〈蔣委員長致蔣伯誠參議電〉，1932年7月5日。秦孝儀主編，《中華民國重要史料初編：對日抗戰時期：緒編一》（國民黨黨史會，1981年），頁559。（以下簡稱《緒編一》）。

65 拙著，《抗戰史論》，頁144。

近日東北義勇軍攻擊牛莊，截斷南滿鐵路之運輸，而倭寇海陸並進，尚不能抵敵。當此倭寇手足無措之時，正張學良收復熱河、策應義勇軍最良機會，亦所以表明心跡，為國為民也。復何懼汪兆銘之狂吠哉！而張學良乃猶豫依違，不敢前進，是誠不足與共事。[66]

　　蔣對張學良雖有微詞，但仍偏袒之。有名李培天者，揣摩蔣之心理，向蔣讒汪之「野心」云：

汪兆銘自長行政院，夾袋中人，登庸惟恐落後，其處心積慮，非造成己系之清一色，不能償其大欲。自政治方面觀之，中央各機關，其爪牙乘機羼入者，不知凡幾。而尤注意於各級黨部之幹部，奔走拉聯，不遺餘力。假以時日，誠恐整個之國民黨，行將成其一己一系之私有物。有不合流同污者，非盡遭摒絕不止也。自軍事方面觀之，其陰毒險狠，更出常人意想之外，此次辭職通電，藉口張不抵抗，索款要挾，措詞激烈，不留餘地，其意在博社會之同情，卸己身之責任。而弦外之音，蓋惟恐華北內部之不亂。至其去除張學良之決心，尤溢露於字裡行間，有勢不兩立之勢。夫張固應責矣，然張若竟去，試問領袖華北者，果係何人？閻乎？馮乎？有一於此，則汪之背景成，而分裂之機更迫矣。不特此也，如川劉（湘）、黔王（家烈），引為朋比。桂系李（宗仁）、白（崇禧），暗中結托，縱橫捭闔，極其能事。華北發難之時，或即西南附和之日。極目中原，恐不待日寇之吞噬，匪共之蹂躪，而吾民已無噍類矣。[67]

---

[66] 《事略稿本》，1932年8月9日。冊16，頁71－72。
[67] 《事略稿本》，1932年8月27日。冊16，頁236－238。

此一「肉麻」之「小報告」，充滿「拍馬屁」味，蔣閱畢笑曰：

> 精衛自有其一派之野心策略，但謂其與南之李白、北之馮閻
> 有呼應，則昧於事實，而太重視精衛矣。[68]

（五）長城戰役後的華北政局

　　1933年3月4日，日軍一百餘人在無抵抗下，進入熱河省會承
德，湯玉麟事前逃走。在此之前，張學良確曾派兵進入熱河，但在
3月1日撤出凌南。次日晚間，張對胡適說：「人民痛恨湯玉麟的虐
政，不肯與軍隊合作，甚至危害軍隊。此次他派丁旅入熱境，即有
二營長不知下落，大概是被人民做了（殺害）。」[69]

　　如此東北軍，包括張的東北軍在內，何能與日軍作戰？當時胡
在《獨立評論》為文指出：

> 從這回熱河的事件，足夠證明前年（1931）東三省二十萬大
> 兵的不抵抗，是實在沒有能力抵抗。一年零五個月的整理與
> 補充，還不能抵抗，可以證明這種腐敗軍隊，遇著現代式的
> 敵軍，勢必如枯葉之遇勁風，朽木之遇利斧，無有不崩潰之
> 理。[70]

　　承德失陷，蔣曰：

68　《事略稿本》，1932年8月27日。冊16，頁238。李培天，時任蒙藏委員會常務委員。
69　胡適，《胡適的日記》手稿本，1933年3月2日（遠流出版公司，1990年，台北）。
　　冊11。
70　胡適、〈全國震驚以後〉，《獨立評論》41號，1933年3月4日。引自胡頌平編，
　　《胡適之先生年譜長編初稿》（聯經出版公司，1984年，台北）。冊4，頁1130。

倭寇攻熱之配備，形同兒戲。前敵如稍有布置，直可使其殲滅無遺。今竟致喪師失地，誠不能不為天下後世所諒也。[71]

蔣於3月9日至保定，張學良來會，准其辭去北平軍分會代委員長，以何應欽繼，部署各軍，防守長城各口，自3月11日開始戰鬥，而以古北口最烈。據蔣3月13日電云：

> 東北各部軍心，則尚不鞏固，原防口外者，多自動後退。古北口之防務，業由中央軍之第二十五師、第二師等部接防多日。連日敵以飛機轟炸，甲車猛衝，戰事異常激烈，三日之內，第二十五師傷亡，已達四、五千人，師長關麟徵且受重傷。冷口則由商震、喜峰口則由宋哲元所部分別接防。喜峰口連日激戰情況，亦與古北口約略相仿，旅長趙登禹受傷，營長陣亡。寇勢仍猛進無已。[72]
>
> 宋哲元部第二十九軍傷亡二千餘，佔全軍四分之一。將校死傷過多。
>
> 馮欽哉、張人傑兩師長俱云：作戰覺無把握。
>
> 商震總指揮（晉第三十二軍）深以冷口之失，總預備隊使用過遲，敵情不甚明瞭為憾。尤以敵人用一班來攻，我軍以一連應之。兵力火力，懸殊太甚。並慮難負灤河指揮之責。其指揮第四軍直屬之高桂滋師，尚成問題。此外之軍，自更難如意。[73]

古北口之敵，日軍以損傷甚大，乃增援一個師團，蒙軍五千餘

---

[71] 《事略稿本》，1933年3月4日。冊19，頁39－40。

[72] 《事略稿本》，1933年3月13日。冊19，頁94。

[73] 《事略稿本》，1933年4月26日。冊19，601－602。

人，砲六、七十門，戰車七十餘輛，於5月10日發動猛攻，血戰五晝夜，我軍各師計傷亡三千餘人。於15日變換陣地。

以上中央軍第二、第二十五、第八十三各師，自3月10日至5月15日，戰鬥兩個月又五天，計傷亡一萬餘人，約佔各師員額三分之一。

古北口戰鬥之慘烈，汪精衛有如下之形容：

> 日本軍隊知古北口之不易下，於是加調淞滬戰役所未用過的重砲，悉力來攻。碰了這些重砲鉅彈，本來尚可固守兩個月的，不到十天，連工事帶泥土，全部炸翻了，連人帶槍，全部掩沒了。人來的是一陣一陣的砲彈，我去的是一堆一堆的血肉。當日戰爭之劇，情形之慘，與夫我軍抗戰之忠勇，不惟擔任慰勞的北平學生為之雪涕，即視察戰地之外國武官，亦扼腕痛惜。古北口既失，長城沿線無險可守，日軍遂得而長驅直入。[74]

是役日方動員兩個半師團，眾在八萬以上，復以空軍助戰，聲勢浩大。我方動員五個軍團，眾在二十萬以上，人數雖眾，雜牌軍則佔絕對多數。實際作戰者，除中央軍外，而以喜峰口宋哲元之第二十九軍（西北軍）為最勇，傷亡亦眾。守冷口商震之第三十二軍（晉軍）亦有傷亡，東北軍則無表現。自古北口撤退後，進入交涉階段，5月22日，黃郛與日方表達成停戰協議。31日，由中方代表熊斌與日方岡村寧次在塘沽簽訂。史稱塘沽協定。此次長城戰役，

---

[74] 汪精衛，〈兩年來關於救亡圖存之工作〉，1934年1月23日，在國民黨四屆四中全會之政治報告。（國民黨黨史會藏稿）。轉引拙著，《抗戰史論》，頁403。

為「九一八」事變後，最大一次之抵抗。

反對塘沽協定反對最烈者，在北方為馮玉祥、方振武；在南方為蔣光鼐、蔡廷鍇；在中央之胡（漢民）派，亦頗持異議。[75]馮、方在華北之活動，蔣在6月7日記曰：

> 方振武挾其私養之眾，馮玉祥與之聯合。自停戰協定成立後，反對益烈。……據平中確訊：馮連日扣車、招兵、籌餉，封黨部，委官吏，並組織救亡會。李達（中共德籍顧問）等反動份子，麕集張垣，以打通國際路線，反對對日妥協為標語。國中名人有章太炎、馬良，發電為助，聲勢日大。[76]

塘沽協定後，有位河北人士耿毅，向蔣分析華北情況，並有建議。略云：

> 停戰約成，華北漸穩。惟馮氏倡亂於外，奉軍動搖於內，加以各派聚集津埠，日事造謠。長此聽其醞釀，一旦爆發，其禍有甚於倭寇者。竊以治國之道，攘外必先安內，尤應擇其所急。倭為停戰協定所拘束，或可稍戢其兇燄。馮雖具野心，然實力薄弱，與日、俄及各方之聯絡，尚未成熟，故制之較易。奉軍此次作戰，望風而潰，專事挑撥為能，以求苟全之計。毅意第一，宜藉休息訓練為名，先將奉軍調至彰德、衛輝一帶，使與平津隔離，以杜造亂之機。第二、由軍分會組一檢閱委員會，親赴各地檢閱。凡不能稱職者革除之，務飭其長官，嚴行整頓，俾成勁旅。第三，凡未南下之中央軍，宜即停止復員，令其駐北平、保定、石家莊一帶，

---

[75] 《事略稿本》，1933年6月1日。冊20，頁357。
[76] 《事略稿本》，1933年6月7日。冊20，頁384。

加緊補充，以為鎮壓華北之準備。如此布置，則華北各軍，
知公（蔣）有具體計畫，既不敢生覬覦之心、又不致懷歧異
之意，……則各派無所施其技矣。[77]

蔣可能依據耿之建議，乃著手調離東北軍，即電宋子文與張學
良（時宋、張均在歐洲），商量東北軍之處理，電曰：

倭軍撤退，我軍各部駐地及編練等事，亟待解決。東北軍處
此情形之下，欲求一公私兩全之策，只有離開北方，方能
安全。其策有二：甲、開駐中原隴海路，休養訓練。乙、除
于（學忠）部仍留河北外，其餘大部，開發西北、新疆、青
海，重開局面。則漢卿（張學良字）乃可獨當一面，為國效
力。藉可避去目標，免人攻擊。[78]

旋據宋子文覆蔣之電，謂張學良願赴西北。蔣擬乘在解決察
哈爾時機，將東北軍主力隨各部向察跟進，該部以後即由平綏路西
移。第一目的地，先到甘肅駐防，除留于學忠所部仍駐河北外，先
派一部約十五團至二十團，由隴海路經陝西入甘肅。如張同意，即
請其電告指定入隴海與平綏兩路部隊。[79]惟張欲回國自行處理，蔣
不同意，其電宋云：「俟部隊向西北移動，然後言旋。」[80]
東北軍將領則藉北平公安局長易動事，示威反動，原局長為
東北軍人鮑毓麟，中央明令余晉龢（紹興人，黃郛推薦）接任。東
北軍將領阻鮑交代。據行政院長汪精衛電稱：「東北將領藉公安局

---

[77] 《事略稿本》，1933年6月25日。冊20，頁647－648。耿毅，河北人，北洋陸軍速
    成武備學堂畢業，辛亥革命加入同盟會。
[78] 《事略稿本》，1933年6月27日。冊20，頁664－665。
[79] 《事略稿本》，1933年7月10日。冊21，頁58－59。
[80] 《事略稿本》，1933年7月15日。冊21，頁98。

長問題，示威反動，若平軍分會不能鎮壓，則不但整個政會，無存在之餘地，政府亦整個坍台。」蔣據報，致東北軍將領何柱國、王以哲、劉多荃電云：「倘有敢於嘗試而為暴動示威者，則毅然斷然以鎮壓之。」[81]迨王以哲赴贛謁蔣後，余晉龢始得接任北平公安局長。[82]

不待蔣之同意，張學良決於12月8日由歐啟程返國，其言論對蔣不滿。近因染法西斯主義，慕墨索里尼之為人，乃有獨樹一幟之抱負。在倫敦對記者談話，謂中國青年，遲早必變為法西斯黨員及共產黨員。其左右之國家主義派，亦正在極力慫恿。而一部分不得意之部屬，又百般擺佈，製造其復職之機會。[83]

然據《張學良年譜》編者說：是蔣要張回國，因為蔣要東北軍鎮壓閩變及剿共，東北軍師長張廷樞、黃顯聲拒不受命。蔣無奈，乃電召張回國。[84]究其實際，反對張學良回國者，乃汪精衛也。蔣電汪曰：

> 漢卿回國，確意決而行急，綜合各方情報，雖有種種穿插，然以彼之個性及能力，即欲反對中央，一時恐亦不易實現。如確有此種企圖，吾人惟有協力鎮壓之。……閩亂不逾一月，必可敉平，縱漢卿即歸，亦無實現滬上陰謀之機會。而東北內部渙散，尤非旦夕間所能負之而趨也。……以弟（蔣）所知，則漢卿歸計已決，無論中央同意與否，月中必首途。維宙（王樹翰）等此來，乃稍存客氣，故打招呼耳。是以弟乃慨然去電招之。[85]

---

[81] 《事略稿本》，1933年9月26日。冊22，頁404。
[82] 《事略稿本》，1933年9月26日。冊22，頁582。
[83] 《事略稿本》，1933年12月10日。冊24，頁75。
[84] 張友坤等編，《張學良年譜》，1934年1月8日。（社會科學文獻出版社，2009年，北京）。頁481。（註1）
[85] 《事略稿本》，1933年12月11日。冊24，頁80－81。

1934年1月8日，張乘輪船抵達上海，受到各方「盛大歡迎」。2月1日至9日，與蔣相聚於杭州，張向蔣表示，願任其侍從室主任，蔣不同意，蔣提剿討土匪劉桂堂、或豫鄂皖三省剿共任務，任擇其一。張擇後者。[86]名義是「豫鄂皖三省剿匪總司令部」副司令代行總司令（蔣）職權。於3月1日到武昌就任。其東北軍王以哲、何柱國、劉多荃、董英斌等部，均先後南調。[87]如此，東北軍得以免調西北邊遠地區，由華北而華中，是蔣對張學良一大讓步。從此東北各界人士，乃以武漢為聚散中心。

東北軍南調剿共，為時將近兩年，無所表現，蔣曰：「于學忠部延誤時日（按原留平津，1935年6月令調甘肅），以致天水無兵防守。吳克仁師在鄂南，被匪突圍（按徐海東股竄往天水）。東北軍自剿匪以來，有損無益，而且牽累全局。此種軍隊，此種將領，焉得而不敗亡！思之痛心，幾乎昏絕矣！」[88]

（六）困守待援內部反彈

1933年3月，長城戰役發生後，汪於是月17日自歐返抵南京，復行政院長職。對於抵抗，已失信心。4月19日在中央政治會議報告表示：

> 吾人對日，僅能說抵抗，而不能說必勝。因近代作戰之條件，實無一備。倘必取勝敵人，亦屬理想而已。吾人所企圖者，則敵來，與之抵抗而已。抵抗固不能取勝，但較不抵抗總好得多。盡力抵抗，此為政府之責任，抵抗而敗，或某處

---

86 張友坤等編，《張學良年譜》，1934年2月7日。頁485－486。
87 張友坤等編，《張學良年譜》，1934年3月29日。頁492。
88 《事略稿本》，1935年8月10日。冊32，頁198－199。

失守，此非政府之無能，中國之不統一使然也。[89]

　　塘沽協定後，汪對交涉，亦無信心，將過去的「一面交涉」政策，轉變為「困守待援」。其在中央政治會議報告中表示：

> 自「九一八」事變至本年（1933）五月前外交工作，全為打鑼求救。然國際方面，已明示吾人，除道義上之同情外，即經濟封鎖（對日），亦難辦到。則實力之援助，已成空想。故自五月以來，外交上態度已易為困守待援。……與其打鑼求救，而救兵終不到，且因打鑼更足引敵之侵略，孰若困守待援之為得計。[90]

　　此時蔣之外交態度，與汪接近。認為「借助外力，不宜過急」，因為「國家積弱至極，如用猛補，反速其亡。如不顧國之存亡與革命成敗之理，而逕行直前，以恃外援，危莫甚也。」[91]
　　其時外交部長羅文榦，反對對日妥協，與汪、蔣意見不洽。因此，由國民黨中央政治會議決定派羅出巡新疆，由汪兼署外長職務。據教育部長王世杰是日《日記》：

> 羅與汪、蔣，久已不洽，早有撤換之議。羅氏反對與日本妥協，其所見未嘗非是。……蓋以蔣、汪對日主牽（遷）就或親善，羅之去職，遂於日前汪赴盧山晤蔣時議定。8月26日，行政院更決定以唐有壬氏為外交次長。[92]

89　汪精衛，〈在中央政治會議報告〉，1933年4月19日中政會第353次會議速紀錄。（國民黨黨史會藏檔）。轉引拙著，《抗戰史論》，頁353。
90　汪精衛，〈報告外交情況〉，1933年11月29日中政會第386次會議紀錄。（國民黨黨史會藏檔）。轉引拙著，《抗戰史論》，頁356。
91　《事略稿本》，1933年7月28日。冊21，頁331－332。
92　王世杰，《王世杰日記》手稿本，1933年8月16日。（中央研究院近史所，1990

其時胡適來到南京，與汪晤談外交問題，汪說：「日本形勢
似有小變動，其間似有和平勢力漸抬頭的可能。」要胡「特別注
意」。[93]汪對王世杰說：「無力量不能抵抗，無力量亦不能言親
善。」王以為近日政府中人，頗傾向於「中日共存共榮」之說，汪
亦頗為所動，[94]汪之「困守待援」政策，到了1935年6月華北事件，
其中有所謂「秦土協定」、「何梅協定」等，國民黨中央內部人
士對汪頗有反彈。據王世杰這年6月18日致胡適函中的透露，說：
「此間近頗有深明大勢文人在苦鬥，然力量不足。」函中且說：
「緣日人半正式之要求，即在承認偽國，接受日籍軍事顧問，締結
對俄攻守同盟。某部分人近竟謂此種要求應予考慮。」胡覆函云：
「公等在中央阻止某部分人的胡為，是我極佩服的。」[95]「某部分
人」是何人？「文人」又是何人？如何「苦鬥」？下述一段資料，
頗為生動，或可供參考：

（1935年）6月19日，在國民黨中央政治會議上，汪精衛及
外交次長唐有任，報告華北事件的談判經過，蔡元培站起來
問汪精衛，對日外交究持何策？際此時局，殊有請外交當局
說明之必要。汪答：對日外交，這幾年來均持「忍辱求全」
四字而行，現在亦復如是。蔡繼問：忍辱云云，我輩固極明
白；求全如何？卻望予以解釋。汪避而不答。吳稚暉俏言相
譏：求全兩字極易解釋，簡而言之，是祇忍辱以後，求整個
國家，能完完全全送給敵人，勿興抗敵之師而糜亂地方罷
了。汪憤然退席。但國民黨部分中央委員，未因汪怒而停止
攻擊。……不過，此時華北對日外交正緊，日本的中日經濟

年，台北），冊1，頁8。
[93] 《胡適的日記》，1933年6月13日。
[94] 王世杰，《王世杰日記》手稿本，1933年6月13日。冊1，頁6。
[95] 王世杰致胡適，1935年6月18日。《胡適來往書信選》，中冊，頁324。

提攜攻勢凶猛，急待解決。汪於是撒手不管，病入醫院，向反對派示威。這是六月三十日汪精衛躲進上海醫院，由孔祥熙代理院務的內幕。[96]

《陳布雷回憶錄》中，亦有類似的記述：

是時京中政象，以蔣公出外日多，漸有紛紜軋礫之象。行政院（汪）與監察（于右任）、司法（居正）各院間，頗多齟齬，賴葉楚傖秘書長彌縫調節其間，勉克相安而已。朱騮先（家驊）、羅志希（家倫）、徐可均（恩曾）、蕭青萍（錚）諸人，均來川有所報告。余（陳）均勸彼等以大敵當前，宜盡袪疑慮，既信任領袖，即應信領袖信任之人，毋意毋必，共度艱難。必中樞安定，始有忍辱負重，準備禦侮之可能也。[97]

「困守待援」對日政策，造成之惡果，王世杰在其日記中，曾有如下之評論：

自塘沽協定成立以來，迄今兩載有餘，政府之中日提攜政策，造成以下幾種惡果：（一）民氣與士氣之消沉（原因於新聞與言論之取締，排貨之禁止等等）；（二）無恥政客與漢奸之公開活動；（三）忠實而有氣節者，漸漸不能安於其位；（四）日本少壯派軍人氣焰之高長；（五）國際對華同情心之消失；（六）國民黨道義權威之消失；（七）冀察平

---

96 張同新，《蔣汪合作的國民政府》（黑龍江人民出版社，1988年）。頁365。
97 陳布雷，《陳布雷回憶錄》（傳記文學重印本，1967年，台北），頁104。

津之名存而實亡。[98]

又記：

汪院長因病於7月1日離京赴滬，旋即赴青島療養。
汪院長赴青療養後，病狀本已漸減，據赴青省視諸人言（褚
民誼、陳公博等），原已確定本（八）月中旬返京就職。惟
近來在京中央執委及黨員，頗多恐慌，懼汪返，而對日屈服
政策將更變本加厲。因是中央政治會議於本（八）月七日會
議開會時，覃振、石瑛、王陸一、焦易堂多人，均主張設置
外交委員會，以免外交大權之集中一人；並主張汪辭外交部
長兼職。次日，汪即由青電國府主席及中央執行委員會辭院
長及外交部長等職。[99]

蔣在成都峨嵋據葉楚傖報告中央各種會議紛雜，且有使汪欲回
不得之意。蔣怒，覆葉電云：

近聞中央各種會議紛雜，且有使汪先生欲回不得之意。如果
委員中有此意思與行動，無異為漢奸反動派所利用，破壞中
央局面，以隨投機者之私圖，務請注意制止。[100]

據陳公博回憶：彼與黃紹竑自青島探汪回南京後，過了幾天，
中政會開會，為著外交問題吵起來。首先由張溥泉（繼）發難，而
反汪大將張厲生繼之，把汪先生批評得體無完膚。汪先生聽見了，

---

[98] 王世杰，《王世杰日記》手稿本，1935年7月17日。冊1，頁14－15。、
[99] 王世杰，《王世杰日記》手稿本，1935年7月17日及8月9日。冊1，頁15－17。
[100] 《事略稿本》，1935年7月31日。冊32，頁134。

呈請中政會辭職。這場風波，又使張岳軍（群）銜了蔣先生之命，跑青島一次，才決定汪先生維持行政院的局面，至六中全會（1935年11月1日）為止，開了會後再商量人選。[101]

與此同時，既有南京中央「文人」之反汪，地方「武人」則有「倒蔣」之密謀。其中以華北宋哲元、韓復榘及西南陳濟棠、李宗仁、白崇禧為積極，山西閻錫山亦有所動。張學良亦竟在其中。據當時山西省主席徐永昌《日記》：

> （黃）臚初（閻錫山之親信）來，悉劉定五（宋哲元之代表）與閻（錫山）先生談極洽，大意謂：今日一通電報，蔣即下野。張漢卿（學良）已與西南（陳、李、白）同意，至時張電蔣同引罪求下野，再由西南政會留張逐蔣。請閻先生預備到南京，組織政府云云。閻先生大為慫動。
> 早間黃建平來，談久之。黃臚初云：建平所煽惑，完全為廣西生存策略者多。……臚初又云：賈（景德）先生有幾分願去青島，藉以就商向方（韓復榘）五省問題（晉、綏、察、冀、魯主席會議）。[102]

上項所謂五省主席會議，乃謀「倒蔣」也，原來是日本方面背後之操縱。徐有詳細記述：

> 蕭仙閣（振瀛，宋哲元之謀主）來，請黃臚初會之，其談話如下：

---

[101] 陳公博，《苦笑錄》，頁336。
[102] 徐永昌，《徐永昌日記》，1935年8月3、4日。（中央研究院近史所，1991年，合北。）冊3，頁296－297。

多田（駿，日華北駐屯軍司令）宣言，各外報均登。其精神中之精神要點：（一）日本為澈底倒蔣計，於兩個月內，在華北成立同盟自治委員會，完全與南京脫離關係。（二）澈底排除假親日份子，務使中、日、滿三國國民，在此「太平土」上，真正親善。（三）為達到造成「太平土」，不惜以武力手段。

此次土肥原（賢二，日本關東軍特別機關長）到張垣，瀛（蕭振瀛）與紹文（秦，察省主席）代表宋（哲元）會議。土謂關東軍實行國策，勢在必行（即多田宣言）。但為中、日國民親善計，先令華北各領袖自行組織，但過期即取斷然手段。

韓向方（復榘）前次派柴東生到太原，有捧閻意。後經商震蠱惑，即擬自為。劉熙眾來平，徵求宋方同意。瀛告以恐怕向方資格輿論都不夠，熙眾很惱怒。

此次組織華北同盟自治委員會，與（李）石曾的分治合作相符，或舉委員長，或常務委員，大家都想推閻先生領導。閻先生須痛快明白表示。咱們不幹，日本也不勉強，他就叫別人來幹。

兩廣由日本得到了三千五百萬的軍用品，陳中孚在津過（應）付此事。

總之，南北不久實行大規模倒蔣。宋（哲元）意，可以先祕密告之蔣，看他有無辦法再定。瀛謂萬萬不可，你看商震腳踏兩支船，得罪了日本，蔣也救不了他。最後約宋與徐（永昌）見（面）時間。[103]

---

[103] 徐永昌，《徐永昌日記》，1935年9月30日。冊3，頁311–312。

10月2日，徐永昌至北平見宋。宋說：

> 我本想做個軍長，練練兵即可。真知己的朋友，也勸我不要
> 再任其他的事，現在又幹起來，連我自己也不知如何結局。
> 德國大敗後，列國那樣壓迫，總給他一點範圍內的自由。我
> 們的對手（日本）太辣了。
> 蔣先生是抱定土地縮小至如何，也要幹到底。看北方人，文
> 的都是官僚，武的都是軍閥，一般思想都是落後，尤其對有
> 地位的人，雖然有時用權利、禮貌來籠絡，到了下手時，絕
> 對斬草除根。我是一個抗日者，幾乎做了湯玉麟第二，現在
> 我是僅僅不抗日而已，以後是祇有剿匪清共了。
> 華北在日本壓迫、中央不管的處境下，不能不自己聯合，閻
> 先生首領，向方（韓復榘）副之，咱們大家幫助辦（事），
> 實行李石曾分治合作如何？我想請向方來商議商議。大約十
> 之六能來。[104]

徐永昌不以宋之意見為然，委婉對宋說：

> 德國的敵人，都是紳士，念書人，知自愛，講信義，容易應
> 付。咱們遇的是無賴，而自己當家者，又似破落戶之少爺。
> 以無知少爺，與無賴漢交涉事，如何能不吃虧？尤其以我們
> 的立場對國家，真是泣笑皆非。誰還會有善的辦法。
> 蔣先生對北方，誠然不能一視同仁，而兩廣最近借日款購日
> 械，將來也是武力統一者。[105]

---

[104] 徐永昌，《徐永昌日記》，1933年10月2日。冊3，頁312。
[105] 徐永昌，《徐永昌日記》，1933年10月2日。冊3，頁312。

徐並指出歷史上五代藩鎮割據的下場以警宋，似無效果。徐曰：

> 我看宋要起野心，他左右多數人，皆想有事發財，如攫得鐵
> 路，以及鹽務、稅務等。則南中金融，一定大受影響。公債
> 低落，蔣之剿匪軍事，必受重大打擊，甚至剿不成。這國家
> 豈不要遭。[106]

　　面臨此境，蔣如何處理？在彼等密謀「倒蔣」之際，蔣正駐節
成都，指揮追剿共軍，中央勢力得以進入川、滇、黔三省，有了長
期抗日的根據地，對日不再退讓。對內則取和平方針。10月7日，
離開成都，著手處理華北危機。12日，召宋哲元至開封，明告其是
非與利害，以及對倭之方針與處理辦法。蔣以意度之：「明軒（宋
字）必為黨國效忠，此後當更能心悅而誠服乎？」下午，在省府提
示全般部署，規定對日作戰總綱。[107]

　　13日至太原，與閻錫山、趙戴文協議各種問題。認為「閻主任
態度光明，竟志堅定，中（正）可斷定：其決不為日方威脅利誘所
能屈也。」[108]

　　蔣另派參謀次長熊斌至北平，向華北將領宋哲元、商震、徐
永昌、韓復榘等，告以「中（正）在中央一日，必對華北負其全
責，決不使華北各同志獨任其難。然最後之處置與決心，不可不堅
定。」[109]熊在北平傳達中央對日政策云：

> 中央最近綜合蔣（作賓）大使、蕭（叔宣）武官報告，廣田

---

106 徐永昌，《徐永昌日記》，1933年10月8日。冊3，頁314。
107 《事略稿本》，1935年10月12日。冊33，頁565。
108 《事略稿本》，1935年10月13、14日。冊33，頁571－572。
109 《事略稿本》，1933年10月15日。冊33，頁575。

（弘毅，日本外相）及其軍部轉述對華新政策：（一）要求中國廢止以夷制夷的舊法，不續聘歐美顧問而用日人等等。（二）須尊重滿洲國，不再用偽滿字樣，彼此可以有無互通。（三）聯合剿共，並非派兵協助，惟恐中國剿不下，擬派員視察，而隨時裏贊計畫等。（刻下日已實謀其定策之進展），如不能達到，將出以整個壓迫；（即令我接受其計畫），即仍實行其分化手段，（事實上自來亦未停止。）除滿洲國外，再造成蒙古國、華北、華中、華南等國。

蔣先生看定日本是用不戰而屈中國之手段，所以抱定戰而不屈的對策。前時所以避戰，是因為與敵成為南北對抗之形勢，實不足與敵持久。自川、黔剿共後，與敵可以東西對抗，自能長期難之。只要上下團結，決可求得獨立生存。雖戰敗到極點，亦不屈服。

參部制定之國防大綱，分為冀察區、晉綏區、山東區，以隴海線為最後抵抗線。開戰初，以宋（哲元）、商（震）等守平津，晉、綏軍分守雁門及娘子關。倘平津放棄，宋、商退守保定、滄州之線，中央軍進至漳河之線收容之，同時晉軍據太行，以側擊敵人。其後依情形，使成西依太行、東沿黃河之陣線。最東之線，則漸以徐州為倚軸，而達於海。[110]

對內和平方針，由於持續的溝通，漸具成效。蔣在是年10月「反省」有云：

倭寇在華北策動五省自治獨立，必欲於六中全會或五全大會時，達成其目的，對各省主官威脅利誘，無所不至。魯韓

---

[110] 徐永昌，《徐永昌日記》，1935年10月15日。冊3，頁318。

（復榘）尤為動搖。而閻（錫山）則深明大義也。

由川飛陝、豫入晉，訪問閻百川（錫山），商談國事，彼面允入京參加大會，並表示拒絕華北自治運動。此實於華北局勢，轉危為安之先著也。

電邀南北老黨員入京，參加大會，閻、馮（玉祥）皆如期來京。而電胡（漢民）回國，假以辭色，粵方對大會共同一致，不加異議。此實本黨復合之先著。若不謙忍虛心，則焉能致此也。

安置四川各軍防地，任于學忠（東北軍將領）為甘肅主席，此於安內之道，大有影響也。[111]

---

[111] 《事略稿本》，1935年10月31日。冊33，頁641－643。

▌三、國共第一次內戰：圍剿、反圍剿、追剿與長征

（一）圍剿前的朱毛紅軍

國軍對中共紅軍第一次圍剿，是在1930年12月。在此之前，紅軍已有相當的力量，尤其在江西地區的朱毛紅軍，其成長和發展情況，據陳毅1929年9月1日〈關於朱毛軍的歷史及其狀況的報告一〉，有詳細的記述，節要如下：

> 四軍（朱毛之紅軍）由三種力量組成，一為由朱德率領之葉挺、賀龍殘軍，一為由毛澤東率領之盧德銘團（張發奎之警衛團）及湘東農軍，一為湘南之郴州、耒陽、永興、宜章、資興五縣農軍。葉、賀軍於1927年10月在潮汕一帶失敗後，由朱德率領轉入廣東北江，投入國軍范石生部，1928年脫離范部到湘南。毛部基礎為盧德銘團，原為國民革命軍張發奎部之警衛團，中共八一暴動後，留在湘東、贛北一帶，會合萍、瀏農軍。毛澤東秋收暴動後，移至寧岡，與綠林首領袁文才、王佐合作，留在井岡山附近游擊。1928年4月，朱德二千餘人來會，此時毛部千餘人，湘南農軍八千餘人，袁、王綠林各三百人，合為萬餘人，槍二千餘枝。決定成立紅軍第四軍，朱為軍長，毛任黨代表，編為第二十八、二十九、

三十、三十一、三十二、三十三團，六個團，由軍直接指揮。[1]

紅四軍的來源和構成，毛澤東亦有記述：

（一）潮汕賀、葉舊部；（二）前武昌國民政府警衛團；（三）萍、瀏的農民；（四）湘南的農民和水口的工人；（五）許克祥、唐生智、朱培德、白崇禧、吳尚、熊式輝（按：均國民黨軍將領）等部的俘虜兵；（六）邊界各縣的農民。但是賀、葉舊部、警衛團和萍、瀏農民，經過一年多的戰鬥，只剩下三分之一。湘南農民，傷亡也大。因此，前四項雖然還是紅軍第四軍的骨幹，但遠不如後二項多。後二項中又以敵軍俘虜為多，設無此項補充，則兵員大成問題。雖然如此，兵的增加和槍的增加，仍不相稱。槍不容易損失，兵有傷、亡、病、逃，損失容易。[2]

朱毛紅軍成立前後，正值蔣介石第三階段北伐期中（1928年1月至6月）。在此期中，由贛湘邊境而擴展到閩西及贛南。到了1929年2月，「蔣桂戰爭」爆發，朱毛紅軍獲得大發展的機會。據毛澤東自述：

我們（紅軍第四軍）3月14日（1929年）攻克汀州城，戰敗郭旅。郭鳳鳴（福建第二旅旅長）打死，陳屍汀州三日。繳獲步槍約五百枝，馬槍七、八枝，追擊砲三尊，砲彈一百餘

---

[1]　〈陳毅關於朱毛軍的歷史及其狀況的報告一〉，1929年9月1日。《中共文件》，冊5，頁750－751。
[2]　毛澤東，〈井岡山的鬥爭〉，1928年11月25日。《毛澤東軍事文集》（軍事科學出版社，1993年，北京）。卷1，頁27。

發。[3]

我軍（第4軍1、2縱隊），由瑞金不攻汀州，取道直趨
龍巖，5月24日到達龍巖城及其附近，坎頭市之陳國輝
部，……驟不及備，大部繳械，得機關槍兩挺，步槍二百餘
枝，子彈三萬發，俘營長一，士兵二百餘。因永定有郭鳳鳴
部黃月波圍，……5月26日進攻永定，黃圍不戰而退上杭。[4]

陳毅報告紅四軍向閩西、贛南進展之經過：

（1929年）2月21日，桂系襲長沙，釀成湖南事變（按：指
桂系李宗仁撤換湘省主席魯滌平，以何鍵代之）。湘、粵、
贛三省敵人為自己要打架，不能再向紅軍進攻，紅軍是時入
閩西，擊潰郭鳳鳴旅，郭於是陣亡。於3月中旬入汀州，工
作了兩個禮拜，紅軍大得補充，衣履煥然一新，人員增加，
款餉亦得有五萬元，決定在蔣桂戰爭中，放手爭取群眾，發
動群眾鬥爭，以閩西、贛南為游擊區域，……游擊區域及於
興國、寧都、瑞金、雩都、廣昌五縣。5月初，蔣桂在武漢
混戰告一段落，贛軍又向我進攻，紅軍乃於5月中旬第二次
入閩，正值張貞入粵討桂，紅軍決定汀州、上杭、連城、永
定、龍巖、武平六縣游擊計畫，至7月初，復擴大至漳平、
寧洋一帶，直至現在（9月）。計二次入閩，兩次擊潰陳國
輝部，陳部實力喪三分之二。兩次擊潰盧新銘部，得械約兩
營左右。

---

[3] 〈紅軍第四軍前委給中央的信〉，1929年3月20日。《毛澤東軍事文集》，卷1，頁
53。

[4] 〈紅軍第四軍前委書記毛澤東給中央的報告〉，1929年6月1日。《中共文件》，冊
5，頁681。

彭德懷部在退出井岡山，於四月初與朱毛會合於雩都，……
最近在贛北湘東游擊，……實力已增加四倍左右。[5]

　　此時紅四軍的實力，分一、二、三縱隊，每縱隊分兩個支隊
外，加直屬機砲連及一特務隊，每縱隊人數一千六百人左右，槍八
百至九百，排長以上均有手槍，有手機槍、機關槍各二挺，迫擊砲
二座，合組機砲連，彈藥不足。[6]

　　就紅軍的人數和裝備而言，一個縱隊相當國民黨軍的一個團
或一個旅。全軍不過五千人，槍不及三千枝。國軍人數至少為紅四
軍的四、五倍以上，竟使紅軍如入無人之境。原因固然由於國民黨
之內戰，給予共軍發展的機會，而福建和江西的情況，亦有利共軍
之發展。福建方面，內部矛盾重重。自國民黨佔領以來，分布五個
軍隊派別，最近形成鼎立三派，代表福州、泉州、廈門的海軍為
一派，代表漳州、龍巖的張貞、陳國輝為一派，代表閩西北的盧興
邦、盧新銘為一派。這五部三派，雖聯合統一同盟，但彼此有矛盾
鬥爭，特別是張貞（閩軍師長）、楊樹莊（省主席，海軍）兩派對
省政權的鬥爭為激烈。[7]

　　江西的地理環境，亦有利共軍之生存及成長。如毛澤東之分析：

　　　廣東北部，沿湖南、江西兩省邊界至湖北南部，都屬羅霄
　　山脈區域。整個的羅霄山脈，我們都走遍了。各部分比較
　　起來，以寧岡為中心的羅霄山脈的中段，最利於我們的軍
　　事割據。北段地勢，不如中段可進可守，又太迫近了大的政

---

[5]　〈陳毅關於朱毛軍的歷史及其狀況的報告一〉，1929年9月1日。《中共文件》。冊
　　5，頁756。
[6]　〈陳毅關於朱毛軍的歷史及其狀況的報告一〉，《中共文件》，冊5，頁769。
[7]　〈中共閩西第一次代表大會之政治決議案〉，1929年7月。《中共文件》，冊5，頁
　　701－702。

治都會，如果沒有迅速奪取長沙或武漢的計畫，則以大部兵力放在瀏陽、醴陵、萍鄉、銅鼓一帶，是很危險的。南段地勢較北段好，但群眾基礎不如中段，政治上及於湘、贛兩省的影響也小些，不如中段一舉一動可以影響兩省的下游。中段的長處：（一）有經營了一年多的群眾基礎。（二）略。（三）經過一年多的時間，創造了富有鬥爭經驗的地方武裝。（四）有很好的軍事根據地——井岡山。[8]

紅軍的游擊戰術，也是有利的原因。據毛澤東自述：

我們用的戰術，就是游擊的戰術。大要說來，是分兵以發動群眾，集中以應付敵人，敵進我退，敵駐我擾，敵疲我打，敵退我追。固定區域的割據，用波浪式的推進政策，強敵跟追。用盤旋式的打圈子政策，很短的時間，很好的方法發動群眾。這種戰術如同打網，要隨時打開，又要隨時收攏，打開以爭取群眾，收攏以應付敵人。三年來都用這種戰術。[9]

毛之游擊戰術，躲在上海租界的中共中央（立三路線），認為是「土匪行動」，其言曰：

江西的游擊戰爭，有許多地方簡直是土匪行動。好一點的，也只單純的軍事行動，不是自發的群眾鬥爭，而是用以征服群眾。所以失敗後游擊隊，不但得不著群眾的保護，反被群眾幫助敵人消滅，至多也祇有上山一條路。[10]

8　毛澤東，〈井岡山的鬥爭〉，《毛澤東軍事文集》，卷1，頁43－44。
9　〈紅軍第四軍前委給中央的信〉，1929年4月5日。《中共文件》。冊5，頁675。
10　中共〈中央給江西省委的指示信〉，1929年3月27日。《中共文件》，冊5，頁93。

國民黨之最大內戰：中原大戰，發生於1930年5月至10月，造成中共紅軍「猛烈發展」的機會，據中共中央政治局這年8月5日給共產國際報告的吹噓：

> 現在紅軍猛烈發展，全國二十二軍，計三十餘萬人，農民佔主要成份，主要各軍均有工人幹部的領導。第五軍已與長沙工農暴動匯合，佔領長沙。何鍵（湖南省主席）在長沙軍隊，完全崩潰投入紅軍。……第三、四兩軍即可攻克南昌、九江，第二、六兩軍已攻取沙市，第一軍已截斷京漢路，第八軍已下大冶，都在向武漢進攻。[11]
>
> 紅軍進攻長沙的時候，何鍵的軍隊超過紅軍幾倍，並且在何鍵軍隊中間，我們共產黨的工作是非常薄弱的，幾乎是完全沒有，但是何鍵的軍隊，一到與紅軍見面的時候，不開一槍的，大批的潮水一樣的投降紅軍。[12]

事實上，何鍵的部隊，並非如中共之形容：一擊即潰。紅軍佔據長沙不到十天（7月27日至8月5日），即被趕出。9月10日，朱毛紅一方面軍再度包圍長沙，即於當晚8時，向敵陣地進行總攻，連續多次，前仆後繼，激戰至11日拂曉，仍未能突破敵軍陣地。這次總攻，紅一、三軍團都遭受重大損失。在強攻長沙失利後，毛澤東決定撤圍長沙。[13]據毛澤東說：

> 這次戰役是自有紅軍以來第一次大戰，紅軍死傷不小，單以

11　〈中共中央政治局給共產國際主席團的報告〉，1930年8月5日，《中共文件》，冊6，頁220。

12　李立三，〈目前政治形勢與黨在準備武裝暴動中的任務〉，1930年8月6日。《中共文件》，冊6，225－226。

13　中共中央文獻研究室編，《毛澤東年譜》，1930年9月10、11日。（中央文獻出版社，1993年，北京）。上卷，頁315。

第一軍團說，高級幹部有柯武東（縱隊長）、劉作述（縱隊
政委）陣亡。死傷中級幹部數十，下級幹部一百以上，士兵
一千六百左右；三軍團損失亦不小。[14]

於此可見，何鍵的軍隊，具有很強的戰鬥力，非如上述：
「一到與紅軍見面的時候，不開一槍的，大批的潮水一樣的投降紅
軍」。雖然如此，紅軍的勢力，仍不可忽視。

（二）第一次圍剿

1930年10月，中原大戰告一段落，蔣介石布置圍剿朱毛紅軍，
11月28日，頒佈〈剿匪賞罰令〉，遵令肅清者有賞，逗留不進，或
私自撤退，不遵命令者，均以軍法從事。[15]

12月2日，電江西省主席兼第九路軍總指揮魯滌平曰：

現在江西兵力甚多，不必待友軍之到齊，始行圍剿。請兄
（魯）嚴令各部猛進，務於一個半月內，將江西所失各縣收
復，不得延誤。[16]

上電應為第一次對共圍剿令。12月7日，蔣至南昌，當晚與何
成濬（湖北省主席）、朱紹良（第八師師長）、魯滌平等，討論剿
共方針。[17]並委魯滌平為南昌行營主任，指揮在贛各師。[18]魯以所

---

[14] 毛澤東，〈攻長沙不克的原因〉，1930年9月17日。《毛澤東軍事文集》，卷1，頁
170。

[15] 《事略稿本》，1930年11月28日。冊9，頁175。

[16] 《事略稿本》，1930年12月2日。冊9，日。頁177。

[17] 《事略稿本》，1930年12月7日。冊9，頁179。

[18] 《事略稿本》，1930年12月26日。冊9，頁229。

部師長張輝瓚、譚道源、羅霖為第一、二、三縱隊司令（約共六師）。會剿共軍，12月30日下令總攻擊。

　　蔣在前一日，從武漢回到南京，在國民政府紀念週演講說：

> 這次本人（蔣）出發江西、武漢，將近三個星期（12月7日至29日），對於剿匪的軍事，已經布置妥當，我想三個月內肅清共匪，一定沒有什麼問題。從前共產黨所以那麼猖獗，據此次調查所得到共產黨的許多計畫，盡是宣傳造成，以冀搖撼人心。其實並沒有一點真實力量。所以有些軍隊，一看見這些宣傳，就相驚伯有。凡過去謠諑，如某縣的匪共，怎麼屬害，軍事計畫如何周密，實在都是自己嚇自己。[19]

　　蔣之自信，朱毛紅軍立即還以顏色，就在蔣之「想三個月肅清共匪」之次日（12月30日），魯部第九路軍各師越東固南進，攻朱毛根據地之龍岡圩（在興國寧都雩都交界處），第十八師張輝瓚於除夕起，與紅軍在山中激戰至1月2日（1931）。3日晚，蔣得報告，第十八師在東固龍岡與紅軍激戰，亙三日之久，紅軍乃乘天霧，利用農民共同活動，張師失利，遂受極大損失，師長張輝瓚陣亡。[20]張之首級，旋在吉安河中發現，證實於1月28日遭匪慘害。[21]同時，魯部第五十師譚道源亦於1月3日在吉安、寧都間之東韶，遭紅軍的攻擊，損失三千人槍。第一次圍剿失敗結束。

　　據共方資料：12月29日，毛澤東獲悉張輝瓚率第十八師師部和

---

[19]　《事略稿本》，1930年12月29日。冊9，頁230。
[20]　《事略稿本》，1931年1月3日。冊9，頁281。
[21]　《事略稿本》，1931年2月2日。冊10，頁7。

第五十二旅、第五十三旅到達龍岡，即於次日（30日）凌晨和朱德進入指揮所，下午3時許，紅第十二軍（羅炳輝）、紅四軍（林彪）和紅三軍（黃公略），四面包圍張師，張師突圍未逞，到傍晚戰鬥結束，殲滅張師師部和兩個旅，共九千多人，俘師長張輝瓚，繳獲各種武器九千餘件，子彈一百餘萬發，電台一部。取得了第一次反圍剿的首次大捷。四天後（1931年1月3日），紅一方面軍在韶東追上譚道源師，消滅其半個師，俘官兵三千餘人，繳獲槍二千餘枝，機關槍四十餘挺，迫擊砲四門。子彈十三萬餘發，無線電台一部。[22]

國軍師長毛炳文電陳，在鄂贛進剿中所見之情形：赤色區域內，見其宣傳標語，處處無不迎合士兵心理。[23]蔣亦云：「共產黨的許多計畫，盡是宣傳造成，以冀搖撼人心。」共產黨的宣傳，究竟如何有力？茲舉〈紅四軍司令部布告〉為例如下：

> 紅軍宗旨，民權革命。贛西一軍，聲威遠震。此番計畫，分兵前進。官佐兵伕，服從命令。平買平賣，事實為證。亂燒亂殺，在所必禁。全國各地，壓迫太甚。工人農人，十分苦痛。土豪劣紳，橫行鄉鎮。重息重租，人人怨憤。白軍士兵，飢寒交並。小資產者，稅捐極重。洋貨越多，國貨受困。帝國主義，哪個不恨。國民匪黨，完全反動。口是心非，不能過硬。蔣桂馮閻，同床異夢。衝突已起，軍閥倒運。飯可充飢，藥能醫病。共黨主張，極為公正。地主田地，農民收種。債不要還，租不要送。增加工錢，老闆擔任。八時工作，恰好相稱。軍隊待遇，亟須改訂。發給田地，士兵有份。敵方官兵，准其投順。以前行為，可以不

---

[22]　《毛澤東年譜》，1930年12月29日至1931年1月3日。上卷，頁329－331。
[23]　《事略稿本》，1930年12月8日。冊9，頁182。

問。累進稅法，最為適用。苛稅苛捐，掃除乾淨。城市商人，積銖累寸。只要服從，餘皆不論。對待外人，必須嚴峻。工廠銀行，沒收歸併。外資外債，概不承認。外兵外艦，不准入境。打倒列強，人人高興。打倒軍閥，除惡務盡。統一中華，舉國稱慶。滿蒙回藏，章程自定。國民政府，一群惡棍。合力鏟除，肅清亂政。全國工農，風發雷奮。奪取政權，為期日近。革命成功，盡在民眾。布告四方，大家起勁。

軍長朱德　黨代表毛澤東公曆一千九百二十九年一月[24]

此一布告，文情並茂，通俗易曉，中共之高明戰術也。筆者評以俚語曰：

打抱不平，為民請命。攻心為上，戰術高明。清算鬥爭，殺富濟貧。廉價動員，組織群眾。甜言蜜語，聽了高興。戰士上當，賠了性命。革命未成，民窮財盡。

（三）第二次圍剿

魯滌平第一次圍剿失敗，而其本人，更是驚慌失措，實已不堪勝任指揮之責。1931年1月29日，蔣特令何應欽以湘鄂贛閩四省剿共司令代理總司令（蔣）職權，即日赴贛，指揮四省剿共部隊及漢口、南昌兩行營，大舉圍剿。[25]

蔣於2月19日得何報告：布置圍剿陣勢，對寧都、廣昌之朱、毛、彭（德懷）、黃（公略）取包圍之監視、防守陣勢。擬全線布

---

[24] 〈紅四軍司令部布告〉，1929年1月。《毛澤東軍事文集》，卷1，頁51-52。
[25] 《事略稿本》，1931年1月29日。冊9，頁563-564。

置完竣，及孫連仲主力到後，再行總攻。[26]

　　孫連仲在北伐時期，任馮玉祥第二集團軍第二方面軍總指揮，中原大戰歸順中央，任第八路軍總指揮，駐山東濟寧。21日，通電報告在濟寧防次就江西清鄉督辦，所部第二十七師高樹勳部，已全部開拔南下，自率第二十五師準備續開。蔣欣然曰：「孫部之南移與否，實為統一成敗之大關鍵。余用盡心力，至今始見實行。」[27]

　　毛澤東在4月18日的中共蘇區中央局召集擴大會議中說：第二次圍攻的敵軍雖多，但均非蔣介石嫡系，各軍閥之間矛盾重重，指揮不統一，地形不熟悉，供給困難，官兵恐懼同紅軍作戰。毛提出先打王金鈺的第五路軍，這路敵軍較弱，從北方新到，恐懼作戰。會議決定採行毛的「先打弱敵」作戰方針，決定先打富田地區王金鈺的第四十七師和公秉藩的第二十八師。[28]

　　從5月16日到31日的十五天內，朱、毛紅一方面軍，橫掃七百里，連打五個勝仗，殲滅國民黨軍三萬餘人，繳槍二萬餘後，打破了蔣的第二次圍剿。[29]

　　這五個勝仗是：

　　第一個勝仗。5月16日，殲滅公秉藩師大部，和王金鈺師一部，俘敵四千一百餘人，繳槍五千餘枝，機關槍五十餘挺，迫擊砲二十餘門，獲無線電隊全部人員，和一部完整的電台及全部器材，為後來蘇區同中共中央建立電訊聯繫，提供了條件。[30]

　　第二個勝仗。5月18、19日，王金鈺第四十七師殘部，潰逃至吉水縣水南，和原駐水南的郭華宗第四十三師一部，在19日遭到紅三、紅四和紅三軍團截堵，王師一個旅的殘部，和郭師一部，被俘

---

[26]　《事略稿本》，1931年2月19日。冊10，頁144。
[27]　《事略稿本》，1931年2月21日。冊10，頁161－162。
[28]　《毛澤東年譜》，1931年4月18日。上卷，頁340－341。
[29]　《毛澤東年譜》，1931年5月31日。上卷，頁345－346。
[30]　《毛澤東年譜》，1931年5月16日。上卷，頁344。

一千七百餘人。繳槍四千多枝，機關槍三十多挺，山砲二門。[31]

第三個勝仗。5月22日，朱德在永豐縣中村，殲滅孫連仲第二十六路第二十七師高樹勳的一個旅，俘敵二千三百餘人，繳槍三千餘枝。[32]

第四個勝仗。5月27日，朱、毛指揮紅軍攻克廣昌城，殲滅胡祖玉第五師一部，胡受重傷後斃命（6月3日歿於南昌醫院）。[33]

第五個勝仗。5月31日，朱、毛指揮紅三軍團和第十二軍一萬餘人，突襲建寧縣城，殲滅劉和鼎第五十六師三個團，俘敵三千餘人，繳槍二千五百餘枝。十五天之內，打了五個勝仗，毛澤東興奮之餘，作詞一首曰：

> 白雲山頭雲欲立，白雲山下呼聲急，枯木朽株齊努力，槍林逼，飛將軍，自重霄入。
> 七百里驅十五日，贛水蒼茫閩山碧，橫掃千軍如捲蓆，有人泣，為營步步，嗟何及。[34]

在此時期，蔣介石及南京方面，從5月5日至17日，正在忙於開國民會議，且因湯山事件，胡漢民被扣事，廣州第八路軍總指揮陳濟棠偕其將領通電反蔣，驅逐親蔣之廣東省主席陳銘樞以自代。28日，汪精衛等成立廣州國民政府於廣州，史稱「寧粵分裂」。江西方面，蔣於5月12日向國民會議宣稱：

> 現計國軍入贛者，已逾二十萬人，兵力雄厚，勢如破竹，匪災區域如吉安、永豐、萬安、崇仁、樂安、雩都、信豐；

---

[31] 《毛澤東年譜》，1931年5月18日。上卷，頁344。
[32] 《毛澤東年譜》，1931年5月22日。上卷，頁344。
[33] 《毛澤東年譜》，1931年5月27日。上卷，頁345。
[34] 《毛澤東年譜》，1931年5月31日。上卷，頁345－346。

廣昌、修水、銅鼓等縣,均已先後克復。贛省赤匪,勢窮力竭,各部匪首,頓起恐慌。[35]

六天後(18日)蔣接得王金鈺來電說:據其第四十七師石營長報稱:公(秉藩)師長本人(下落)不明,其馬副旅長率兵伕六、七百人,槍百餘枝,退抵直夏。唐代師長、馮副軍長率第一團向水南背進中,其第二團損失甚鉅,第三團全沒,朱團長陣亡。[36]公師長於16日被紅軍俘擄,謊稱司書,被釋逃回,於6月4日至南京,向蔣面陳東固戰役失敗經過。蔣允補充所部,再入戰線。[37]

(四)第三次圍剿

1931年6月22日,蔣到南昌,親自指揮剿共,為第三次之圍剿。25日,任何應欽為剿赤軍前敵總司令,陳銘樞為右翼集團軍總司令,蔣光鼐、孫連仲、朱紹良為第一、第二、第三軍團總指揮,陳誠、趙觀濤為第一、第二路指揮,蔣鼎文為總預備隊指揮,趙觀濤、衛立煌、郝夢齡、李雲杰、高樹勳、譚道源等為軍長。設行營黨政委員會,蔣自兼委員長。[38]

7月1日,下江西剿赤總攻擊令,第三次圍剿開始。2日正午,乘船出發赴前線指揮,3日下午,船到臨川。4日上午,召集臨川縣長,會商作戰計畫,知糧秣缺乏,渡河困難。蔣曰:「余未到之先,兵站與行營對此乃一無準備,不負責任,不盡職守。視官兵之生命如兒戲,視指揮軍事如應酬。奈之何國不亂、戰不敗哉!……

---

[35] 《事略稿本》,1931年5月12日。冊11,頁135－136。

[36] 《事略稿本》,1931年5月18日。冊11,頁216。

[37] 《事略稿本》,1931年6月4日。冊11,頁239。

[38] 《事略稿本》,1931年6月25日。冊11。頁319。

如余不親自來，不知此戰局，又如何結果也？」[39]是日，陳誠第十八軍克黎川。6日到南城，停留到17日，始回南昌（中間曾至南豐四天）。[40]

紅軍方面，毛澤東說：蔣介石到南昌開軍事會議，部署對其根據地，和紅一軍的第三次圍剿，一面令其嫡系部隊第六、第九、第十、第十一、第十四師，由河南、湖北等地，迅速進入江西，擔任圍剿主力軍。到6月底，共方估計國方在其根據地周圍的部隊，總兵力二十三個師又三個旅，共三十萬人。[41]

蔣回到南昌後，於8日3日考慮剿赤問題，認為赤匪之主力，尚游魂於興國西北石陂、沙村之間。彼之揚言，將由水東來攻白沙，其實乃欲以欺詐套術，分散我兵力而已。今我令第六師到太平寨圍剿，分兵監視，而以其主力直攻興國，頗為得法。決戰之局未定，恐被其漏網耳。[42]

此時朱、毛紅的紅一方面軍主力，被各路國軍壓縮在數十里的狹小地區內，西臨贛江，南、北、東三面，有九個師的國軍進逼，形勢危急。朱、毛為隱蔽紅軍意圖，將其第一方面軍主力，乘夜通過國軍之間二十公里間隙地帶，轉到蓮塘地區。8月7日，在蓮塘地區殲滅國軍第四十七師第二旅，並攻擊第五十四師，殲滅其一部。兩役俘敵三千五百多人，繳槍三千一百多枝。11日，朱、毛紅軍進到黃陂附近，殲滅國軍第八師約四個團，俘四千多人，繳槍三千餘枝。當夜到達君埠（永豐、興國、寧都三縣交界地區）休整。國軍發現其行蹤後，採取大包圍態勢，逼近君埠。紅軍陷於國軍八個師三面包圍的境地，這是三次反圍剿最艱苦的時刻。朱、毛以聲東擊西之術，偷越大山，逃出包圍圈，向西返回興國境內隱蔽，待機出

---

[39] 《事略稿本》，1931年7月4日，冊11，頁353。
[40] 《事略稿本》，1931年7月4日至17日，冊11，頁358－388。
[41] 《毛澤東年譜》，上卷，1931年6月21日及月底。頁348－349。
[42] 《事略稿本》，1931年8月3日。冊11，頁480－481。

擊。[43]

　　蔣在南昌，8日8日上午得報：蓮塘之役，上官雲相與郝夢齡部，昨天大失利，郝部尤甚，其師長、副師長皆陣亡。蔣聞而泣曰：「悲哉！痛哉！魏我威副師長，為忠實青年，尤可慟也。」[44]黃陂戰役：11日得報，蔣曰：今日在黃陂第八師被匪猛攻，自未刻以後，無線電不通。而興國之第九師，亦被匪攻。若孫連仲部，則膽小畏死，電請他調，其電文多恐慌語，如被匪竊獲，則張匪之膽，而自招匪攻矣。[45]

　　12日，蔣曰：第八師慣於崩潰，雖其實力未喪，而官不畏法，士無鬥志。夫剿匪之難，甚於大戰。蓋彼利用地形之熟識，與民眾脅從，避實擊虛，隨所欲為，而官兵則來往追逐，疲於奔命矣。[46]

　　13日，各部追剿隊伍，聞皆乏鹽，淡食已數日矣。運輸不便，匪又節節阻礙，地形既不熟，民眾又附匪，而我落伍之兵與病兵，在途中為鄉中農匪所害，因此各部隊視剿匪為畏途矣。[47]

　　16日蔣得報：匪向黃陂來攻，我第六、第十四師奮與激戰，匪被擊退，我軍所俘無幾。[48]此時蔣之處境，至為艱困，江西剿赤失利，豫南吉鴻昌部謀叛，兩廣陳濟棠、李宗仁、白崇禧等反蔣，湖南何鍵態度不明。[49]

　　一波未平，一波又起，北方石友三叛變，長江、黃河、淮河流域大水災，東北發生萬寶山事件，朝鮮大舉排華，更嚴重者，為「九一八」事變之發生。江西紅一方面軍乘國軍之退卻，全力追擊，9月15日，國軍第五十二師及第四軍的一個團，被共軍包圍於

[43]　《毛澤東年譜》，上卷，1931年7月31日至8月中旬。頁352－353。
[44]　《事略稿本》，1931年8月8日，冊11，頁515。
[45]　《事略稿本》，1931年8月11日，冊11，頁524－525。
[46]　《事略稿本》，1931年8月12日，冊11，頁526－527。
[47]　《事略稿本》，1931年8月13日，冊11，頁528。
[48]　《事略稿本》，1931年8月16日。冊11，頁532。
[49]　《事略稿本》，1931年8月16日，冊11，頁531。

方石嶺以南地區，被俘五千餘人，失各種槍械四千五百餘枝。至此，紅軍從8月起的第三次反圍剿，六戰五捷，殲國軍十七個團，共三萬五千餘人，繳槍一萬五千餘枝，各種子彈二百五十萬發，電台六部。打破了國民黨軍第三次圍剿。[50]

「九一八」事變，給中共及其紅軍極大發展的機會。乘第三次反圍剿的勝利，決定迅速消滅地方反共武裝，鞏固和擴大根據地。首先是打「土豪劣紳」的土圍子砲樓，捉土豪籌款。在贛南、閩西，拔除了幾百個地主武裝的土圍子。將紅軍主力分布石城、長汀、雩都。會昌四縣工作，紅一方面軍總部及中央局在瑞金，居中指揮。11月7日至20日，中共中華蘇維埃第一次全國代表大會在瑞金召開，選出毛澤東等六十三人組成中共中央執行委員會，宣告成立中華蘇維埃共和國。[51]

紅軍最大的收穫，是國民黨軍第二十六路軍（孫連仲部）官兵一萬七千餘人，於12月14日，在寧都加入紅軍，改編為紅軍第五軍團，季振同為總指揮，董振堂為副總指揮兼第十三軍軍長。趙博生為參謀長兼第十四軍軍長，黃中岳為第十五軍軍長。隨後，任命蕭勁光為政委，劉伯堅為政治部主任。[52]

孫連仲的部隊，屬於所謂「雜牌軍」，原為馮玉祥的西北軍，中原大戰時離馮投蔣。其在江西投共的部隊，只是一部分，據國民黨派在孫部第二十七師黨務特派員邵漢元的報告，孫部仍有相當實力。其內部情況，節要邵之報告如下：

（一）第二十六路軍孫連仲部，計第二十七師，第二十五師，及騎兵第四師，共有三個師。一萬八千餘人。槍枝一萬

---

[50] 《毛澤東年譜》，上卷，1931年9月15日。頁355。
[51] 《毛澤東年譜》，上卷，1931年11月1－5日。頁359。
[52] 《毛澤東年譜》，上卷，1931年12月14日。頁362。

一千餘枝。（二）該軍士兵訓練，重於身體的鍛鍊，而忽略精神的訓練，無中心信仰。（三）受馮玉祥遺毒太深，對於公私、順逆、是非的判斷力，甚為薄弱，政治常識亦太缺乏，所以每至艱險時期，易受誘惑。（四）以往之工作，係從感情入手，拉攏及改造高級軍官思想。自寧都事變以來，經此數月來之努力，頗有相當成效。（五）孫連仲自季振同（孫部第七十四旅旅長）在寧都叛變以來，確有相當的覺悟，對蔣信仰亦較以往堅定。（六）孫之為人，較忠厚而野心小，但才具平庸，遇事不果決，重於私人感情。（七）高樹勳（孫部第二十七師師長）腦筋比較複雜，野心亦很大。對於中央終有隔膜，於馮玉祥卻始終眷念不忘。（八）高與孫連仲兩人，在表面上雖很好，但心裡意見卻很深，高有做總指揮野心，孫倒無什麼。彼等對於中央一切命令，都視為普通照例事件，但對於私人信件，卻很重視。[53]

（五）第四次圍剿

　　淞滬停戰協定於1932年5月5日簽訂後，國民政府即於24日特派蔣介石為豫鄂皖三省剿共總司令，為第四次之圍剿。蔣決定方略要旨：政治軍事並進，一面由各省革除政治上陽奉陰違苟且偷安之積弊，一面用相當兵力，分中、左、右三路，依次堵剿、進剿、清剿、追剿之，並以飛機遍撒傳單，勸導被壓迫之民眾來歸，告誡共黨人員反正，以免不教而誅。[54]

　　此時中共紅軍的勢力，自第三次圍剿後，閩贛蘇區大有發展和鞏固，贛南的上猶、崇義、南康、信豐，福建的寧化、清流、上

53　《事略稿本》，1932年6月25日。冊15，頁218－221。
54　《事略稿本》，1932年5月24日。冊14，頁481－482。

杭、武平、龍巖等縣，都加入了蘇維埃共和國的版圖。紅軍擴大了一倍，補充了一、三軍團，創造了新五軍團。軍火和給養，都得到極大的補充。鄂豫皖的紅四軍在「九一八」之後採取了積極進攻的策略，在鄂東，佔領黃安，在豫南，佔領商城、固始、潢川等縣，擊潰國軍五、六師之眾。在安徽，佔領六安、霍山、正陽關（壽縣西南）。紅四軍已擴大為紅四方面軍，人數增加一倍以上。鄂豫皖蘇區已完全打成一片。其他在湘鄂西、湘贛、贛東北等地，蘇維埃與紅軍，都有很大的發展和鞏固。[55]

6月7日，蔣自南京赴漢口，督剿共軍，經牯嶺，停留至28日到漢口，設剿共總部於漢口。在牯嶺時，曾於18日約集豫、鄂、皖、湘、贛五省軍政長官，開五省清剿會議。蔣在會中說明這次圍剿的重要性，不僅關係革命之成敗，實為國家生死存亡的關鍵，因為長江一帶，是中國的精華所萃。現時的中共區，即在長江一帶中樞各省。若這次剿共仍無效果，國家腹心之患，勢將日益嚴重。在帝國主義嚴重壓迫之下，中國內部仍無辦法整理，中國何能繼續苟存？[56]

剿共部隊的部署，蔣到漢口後，成立豫鄂皖三省剿共總司令部，自兼總司令，並任命各路司令官如下：

中路軍司令官。蔣兼，副劉峙，下轄六個縱隊，依次為張鈁、陳繼承、馬鴻逵、張印相、上官雲相、衛立煌，總預備隊錢大鈞。

右路軍司令官李濟深，副王均，下轄三個縱隊，依次為徐庭瑤、王均、梁冠英，預備隊阮肇昌。

左路軍司令官何成濬，副徐源泉，下轉四個縱隊，依次為萬耀煌、蕭之楚、張振漢、劉建緒。

<hr />

[55] 中共〈中央關於帝國主義國民黨四次圍剿與我們的任務的決議〉，1932年6月21日。《中共文件》，冊8，頁273－274。

[56] 《事略稿本》，1932年6月18日。冊15，頁123－124。

以上中、左兩路，分別從平漢和津浦線向鄂豫皖蘇區夾攻。左路和王陵基（川軍）清剿湘鄂西蘇區。[57]

以上雲集在鄂豫皖與湘鄂西蘇區周圍的國民黨軍隊，有三十個師以上。進攻閩、粵、贛、湘的國軍部隊，也有三十五個師以上。第四次圍剿與第三次圍剿，有很大的不同，剿共的部隊比上次增加一倍以上，粵軍、湘軍以及西北軍（如劉鎮華、商震等軍隊），都被動員參加戰爭。戰線從廣東一直到河南，從福建、安徽一直到湘北。四川方面，國軍更是拚命的向紅軍進攻。[58]

7月1日，蔣在漢口召見鄂省黨委與清鄉促進會委員，蔣曰：所見所聞，皆腐敗之官僚與幼稚之新官僚。何雪竹（成濬）之貽誤鄂省如此，誠可痛哉！當日即遇到不順之事，馬少雲（鴻逵）部不奉命令，不待接防部隊到達，擅自撤退，並將雞公山失陷。[59]

安徽軍政亦至腐敗，蔣致電皖省將領陳調元曰：第五十七師（梁冠英）所部軍隊，強駐商店及住戶，士兵且強買強賣，全無紀律，民眾莫不叫苦。部隊未出發時，勒令地方準備大車八十輛，自備草料，聽候應用。現民眾正值農忙之時，見此命令，莫不驚慌萬狀。皖北王均之剿共軍隊，在民家駐宿，門窗什物，悉被毀壞。地方事務，多為豪劣把持，誣良為惡，乘機漁利，益增人民之痛苦。[60]

剿赤初無進展，經過兩個多月的部署，似有進展。9月12日，蔣在總部紀念週報告指出：

---

[57] 楊奎松，《國民黨的聯共與反共》（社會科學文獻出版社，2008年，北京）。頁291。

[58] 中共〈中央關於帝國主義國民黨四次圍剿與我們的任務的決議〉，《中共文件》，冊8，頁269。

[59] 《事略稿本》，1932年7月1日。冊15，頁272-273。

[60] 《事略稿本》，1932年7月6日。冊15，頁362-363。

上星期的剿赤，在皖西方面，蘇埠（六安西部）已被我軍佔領。在鄂東方面，豫鄂皖邊區赤匪蘇維埃所在地的新集，上星期也已經由我們的軍隊克復了，我們第一期剿匪計畫已告一段落。尤其是在湖北長江以北的赤匪，除了洪湖殘匪，正在搜剿之外，洪湖附近及裏河一帶的赤匪，都已剿除，還有許多散匪，藏在山裡的，當然還要一個相當時間去清剿。[61]

一週後（9月19日），蔣稱：

上星期剿匪的進步非常快，河南方面的商城，安徽方面的英山，統統連接的克復了。據昨天的報告：我軍離金家寨僅二十幾里路。鄂西方面，我們第四十八師和第四十一師，已到洪湖裡面。在湖北、安徽、河南幾省的匪巢中，第一個是新集，第二個是金家寨，現在都打下來了。剩下的只有一個洪湖，現亦正在肅清。[62]

9月20日，衛立煌第十師劉戡旅攻佔金家寨，紅軍第四方面軍張國燾、徐向前、蔡申熙等約一萬七千人，於兩日前自金家寨向英山撤走。蔣急電衛立煌兜剿之。25日，國軍張振漢師，俘紅軍鄂西省主席馬武等於洪湖。[63]

新集、金家寨在大別山區，在交通上距安徽省六安、霍邱約二百餘里，山路崎嶇，距商城僅百餘里，且有大道可通，將新集易名為經扶，金家寨易名為立煌，均設縣治，劃歸豫轄。[64]經扶為劉峙字，為劉師所克，故名之。立煌為衛立煌師所克，故名之。其後立

---

[61] 《事略稿本》，1932年9月12日。冊16，頁335－336。
[62] 《事略稿本》，1932年9月19日。冊16，頁459－460。
[63] 郭廷以，《中華民國史事日誌》，第三冊，頁193、195。
[64] 《事略稿本》，1932年9月21、22日。冊16，頁507、518。

煌劃歸皖轄。

　　紅四方面軍及其第二十五軍於10月12日，北竄至平漢路之王家店，適與衛立煌縱隊相遇，而紅軍則越平漢路逃脫。得駐軍吉鴻昌之助。蔣曰：「徐匪（向前）殘部越平漢路西竄，如吉鴻昌不往宋埠，則衛立煌縱隊可早一日移動而兜剿，此次殘匪必被我一網打盡矣。吉之行動，其卑劣蓋甚於赤匪也。」[65]吉鴻昌，時已加入中共，原屬馮玉祥之西北軍，中原大戰，脫馮投蔣，駐防豫南。

　　紅四方面第二十五軍越過平漢路，向西轉移，仍未擺脫國民黨軍隊的圍剿，越過秦嶺，經過關中，南下漢中，渡過漢水，進入陝南地區，長途跋涉三千餘里，才擺脫了國民黨軍隊的圍追。12月，進入川北通江地區。[66]

　　豫鄂皖三省紅軍主力，雖經圍剿西竄，然其殘餘部分，仍潛伏各地，河南方面，蔣於1933年2月16日，接光州陳繼承軍長電稱：「湯恩伯部連日搜剿郭家河等處，獲匪頗多，擬俟棗林畈殘匪肅清後，即向七里坪以東進剿。」[67]劉峙於3月2日電稱：豫南蕭、古等匪，極為猖獗，騎兵第十三旅之呂（志德）團迭受挫折，雖有第十一路之武庭麟旅及騎十三旅進剿，兵力尚嫌不足。[68]又如原紅軍根據地的金家寨（立煌），在剿赤軍克復半年以後，仍有紅軍第二十八軍四千餘人，槍二千餘枝，盤踞立煌縣所屬銀山畈、白沙河、小河口一帶，我軍多按兵不剿。據立煌縣長嚴爾艾電稱：「俞河西岸赤匪，近組武裝割麥隊，儲藏深山，企圖久亂。」[69]又光山大股共軍萬餘人，突由東南攻陷天寶寨，旋據喻台咀、河棚、南向店等要鎮，勢甚猖獗。[70]

---

[65] 《事略稿本》，1932年10月13日。冊17，頁140。
[66] 楊奎松，《國民黨的聯共與反共》，頁291。
[67] 《事略稿本》，1933年2月16日。冊18，頁385。
[68] 《事略稿本》，1933年3月4日。冊19，頁42。
[69] 《事略稿本》，1933年6月12日。冊20，頁463。
[70] 《事略稿本》，1933年4月14日。冊19，頁397。

湖北方面，徐源泉軍長電稱：「赤匪賀龍股，槍約三、四千，子彈極少，現盤踞於鶴峰西南，與桑植、毘連地帶。又王炳南股槍約千餘，盤踞於鶴峰東北，鳴陽關附近（湘鄂西地區）。」[71]蔣復據報：咸寧、武昌、通山、陽新四縣交界處之崇山中，有殘匪四千餘人，槍枝半之，時到咸寧附近各鄉村，殺人掠物，該縣駐軍第三十三師（馮興賢）與高橋之第八十二師（容景芳），均按兵不動，致匪焰日張。[72]

西竄之紅軍，勢甚猖獗，川軍無力抵抗，蔣迭據報：「川中徐（向前）匪，以全力猛攻田（頌堯）軍左翼，木門堡、旺蒼壩，相繼失陷。再窺廣元，陝軍王志遠旅駐廣元，不戰而退，廣元遂以不守。田以所部無力抵抗，放棄閬中，退守嘉陵江。其閬中公署槍彈行李，均為共軍運走。」[73]

四川情況複雜，癥結所在，乃二劉（文輝、湘）之內訌，田為劉湘之勢力，剿赤遭此挫失，乃劉文輝與之搆難也。蔣令劉湘擬定會剿辦法，劉之方案：以半年內掃除統一四川障礙，組織省府，一年內剿滅共軍。蔣以為其意在先滅劉文輝也。蔣以過去先滅閻馮，後剿赤匪以為統一可期，其結果相反之意喻之（按：此蔣對其過去之失策，不啻「不打自招」，力為開說，然測其意，似彼先有決心，對蔣乃為形式之通告，蔣以為說必無效，川事祇有讓其自亂而已。[74]

第四次圍剿在豫鄂皖三省方面，紅軍主力雖被趕出，但江西方面，卻於2月27、28日（1933年），朱德指揮的紅一方面軍，在黃陂地區（樂安境內），殲滅國軍第五十二師全部及五十九師大

[71] 《事略稿本》，1933年2月16日。冊18，頁387。
[72] 《事略稿本》，1933年4月4日。冊19，頁261。
[73] 《事略稿本》，1933年6月21日。冊20，頁634。
[74] 《事略稿本》，1933年6月28日。冊20，頁669。

部。[75]

第五十二師師長李明及第五十九師師長楊德良均陣亡。3月，草台岡、東陂之役，國軍又遭挫敗。據撫州陳誠總指揮電告：第一縱隊之第九、第十一師及第五十九師溫旅，馬（21）日在東陂草台岡侯坊間與匪激戰終日，蕭之楚師長負傷，旅團長多傷亡，現已令向二都（寧都、雩都）撤退。令第二縱隊經南豐回宜黃。[76]

據共方資料：3月21、22日，紅軍第一方面軍在草台岡、東陂地區，殲滅國軍第九師大部及第十一師一部。這兩次戰役，國軍損失近三個師，被俘一萬餘人，失槍一萬餘枝。[77]

至此，國軍在江西方面的第四次圍剿被打破，繼有第五次圍剿。

（六）第五次圍剿

蔣之第五次圍剿，是以全力圍剿江西紅軍。1933年1月29日以後進駐南昌，設南昌行營，自兼總司令，以陳誠的中路軍為主攻部隊，轄三個縱隊，第一縱隊羅卓英，指揮第十一、五十二、五十師。第二縱隊吳奇偉，指揮第十、十四、九十師。第三縱隊趙觀濤。指揮第五、六、九、七十九師。分別集結於樂安、宜黃、撫州，以及金溪滸灣一線。[78]

時值日軍入侵榆關，進犯熱河，繼以侵佔承德及進犯長城各口，蔣於3月5日趕往石家莊處理戰局。9日，長城戰役發生，戰況激烈。[79]

在此之前，江西有黃陂戰役之敗，後有草台岡、東陂戰役之

---

[75] 《毛澤東年譜》，1933年3月1日。上卷，頁395。
[76] 《事略稿本》，1933年3月23日。冊19，頁209。
[77] 《毛澤東年譜》，1933年3月1日。上卷，頁395。
[78] 楊奎松，《國民黨的聯共與反共》，頁292。
[79] 《事略稿本》，1933年3月23日。冊19，頁215。

挫。在贛剿赤各師，多以請纓抗日為名。紛請北調，而無鬥志。處此抗日與剿共兩難之局，蔣於3月21日發表告剿共將領電，勉以剿共先於抗日曰：

> 維持長期抗日之力量，非先剿滅共匪不可，是即攘外必先安內，乃為亙古不易之至理。……以剿共工作為抗日軍事之先務，抗日乃手足捍衛頭目，剿共則拔除心腹之疽毒。果剿共能著著成功，則抗日自步步得力。[80]

乘此危急時機，江西之紅軍，大肆蠢動。江西省主席熊式輝4月3日致蔣急電曰：

> 最近一月以來，有第五十九、第五十二、第十一各師之挫敗，計師長死傷四員，旅長六員，團長十六員，步槍損失當以萬計。……現匪勢益張，昨（2日）復擾及新淦，贛東、贛西，小股逐漸蔓延，坐視其大而莫能制。資溪、黎川，為贛浙閩間要地，失陷數月，迄不能收復。近且進擾南城、金溪，赤化民眾，如火燎原。贛南大股攻城略地，無可奈何。[81]

蔣接電兩天後，新淦和金溪失守。即於4月5日夜趕到南昌，6日下午馳赴撫州，聽取各將領報告，決定恢復新淦與肅清永樂間匪氛計畫。擬以三個縱隊，分置南城、宜黃與永豐。以伺紅軍之弱點而進襲之。[82]是為布置第五次圍剿。

---

[80] 《事略稿本》，1933年3月21日。冊19，頁197－198。
[81] 楊奎松，《國民黨的聯共與反共》，頁294。
[82] 《事略稿本》，1933年4月6日。冊19，頁265－267。

蔣在撫州，連日召集各將領研究最近剿共失敗原因，至11日得有結果。據蔣自述：

> 我從北方回到南昌，已有一星期，在這一週中，得看各方面詳細的報告，又親自和熊式輝主席同到撫州一帶視察。關於最近剿匪經過情形，尤其這回第五十二師和第五十九師在樂安之南失利的情形，我已調查得很明白，很確實。……據我調查的結果，就完全不是因為匪的力量比我們大，乃因天氣不良，雨多霧重，高級將領一時沒有注意，便向匪區直進，以致中了他們埋伏而失敗。……我原來預定在本年五月以前，要把寧都以北的匪部通通肅清，現在因為受到這個挫折，整個軍事計畫，都要重新來決定。[83]

天氣不良，只是特殊原因，尚有其他諸種原因。根本原因，蔣以為是政府本身和軍隊精神散漫，內容腐敗，大多苟且偷安，得過且過，自私自利，驕傲怠惰。因此處處為赤匪造機會。[84]

相對而言，無論就共軍人數及其裝備而言，遠遜於政府之剿共軍，而其能擊敗剿共軍，取得勝利者，並非偶然。在戰術方面，蔣認為：彼能因地制宜，相機應變，知彼知己，取長補短，共軍在這幾點，優於剿共軍；組織方面，無論在軍隊、政治、民眾的組織，都很嚴密，尤其是民眾的組織，國方都不及共方。因此，蘇區的民眾，和它的政府、軍隊，都能同一動作。反觀國方，政府自政府，人民自人民，軍隊自軍隊，各不相謀。所以共方一個人，能當十個人用。國方十個人，不能當一個人用。國方三十萬兵，打不過共方

---

[83] 《事略稿本》，1933年4月11日。冊19，頁305－307。
[84] 《事略稿本》，1933年4月11日。冊19，頁318。

三萬兵。[85]

　　蔣亦曾效法中共，組織民眾，在豫、鄂、皖、贛、蘇各省，推行民團保甲制度，但效果不彰。其致中央監察委員張繼略云：民團保甲，為安內攘外之基本工作，其奉行得力之縣，雖有規模粗備者，然為日尚淺，終不能普遍而有力。以我之黨政組織，根本不健全，非特一切政令設施效能，未易增進，結果或得其反。證以年來之經驗，實所痛心。[86]所謂「橘化為枳」是也。

　　蔣以北方倭患，贛中赤匪與西南問題為慮，尤以本軍士氣不振為憂，亟盼各方對剿共、抗日，分工合作，擬以廣東陳濟棠為南路剿共總司令，湖南何鍵為西路剿共總司令，劉峙為北路剿共總司令。三路之綜合機關，由軍事委員會委員長（蔣）兼任，設行營於南昌。而將原設之閩粵贛邊區剿匪總部撤銷。蔣於必要時往來於華北、江西之間，雙方兼顧。陳濟棠允擔任南路總司令，並薦白崇禧副之，蔡廷鍇為前敵總指揮。然其代價要中央補助經費五十萬元，而廣東內部，則有倒陳之謀，蓋胡漢民一派也。[87]蔣之此種安排，顯為緩和西南，冀其積極合作剿共，固無可能，防其消極破壞，則有必要。實際剿共主力，仍是江西的中央軍。

　　為振作士氣，蔣手擬〈剿匪要旨〉及〈剿匪口訣〉，口訣指示八事，共分十章，以歌詞為之，易於領悟。首章為前言，末章為總結，八事為訓練、行軍、宿營、防禦、攻擊、打仗、軍紀、軍器。全文甚長，錄其前言及總結如下：

　　　前言：赤匪行動真可惡，殺人放火不算數。假借共產騙農
　　　工，禍國害民蠢如豬。我們都是中國人，數典為何卻忘祖。

85　《事略稿本》，1933年4月25日。冊19，頁561－563。
86　《事略稿本》，1933年4月21日。冊19，頁458。
87　《事略稿本》，1933年4月21、29日。冊19，頁453、622、627。

古時赤眉要算兇，眉毛一豎江水紅。擾亂中國數十省，最後
消滅無影蹤。只有國軍滅土匪。哪有土匪會成功。父母生你
不容易，何苦跟匪去送終。我們國民革命軍，一心要來救民
眾。剿滅赤匪歌太平，同胞大家樂融融。

總結：剿匪要訣共八條，我今剴切告同胞，官兵熟唱能做
到，剿匪立功在今朝。小挫切莫存畏懼，大勝切莫存驕傲。
國內賊匪趕快平，再打倭寇日本人。[88]

　　長城戰役行將告一段落，馮玉祥之抗日同盟軍，起於北方察哈
爾省，以「抗日」為名，實為反蔣。在福建剿共的蔡廷鍇第十九路
軍將領，也不願剿共了。公開反對長城戰役停戰的塘沽協定。其後
蔡雖接受了南京中央的解釋，但他明告陳濟棠，十九路軍已難以擔
負剿共任務。其後更有閩變聯共的一幕。使蔣延誤了第五次圍剿。
蔣曰：「雜軍之無道義，一有弱點，可乘即起而背叛。故不先處置
雜軍，斷難清滅赤匪也。」[89]

　　蔣又曰：「馮玉祥在察（哈爾）張（家口），割據稱亂，倭寇
必藉口佔察。」「馮玉祥負隅察省，和戰莫決。西南叛變，消息時
至，而陳濟棠又搖惑不定。赤匪北竄不退，而何鍵則觀望不前。此
時雖有快刀，難斬亂麻。」[90]

　　河南省主席劉峙曾就當時情況，提出防範時局辦法，蔣認為
「卓見」、「可採」。節要如下：

　　　　自華北停戰協定成立，馮（玉祥）首樹異幟，魯、晉兩省，
　　　　態度模稜。鄂中諸將，亦頗懷兩端。現閩、粵諸人，正在廣州

---

[88] 《事略稿本》，1933年5月4日。冊20，頁42、47。

[89] 蔣中正總統五記，《困勉記》1933年6月8日。（國史館，2011年，台北）上，頁386。

[90] 蔣中正總統五記，《困勉記》1933年6月7日、7月24日。上，頁385，389。

有所密議。如果再有舉動，則大局決裂可虞。茲就愚慮所及，擬陳管見如後：（一）吉安、南豐二處，為五省之中樞，宜派親信大員，率兵鎮攝，既可增強剿赤實力，又可防堵閩、粵之異圖。（二）鄂中數將領，有待機發動之虞，此時我如增兵武漢，其變必速，宜於信陽、鄭州兩處，集中可靠部隊，暫取監視姿態以制之。蓋此輩目的，不在武漢，而在豫省。（三）此次馮叛，志在西北，恐為將來鉅患。請將第一師就地擴編，以胡宗南為軍長，藉備緩急。（四）蘇、浙空虛，通閩陸路，似宜密為戒備。（五）對鄂中及粵、閩數將領，似可採用分化方法。對陝、甘、新各將領，似尚可懷柔。[91]

蔣以為劉峙「所陳卓見五項，均有可採。待稍加布置，當即分別採行也。」[92]

蔣處理華北馮玉祥抗日同盟軍告一段落，置委員長行營於南昌，以贛粵閩邊區為圍剿對象，區分剿共部隊為北路軍、南路軍及西路軍。10月中旬，頒佈戰鬥序列後，即開始圍剿。茲因發生閩變，因於12月初修正之。主要為北路軍，該路序列如下：

北路軍總司令顧祝同，前敵總指揮蔣鼎文。第一路軍兼總指揮顧祝同，副劉興，兼代守備隊指揮官，轄第七縱隊指揮官吳奇偉。

第二路軍兼總指揮蔣鼎文，副湯恩伯，轄第三縱隊指揮官邢震南，第四縱隊指揮官李延年。

第三路軍兼總指揮陳誠，守備隊指揮官毛炳文，轄第五縱隊指揮官羅卓英，第八縱隊指揮官周渾元。

第四路軍總指揮張治中，轄第二縱隊指揮官王敬久。

第五路軍總指揮衛立煌，轄第九縱隊指揮劉和鼎。

---

91 《事略稿本》，1933年6月13日、冊20，頁557－558。
92 《事略稿本》，1933年6月13日、冊20，頁559。

贛浙閩皖邊區警備司令趙觀濤。轄第一總預備隊指揮官錢大鈞，第二總預備隊指揮官薛岳。各縱隊下轄三至六個師不等，總計有四十個師及他部隊。[93]

中共方面，紅軍總司令朱德，政委周恩來。

第一方面軍第一軍團軍團長林彪，轄第一、第二、第三師，約二萬二千餘人，槍一萬三千餘枝，迫砲二十四門。

第三軍團軍團長彭德懷，轄第四、第五、第六師，約二萬餘人，槍約一萬二千餘枝，機槍九十餘挺，山砲二門。

第五軍團軍團長董振堂，轄第十三、第十四、第十五師，約一萬七、八千人，槍約九千枝，輕重機槍四十餘挺，迫砲二門。

第七軍團軍團長蕭勁光，轄第十九、第二十、第二十一師，約一萬三千人，槍約一萬枝。

江西軍區總指揮陳毅，轄五個獨立團及地方武力，共約一萬五千人，槍萬餘枝。

此外尚有湘鄂贛、福建、閩浙贛等軍區。總約十五萬人，槍約九萬枝，機槍五十挺。[94]

閩變始於1933年11月20日，至1934年1月13日福建「人民革命政府」瓦解，為時兩月，應為紅軍發展之有利時機，惟中共內部因路線之爭，毛澤東失勢，反有利於蔣之第五次圍剿。據共方資料：第十九路軍成立反蔣的「中華共和國人民革命政府」，蔣介石速從圍剿蘇區的前線，抽調九個師入閩，討伐十九路軍。這是紅軍粉碎第五次圍剿的有利時機。毛澤東向中共中央建議：以紅軍主力突破敵之圍攻線，突進到以浙江為中心的蘇浙皖贛地區去，縱橫馳騁於杭州、南京、蕪湖、南昌、福州之間，將戰略防禦轉變為戰略進

---

[93] 第三路軍總指揮部參謀處編，《五次圍剿戰史》（中華民國開國五十年文獻編委會重印，1968年，台北。），上冊，頁128後表二。
[94] 《五次圍剿戰史》，上冊，頁63－68。

攻。這樣就能迫使進攻江西南部、福建西部之敵,回援其根本重地,粉碎其向江西根據地的進攻,並援助福建人民政府。但秦邦憲和李德(德籍軍事顧問)拒絕毛的建議,以致紅軍失去援助十九路軍,錯失了粉碎敵人圍剿的有利戰機。[95]

事實上,紅軍並未放棄北上的行動。毛指出:為衝破國民黨軍隊對蘇區根據地圍剿,於1934年7月派出紅軍北上抗日先遣隊,最初由尋淮洲、粟裕等領導的紅軍第七軍團擔任,從江西瑞金出發北上。11月,與方志敏領導的紅軍第十軍在閩浙贛根據地會合後,組成紅軍第十軍團,成立了以方志敏為首的軍政委會。隨後,先遣隊繼續北上,沿途遭到國民黨軍阻截,尋淮洲在作戰中陣亡。[96]這祇是局部性的牽制行動,易被殲滅。

方志敏於次年1月在贛東北懷玉山地區,被國軍俞濟時師生擒。據俞於29日電告:方率殘部匿懷玉山中,追剿部隊四面圍剿,分頭搜索,方困守山中,飢寒交迫。乃狼狽下山圖逃。於本日生擒,解往南昌。[97]

閩變平定後,江西剿共工作,漸入佳境。蔣於1934年3月15日,致電何鍵、劉和鼎、湯恩伯曰:

> 此次南豐前方東華山與三坑一役,匪主力第一、第三、第五、第九各軍團,集其全力進犯,血戰四晝夜,卒被我軍消滅過半,我軍大勝。生俘其二千餘名不計外,其在陣前遺屍未收者,尚有三千餘具,則其死傷之重可知。從此匪膽已寒,不難如期聚殲,一鼓蕩平。[98]

---

[95] 《毛澤東年譜》,1933年11月20日。上卷,頁415-416。
[96] 毛澤東,〈目前時局與紅軍抗日先遣隊〉,1934年7月31日。《毛澤東軍事文集》,卷1,頁355-356,注釋1。
[97] 《事略稿本》,1935年1月29日。冊29,頁186。
[98] 《事略稿本》,1934年3月15日。冊25,頁158-159。

是役國軍作戰的部隊，為陳誠第三路軍第五縱隊八個師，第三縱隊一個師。自3月11日至17日，官兵頗有傷亡，軍官死十九人，傷五十三人，士兵死二百六十八人，傷六百九十三人，生死不明九十一人，共一千一百二十四人。損耗步槍彈510,145發，機槍彈306,610發。俘其軍官八人，士兵五百六十五人，獲步槍五百八十枝，機槍十五挺。[99]

　　廣昌戰役，為五次圍剿中決定性的一場戰役。是役從4日11日到28日結束，國軍作戰的部隊，為陳誠所部第五縱隊羅卓英及周渾元第八縱隊，黃維、霍揆章、傅仲芳、李樹森、孔令恂、蕭致平、鄭洪、夏楚中等計八個師。4月28日，攻佔廣昌，紅軍戰死者四千餘人，國軍亦傷亡二千餘人。[100]

　　此役國軍傷亡確數為2,473人，另生死不明一四零人。損耗步槍彈1,422,291發，機槍彈991,096發，迫砲彈1,249發。俘其官兵八八六人。據其俘虜供稱：紅軍素以避實擊虛，不打硬仗為原則。而此次則不然，自4月19日起，至28日國軍攻下廣昌止，集其第一、三、九軍團全部，及第五軍團之第十三師，並各獨立師、步校學生等，連日與國軍激戰，雖受重創，仍拚命抵抗。其戰鬥之持久與激烈，為歷年剿共所僅見。[101]

　　國軍10月6日克石城，10日克興國，紅軍即於10日由中共中央率其第一、三、五、八、九軍團及中央各機關，共八萬六千餘人，開始從瑞金等地出發，被迫大轉移。[102]

　　紅軍從此踏上長征之路，國軍勢如破竹，所向無敵，東路軍於11月10日收復瑞金，此為中共之赤都。僻處贛省東南部之閩邊，北連石城、寧都，西與雩都並行，南可由會昌入粵，東則與長汀唇齒

[99]　《五次圍剿戰史》，上冊，頁233－234。
[100]　郭廷以，《中華民國史事日誌》，冊3，頁354、365。
[101]　《五次圍剿戰史》，上冊，頁328、334－336。
[102]　《毛澤東年譜》，1934年10月10日。上卷，頁435。

相依。自1929年朱毛棄井岡山後，沿贛粵邊入閩，擾武平、上杭，陷長汀，瑞金亦入其手，乃定為赤都。開全國代表大會，建蘇維埃政府，於是成為中共發號旋令中心，有「小莫斯科」之稱。蔣督率大軍，先後做五次圍剿，即以會師瑞金為目標。而共軍或避實就虛，或死守硬打，或四散流竄，亦以固守瑞金為目的。自五次圍剿以來，東、北兩路大軍，逼近其心腹之贛南、閩西毘連地區。紅軍以石城及長汀為瑞金門戶，故以最精銳之第一、三、五、九軍團，配置於此，以期負隅。同時以羅炳輝、方志敏之七、九兩軍團之一部，竄擾皖、浙。蕭克之六軍團第十七、十八師竄湘川，以圖分散圍剿兵力，均為國軍所擊破。流竄之共軍，又經國軍沿途堵截。直至石城、長汀失陷，瑞金無險可守，中共乃決定棄守。集中其一、三、五、七、八、九軍團西竄。朱毛等首領亦隨軍西逃。國軍進入城時，只餘少數老弱民眾，各機關空洞無人，荒涼悽愴，一如死城。[103]

附錄：何其鞏五次圍剿後的安內策

　　1934年10月，第五次圍剿有成。安內工作，成功在望。12月1日，蔣接行政院駐平政務整理委員會委員兼秘書長何其鞏密呈，提出安內根本大計，要在安定北方，鞏固中部，經營西南三大端。蔣以為頗中肯綮，足備參考。今讀此文，對時局之分析，切中時弊，極富歷史意義，茲附錄之。

> 　　竊維方今大局，艱難已極。鈞座（蔣）以一身繫天下之重，安內攘外，成算無遺。職（何）沉思熟慮，以為國是癥結所在，仍為對日問題。日本強力睥睨世界，我乘百年積弱積病

---

[103] 《事略稿本》，1934年11月10日。冊28，頁429－431。

之後，百不如人。事勢所迫，不能不忍受犧牲，以謀最後勝利。一般感情的主戰論，自在絕對排斥之列。就對日國防形勢而言，北方居於前衛，江浙平時為財賦所從出，戰時立成前衛，與北方同。長江中部實為根本所在，西北為其犄角，西南則為最重要之後衛也。蓋若以對日之最後清算，為救國最初之出發點，則今日根本大計，要在安定北方，鞏固中部，經營西南三大端而已。謹分別剖陳，大要如次：

（一）安定北方。北方密邇強鄰，動輒受制。目前只能以消極的安定為目的，使中部之基礎建國（設）工事，不致受反影響，最為得策。好在北方各省當局，救亡圖存，同具覺悟。東北軍將士田園廬墓，多在東北，不乏思鄉之念，大量南開，深為妥便。宋哲元[104]厚重沉著，于學忠[105]明決果敢，內部雖皆各有困難，現狀雖或有所企求，而於效忠國家，擁護領袖，確有最大誠心，每一晤對，輒與暢言譬曉。晉閻[106]唱言埋頭內部建設，效果未收，障礙迭起，其部下尤不乏深明大義之人，足相維繫，傅王[107]其尤著者也。一年以來，黃（郛）委員長在外交方面，何（應欽）部長在軍事方面，皆有頗大效益。而軍事整理，成績尤著。今後政治設施上，要在循序依軌，徐求確實之改進。心理國防，急須建設。

（二）鞏固中部。中部各省在鈞座直接指導之下，人心振奮，百廢俱興，蔚然表現近代的創業的風氣，內外上下，交口頌揚。目前中部主要工作，仍為剿共。江西剿共軍事，已達最後階段，浮屠合尖，去收功之期愈近，而困難亦愈多。

---

[104] 宋哲元。第29軍（西北軍）軍長，時任察哈爾省主席。
[105] 于學忠。第51軍（東北軍）軍長，時任河北省主席。
[106] 晉閻。山西閻錫山，太原綏靖公署主任。
[107] 傅王。傅，應為傅作義，第三十五軍（晉綏軍）軍長，綏遠省主席。王，應為王靖國，晉軍第三軍軍長，兼包西警備司令。

今之論者，咸慮贛匪主力西竄，經湘入川，再造根據。職之愚見，則以為贛匪之可慮，不在其竄逃，而在其守險負隅，曠日持久。第一、贛匪一旦西竄，即實證其對國軍之進剿，已失去最後之支持力，中央對內對外之政治威力，頓可增長百倍。第二、川雖險阻，匪能往我亦能往。贛南為赤化最深最久之區，匪經營數年，尚不能守，而謂其在新入之四川，即能永久盤踞，必無是理。第三、贛匪一旦竄遁，則無論跟蹤追剿之師，因地留戍之師，回防中部北部之師，控制西南一帶之師，皆能左右逢源，不虞粘滯，從此大局可期永安。基此推論，贛匪倘能在贛川以東，合圍而聚殲之，固為上策，否則有計畫的網開一面，迫其出竄，然後在追剿中予以節節之擊滅，似亦不失為上策中之中策也。

（三）經營西南。長江中部既為根本所在，與為犄角之西北，文化經濟，皆落後不足道，斯西南後衛之經營尚矣。西南統湘粵桂川滇黔而言，湘鄂緊接，兩湖一體，殆有不可分之勢。粵桂為一翼，川滇黔另為一翼，而重要性則相同。革命軍起自百粵，財賦形勢為鈞座所深知。惜我北伐以後，付託非人，動搖不定。今後必求所以加強控制之方，無事姑予寬容。萬一有事，宜以決心臨之。至於川滇黔三省，擁有七千萬以上之人口，形險而地腴，煤鹽油礦以及各種金屬，皆不缺乏，足為國防之最後支撐點。宜乘徐匪（向前）猖獗之時，或在贛匪西竄之時，力加經營，即鈞座不能親往，亦宜派遣忠義大員，統率重兵入川。第一步清剿共匪，第二步整理三省軍政，第三步發展交通及一切產業。在彼建立國防重工業之主要部門，一旦國際大戰發生，乃能處於可戰、可守、可進、可退之地，爭取最後之勝利，達到復興民族之目

的。如土耳其之都安哥拉。足資借鑑。[108]

（七）追剿、長征與東征

　　紅軍西竄，紅軍第一軍團於10月（1934）25日經過戰鬥，通過信豐國軍第一道封鎖線。11月8日至第二道封鎖線（汝城以南）時，為陳濟棠粵軍之防地，因雙方事前已有「就地停戰、解除封鎖」之協議，故能順利過關。[109]到了12月1日，渡過湘江。由出發時的八萬餘人，銳減為三萬餘人。[110]紅一軍團1935年1月7日襲佔貴州遵義。在遵義會議中，結束了王明左傾冒險主義，確定以毛澤東為代表的中央領導。挽救了紅軍頹勢，為長征奠定了基礎。[111]

　　紅軍進入黔省，粵桂陳濟棠、李宗仁深懼蔣之勢力隨之而入，因捏造入黔剿共貴州綏靖主任薛岳去電歡迎粵桂軍入黔。貴州省主席王家烈夫人在京，據稱粵以五集團軍總司令名義畀王，誘王歸粵。王部下桐梓系軍人多主降粵，並挑撥薛、王情感。[112]

　　鑒於西南情勢的複雜，蔣決定親自西征。3月起，奔走於重慶（3月2日）、貴陽（24日）、昆明（5月10日）、成都（26日）各處。依蔣之分析，貴州之追剿，與江西之圍剿，殊有不同。各有優勢與劣勢，國方的優勢，一切民情地形道路，較共方為熟悉，尤其是給養運輸交通等便利，加以空軍的助戰，為共軍所不及。至於共軍的優勢，則為善於運用掩護戰術，只要在國軍十里或四、五里正面的空隙，即可安全竄過去。例如此次由息烽的西南石洞向東南竄逃，而其掩護部隊，並不配置在東南方面，卻在西南方面離開息烽

---

[108] 《事略稿本》，1934年12月1日。冊28，頁508－512。
[109] 《毛澤東年譜》，1934年11月2日，上卷，頁436－437。
[110] 《毛澤東年譜》，1934年12月1日，上卷，頁438。
[111] 《毛澤東年譜》，1935年1月7日至17日。上卷，頁442－444。
[112] 《事略稿本》，1935年2月15日。冊29，頁389－390。

城十五里的底垻。一方面掩護他的主力過去，一方面又對息烽逼近，使我們在息烽的主力第五十三師被其牽制，以全力來進攻他的掩護部隊。結果他的主力安全向東逃走了。而當時在底垻的掩護部隊，不過一、二百人，以如此少的部隊，便牽制了我們在息烽的一師多兵力。蔣曰：「何等的巧妙！」此外，慣於化整為零，甚至散成一股兩股，潛伏在各地，其目的，一方面是牽制國方的兵力，一方面是準備其後的主力回竄時做響應，並藉此宣傳赤化，裹脅民眾。[113]

紅軍西竄，國軍追剿，到了1935年6月，漸獲成效，其情況，據蔣報告如下：

> 本年（1935）已過半年，此半年中，贛南殘匪完全肅清，而其交通公路計畫，亦已完成大部。自三月間入川以來，輾轉於滇、黔，驅逐朱毛殘匪，兩月有餘。五月下旬，始得回川入蓉。殘匪乃於六月中旬與徐（向前）匪合股於懋功。雖朱毛不得赤化於川滇黔邊區，亦未得達其竄入甘新之逆謀，而其人數亦殺減十之九以上，然而未得完全殲滅，恐遺後患。是乃學識智慮不精之過。然而川滇黔因此得以統一，完全入於中央範圍之中，國家地位與民族基礎，皆能因此鞏固。……而陝北與鄂西之匪，亦方興未艾。倭寇忌嫉，亦日益加甚。因之六月平津與察東撤軍撤黨，壓迫備至。[114]

自5月22日以後，蔣坐鎮成都，指揮川軍及胡宗南中央軍圍剿紅軍。與此同時，紅軍第一軍團於5月29日搶佔瀘定橋，6月2日，全部渡過大渡河。12日，在北進懋功的途中，紅軍先頭部隊與先

---

[113] 《事略稿本》，1935年4月10日。冊30，頁402－403、405－406。
[114] 《事略稿本》，1935年6月30日，一月至六月半年反省錄。冊31，頁511－512。

前入川的紅四方面軍一部會合。[115]毛於7月28日到達松潘縣毛爾蓋後，決定紅一、紅四方面軍混合編組，分左、右兩路北上，毛隨右路紅一軍團，張國燾率左路紅四軍團，分頭北上。[116]

惟至9月9日，張國燾命其紅四方面軍停止北上。當晚，毛率紅三軍北上，於11日到達甘肅迭部縣俄界，與紅一軍會合，將紅一、紅三軍及軍委縱隊編為紅軍陝甘支隊，彭德懷為司令員，林彪為副司令員，毛澤東為政治委員。[117]

紅軍終於突破國軍的堵截，10月19日，到達保安縣吳起鎮，此為蘇區邊境，東有紅色政權，聞保安城內有紅色部隊。結束了一年長途行軍。[118]旋即舉行中共中中政治局會議，成立西北革命軍事委員會，以毛澤東為主席，周恩來、彭德懷為副主席。成立紅一方面軍，彭德懷為第一方面軍司令員，毛澤東為政委，林彪為第一軍團長，聶榮臻為政委。徐海東為第十五軍團長，程子華為政委。[119]

蔣對紅軍內部之分化，獲有情報，其於9月29日，電駐蘭州甘肅省主席朱紹良等云；

> 綜合各方情報，竄甘向北之共軍，最多不過三萬人（按數字偏高），其槍數雖有二萬，然子彈缺乏。糧食不繼，沿途死亡之數甚眾，而其留於川北之殘匪（按為張國燾之左路軍），尚有二萬餘人。其內部朱（德）與毛（澤東）、以及徐（向前）與毛、周（恩來）與朱，皆發生內訌，各存戒心。[120]

---

[115] 《毛澤東年譜》，1935年5日26日至6月8日。上卷，頁457－458。

[116] 《毛澤東年譜》，1935年8月1日。上卷，頁464－465

[117] 《毛澤東年譜》，1935年9月12日。上卷，頁472－473。

[118] 《毛澤東年譜》，1935年10月19日。頁481－482。

[119] 《毛澤東年譜》，1935年11月3日。上卷，頁484－485。

[120] 《事略稿本》，1935年9其29日。冊33，頁475。

總結四川剿共近況，武昌行營秘書長楊永泰於11月8日對《中央社》記者談話有云：

> 川中赤匪，自徐向前股竄入松潘、理番、懋功等地，朱毛復竄往與徐合股後，八、九月間，經委員長（蔣）督飭中央軍及川中各軍，加緊圍剿。本將該匪困於丹巴以東，懋功以北，理番以西，松潘以南之地區內，周圍各路地方，並經修築碉堡及防禦線工事，嚴防該匪竄出。但匪據之地區內，自九月以後，即已冰山雪地，氣候嚴寒，同時其中居民，十之七、八皆係游牧為生之番民，不事耕種，僅有少數玉蜀黍出產，食糧奇缺。該匪欲劫掠番民及喇嘛寺廟之牛羊，以為補充。而番民與喇嘛等自動糾眾，與匪殊死抗戰。該匪至此，乃感飢寒交迫，企圖他竄。毛澤東因與朱、徐水火，由彭德懷率匪眾五、六千人，沿川、青、甘邊境，竄向隴東。經國軍沿途兜剿，擊散不少，僅剩二、三千人，竄達陝北，與劉子丹合股。此股力量，本極有限，近西北剿匪總部成立，不難於短期間加以殲滅。至朱、毛兩股之大部主力，仍悉數困處上述原地，最近乃挾其全力，企圖東竄西昌一帶就食，突攻丹巴、懋功等地。各該地之駐軍，竟先後撤退。現委員長除已將各該地負責軍事長官，分別懲處，申明賞罰外，本月二日，四川剿匪總司令劉湘，已親自馳赴卭峽，指揮各地督剿，並將所部二十一師等各部隊，加入前線。在川空軍，皆全部飛往轟炸，連日正與匪戰於天前蘆山一帶，匪我傷亡均重，戰情極為激烈。[121]

---

[121] 《事略稿本》，1935年11月8日。冊34，頁108－110。

蔣對1935年之剿共，認為已獲成果。年終檢討如下：

> 本年（1935）驅逐毛匪於川滇之外，使西南不受其後方根本
> 之患。川中朱、徐殘匪雖未肅清，然能封鎖於川康大金川不
> 毛之地，不使其竄擾寧遠獨立之區，以為川滇後患。鄂西蕭
> （克）賀（龍），亦不能負嶠老巢，窮竄湘西、黔東，此皆
> 剿匪勝利之特點。陝北之匪，雖猖獗未殺，此乃奉（東北）
> 軍不行之故，決非赤匪之強也。總之，今年中心工作是為剿
> 匪，可說已達七分之成功。明年則可以抗倭為中心。而對剿
> 匪，僅著力於清剿可也。[122]

　　四川吏治腐敗，堪稱全國之最。對紅軍之發展，至為有利。
蔣駐四川督剿期間，目睹川省地方財政，紊亂不堪，自軍事長官
以下，縣長、徵收局長、團董、鄉長之流，莫不巧立名目，肆行榨
取。每年田賦徵收有七、八次至十餘次者。其他苛雜，尤不可勝
數。同時一縣之內，對於徵收支付項目，絕無盤查考核之辦法，浮
收捏報，中飽侵漁。蔣以為非澈底改革不可。特將在豫、鄂、贛督
師時所訂之剿共區內整理縣地方財政章程，暨各關係法規合訂本，
令飭川省主席劉湘轉令遵行。[123]

　　川省弊政，積習多年，一紙命令，能否奏效，殊值懷疑也。

　　為追剿竄往陝北之紅軍，蔣於9日26日在西安成立西北剿共總
司令部，以張學良為副司令代行總司令（蔣）職權。統一指揮陝
西、甘肅、寧夏、山西等省軍隊。[124]實際上，張所能指揮的，僅其
東北軍。其在豫鄂皖剿共的東北軍，源源開陝，人數在十萬以上，

122　《事略稿本》，1935年12月31日，本年反省錄。冊34，頁785−786。

123　《事略稿本》，1935年4月21日。冊30，頁546−547。

124　《毛澤東年譜》，1935年9月26日。上卷，頁476。《張學良年譜》，頁610−
　　　611。記總部正式成立為10月2日。

除所屬于學忠部在甘肅、王以哲部在陝北外，其餘各部均駐省垣東西附近及渭北各縣。兵力配備，至為雄厚。時蔣已將陝甘地區剿共責任交給張學良。其東北軍與共軍作戰，初尚盡力，頗有犧牲，第六十七軍王以哲部第一一零師何中立部，於10月1日在甘泉縣嶗山，被徐海東紅十五軍團伏擊，全師覆沒，師長何中立、參謀長范馹洲及部分團長陣亡，官兵傷亡一千二百餘人，被俘二千三百餘人，團長以上無一生還。為此，張學良深感東北軍不死於抗日，而死於剿共內戰之痛苦。[125]

25日，紅十五軍團又在榆林橋，殲滅東北軍第一零七師六一九團等部，俘團長高福源。[126]

1936年2月20日，紅軍毛澤東、周恩來、彭德懷。林彪、徐海東、劉志丹等，率領約二萬人由陝北渡黃河入晉，高唱抗日，實為掠奪物資。蔣派中央軍入晉，助晉軍作戰，至5月5日，紅軍渡河西退。在此之前，蔣接閱太原綏靖公署主任閻錫山之報告，謂其攔截共軍，至為得意，尤其砲之威力。節錄閻之報告如下：

共匪此次犯晉，蓄謀甚早，布置甚周。預造船隻於黃河各岔口。利用河東西岸居民之親戚關係，密布其羽黨於東岸各村莊。

此次過河之匪，編為方面軍，分第一、第十五，第二十五三個軍團，另有偵察隊、游擊大隊、特務營等，總數號稱三萬，其實不過兩萬四、五千人。經過蓬門之戰，匪傷亡七、八百人。關上之戰，匪死傷千餘人。眼頭莊、仲家山之戰，死傷四千餘人。各處攻城死傷者，一千餘人。被飛機炸斃約

---

[125] 張友坤等編，《張學良年譜》，1935年9月28日至10月1日。頁609－610。
[126] 《張學良年譜》，1935年10月25日。頁619。

五、六百人。第一次運陝傷兵三千餘人,最後渡河者四千餘人。現在所餘殘匪,不過原數五分之二。

匪之渡河,以抗日及殺富濟貧為口號,初到一地,用欺騙手段,收買人心,使人民代為宣傳。續到之匪,即實行屠殺搶劫。其作戰方略,慣用出其不意,攻其不備。其戰鬥方式,係集中主力,攻一弱點。

我民眾組織雖著手,然每縣已有保衛團。……總計全省團丁在十萬以上,亦均有相當訓練,對於保衛地方,查拿匪探,甚為得力。

我軍此次剿匪各部隊,均配置多數砲兵,匪初見砲,即猛撲搶奪,繼受重創,即聞聲逃避。因我軍與匪接觸,利用多數砲火,集中射擊,命中之精確,威力之偉大,亦實出匪意料之外。

審訊俘獲之匪,多不發言。惟問及其父母時,痛哭流淚,似有難言之痛。間有執迷不悟之悍匪,則仍願充紅軍。夫甘於為匪,民之錯也。使民為匪,政之錯也。政治不為第一當為之事,梟雄則乘隙而起。我方死者,固屬忠勇愛國之士。匪方死者,亦不少青年有為之人。國之不幸,莫此為甚!此誠最堪痛惜之事也。[127]

據閻之報告,其間最劇烈的戰鬥,為3月7日至10日的第二次總攻擊。報告云:

匪以萬餘之眾,用波浪式向我衝鋒者十一次,縱隊衝鋒者六次,皆被我步砲空聯合將匪擊潰。是役於我軍開始發現,在

---

[127] 《事略稿本》,1936年4月2日。冊36,頁229－242。

八百米遠時，以二十餘門之砲，一齊連續射擊，直至砲筒多有紅者。戰鬥之烈，可以想見。匪傷亡之眾，尤為向來戰事所未有。[128]

我軍攻下水頭後，即乘勝進攻交石口等要隘，已於昨（3月23日）一併攻下。據獲匪供稱：毛匪澤東見各要隘不守，即率匪五百餘西竄，中途被我軍擊斃三百餘人，毛澤東及其妻暨其政治部主任楊尚昆，僅以身免。捉獲其財政委員長王鼎文，亦已訊明槍斃。[129]

惟據共方資料：

紅軍東征，歷時七十五天（自2月20日至5月5日），消滅國民黨軍七個團，俘敵四千餘人，繳獲各種槍四千餘枝，砲二十餘門。……紅軍擴大新兵八千餘人，籌款三十餘萬元，在山西二十個縣，開展了群眾工作，宣傳了黨的抗日主張，擴大了中國共產黨和紅軍的政治影響。[130]

紅軍入晉以後，蔣於3月3日即電令西安代總司令張學良，告以「匪之主力過河，既已明瞭，晉亦不望派隊增援，則我軍應速向北推進，封鎖黃河西岸各渡口。此機萬不可失。」[131]

張則藉故推諉拖延。蔣則連電促其佔領延長、延川一帶，封鎖黃河西岸。且謂之曰：「如以一個月後，方能向宜川轉移，則封鎖黃河西岸，豈不坐待河清。」[132]

---

[128] 《事略稿本》，1936年4月2日。冊36，頁235。
[129] 《事略稿本》，1936年3月27日。冊36，頁200–201。
[130] 《毛澤東年譜》，1936年5月2日。上卷，頁539。
[131] 《事略稿本》，1936年5月5日。冊36，頁55。
[132] 《事略稿本》，1936年3月25日。冊36頁182。

惟張早在1月20日，已與共方代表李克農在洛川會晤，同意各守原防。4月9日，又和周恩來會於延安，協議停止內戰，互派代表及通商等。[133]故對蔣之命令，始終拖延。蔣似忍無可忍，於5月1日電張責之曰：

> 延長、延川尚未如期佔領，而兄（張）與虎城（楊）互相推諉，彼此觀望，不敢前進，未知革命究為何事！國家養兵之多，人民痛苦之深，而對區區之殘匪，保持實力，不敢前進，吾人何以為人表率？以理論之，東北軍在陝省，多過楊部數倍，而楊軍之力有限，如責其能保持宜川及其以南地區，於心已足。若再欲其前進，不但其心不願，而對此計畫與命令，必不誠服也。[134]

與此同時，不僅張學良通共，西安綏靖公署主任楊虎城亦已通共。周恩來4月5日在中共中央常委會中，介紹東北軍、第十七路軍（楊虎城部）的情況說：楊虎城過去和我們有關係，這兩支軍隊，不僅有可能聯合反蔣，而且有可能聯合陝甘其他部隊。5月28日，周又指出；張學良、楊虎城，現在已不完全接受蔣介石的指揮。[135]

毛澤東致朱德之電文說：

> 李毅（張對共方之化名）與我益加接近，楊虎城與我們實行停戰，李（宗仁）、白（崇禧）有代表來，求訂抗日協定。華北宋哲元、傅作義、韓復榘，均接洽中。[136]

---

[133] 中共中央文獻研室編，《周恩來年譜》（中央文獻出版社，1989年，北京），頁305－306。

[134] 《事略稿本》，1936年5月1日。冊36，頁496。

[135] 《周恩來年譜》，1936年4月1日，5月28日。頁305、311。

[136] 拙著，《蔣介石毛澤東的談打與決戰》（商務印書館，2015年，台北）。頁320。

西北總司令參謀長晏道剛電蔣報告曰：

> 西北情形，極為複雜。共匪漢奸，野心軍人，彼此勾結利
> 用，乘機圖逞。⋯⋯職（晏）於今昨（5月8、9日），督飭
> 特務人員，破獲西安之共匪偽省府，捕獲要犯二十七人，並
> 抄出反動刊物甚多。⋯⋯最近抄獲《活路》之反動刊物，力
> 詆中央，煽惑東北軍聯共抗日，即在綏署參謀處印刷。[137]

　　毛澤東、周恩來等致電在川康地區與國軍作戰的朱德、張國
燾、徐向前、賀龍等，要他們率領的紅四、紅二方面軍，乘此有利
氣候北上，俾與紅一方面軍向天水、蘭州出動，且與東北軍祕密約
定，不加攔阻。[138]

　　徐向前的紅四方面軍先頭部隊，和紅一方面軍，10月7日，在
甘肅會寧會合。紅軍聲勢，為之大振。[139]然在國方視之，其勢已
窮。據西北剿總第一處處長徐方報告：

> 現朱、徐、彭、毛、蕭、賀諸匪，麕集於通渭、會寧、固
> 原、海原、靜遠中間地區，被國軍四面包圍，已處於內線作
> 戰被動地位。就地形論，東有六盤山、關山、嘉陵江之險，
> 南有渭河障礙，西、北兩面，有長城、黃河、洮河天險。國
> 軍沿險扼要佈防，至為周密。
> 民眾覺悟與軍隊切實合作，如岷縣、臨洮之圍，匪以十倍兵
> 力圍攻數月，均不得逞。
> 赤匪內部渙散，死亡者多。朱、徐、蕭、賀由湘、貴、川、

---

[137] 《事略稿本》，1936年5月9日。冊36，頁566-567。
[138] 《周恩來年譜》，1936年5月25日，頁310-311。
[139] 《周恩來年譜》，1936年10月7日，頁325。

康遠竄隴南，中經草地，死亡甚多。彭、毛股匪，久踞陝北，給養告罄，雖會合於隴南、隴東，因多兵蝟集，飲食均感缺乏。官兵攜械潛逃，向國軍投誠者，無日無之。[140]

　　蔣於兩廣事件和平解決後，於10月22日進駐西安，增調中央軍，加緊圍剿，28日，與張學良談話，張言對共妥協意見，並謂「軍事家祇有三個處置，即勝、敗、降是也。」蔣大怒，力斥其「降」字之無意義。[141]時國軍驅逐渡河北竄之一部紅軍，其大部尚逼處南岸，有「歸降」之意。蔣猶悉心運用，「勿使其漏網與肇禍」。[142]而張則助共「逼蔣抗日」，發動西安事變，致蔣之六年剿共，功虧一簣。

[140] 《事略稿本》，1936年10月18日。冊39，頁26－27。
[141] 《事略稿本》，1936年10月28日。冊39，頁64。
[142] 《事略稿本》，1936年11月1日。冊39，頁91。

▌四、安內成功攘外見效

（一）兩廣事件和平解決

　　廣東、廣西兩廣，與南京中央處於對抗局面，長達六、七年之久。廣西方面，自1929年3月「討桂」之役以後，到1936年9月歸順中央，對抗時間七年半之久。廣東方面，自1931年2月湯山事件後，到1936年7月還政中央，也將近五年半之久。兩廣事件和平解決，實為中國久經分裂邁向統一之一大關鍵。

　　兩廣事件，發生於1936年6月1日，至9月15日，李宗仁、白崇禧發表和平通電，為時一個半月的兩廣事件，乃得和平解決。在此期間，各方響應，搖搖欲試，可謂驚心動魄，終於撥雲見日，雨過天晴。其間情況，茲就蔣之所記，節錄如次：

　　6月2日，蔣在南京見到廣州陳濟棠以西南執行部及政務委員會「叛變」之通電，一面派遣王若周密往北方運動「叛變」，一面派其兄陳維周與南京中央討價講價，更挾廣西以威脅中央，而乃諉罪於廣西。其目的在求自保，竟欲推倒中央為其自保之地。蔣曰：「非收復廣東，不能統一全國」，「不能不調重兵於粵邊，以鎮攝之矣。」[1]

　　6月4日，陳誠自太原電蔣，謂閻錫山主張全國將領聯合通電，

---

[1] 《事略稿本》，1936年6月2日。冊37，頁171－172。

或由中央通電抗日。蔣以為此適中兩廣奸計，切不可行。兩廣之所謂抗日者，實即聯日反抗中央之謂，此乃兩廣公開之言論。[2]

6月9日，白崇禧校閱湘邊桂軍，而桂軍又有兩師開到郴州，且已下動員令。李濟深、胡宗鐸亦赴桂襄助，是粵桂反叛，必不能免矣。兩廣逆軍入湘，何鍵（湖南省主席）通逆同謀，阻擋軍令，必使衡州讓逆。[3]

6月22日，宋哲元（河北省主席）、韓復榘（山東省主席）聯名致國府電，其通逆結寇之陰謀，已灼然若見矣。兩廣組獨立軍委會，陳濟棠任委員長兼「抗日救國軍第一集團軍總司令，李宗仁為副委員長。」對兩廣，仍以政治方式解決為原則，而武力乃為後盾，然非不得已不用。[4]

6月24日，冀宋（哲元）對時局決守中立，自張允榮由粵返平，繼有西南代表潘宜之北上活動，宋態度又變。原因為：（一）宋在津為反動分子包圍。（二）西南以補助軍費五百萬元相誘惑。（三）日方聲明，如宋對西南有所表示，則對冀行政不干預。又宋、韓會晤時，宣布保境安民，對中央為無形之脫離。韓則主張，俟西南與中央戰事緊張之際，由魯攻豫，冀、察攻綏。雙方最後決定：（一）首先通電呼籲和平，表示中立態度。（二）冀、察、魯切實締結攻守同盟。（三）決定組織保安總司令部，以宋為總司令，韓副之。[5]

自西南異動後，湘省何鍵態度，始終曖昧，前密派其婿李覺飛桂接洽，桂亦派李品仙飛湘報聘，其所訂條件：（一）何對中央藉口無兵抗戰，讓西南軍進入湘境，直達武漢。（二）西南軍入湘，不能攻陷長沙省會。（三）西南軍經過湘省各縣時，不得圍繳地方

2　《事略稿本》，1936年6月2日。冊37，頁178－179。
3　《事略稿本》，1936年6月9日。冊37，194、197。
4　《事略稿本》，1936年6月22、23日。冊37，頁276、278、285。
5　《事略稿本》，1936年7月1日。冊37，頁319－320。

團隊槍械。[6]

宋（哲元）韓（復榘）會晤後，曾決定應付目前時局辦法如下：（一）對中央及兩廣，以不傾向一方之文詞。通電呼籲和平。（二）西南戰事發作時，決守中立，保境安民，持人不犯我，我不犯人宗旨。（三）對日虛與委蛇，以敷衍之。[7]

對於兩廣事件，中共方面也迅速做出了支援的反應，6月8日，毛澤東在《紅色中華》發表答記者問，中共正在號召「全國人民及一切真正愛國的黨派團體與軍隊，一致起來響應西南的救國行動，推翻漢奸頭子蔣介石。」[8]

中共駐共產國際王明說：

> 為了策應兩廣及華北局面，西北發動，決定提早。發動的時機，擬在兩個月內。發動部署，以接近蘇聯與解決西北蔣介石力量為原則。大體以紅一方面軍經於甘北，二、四方面軍經於甘南。以東北軍一部入蘭州，解決朱紹良（甘肅蘭州綏靖主任），並控制蘭州到哈密要道。[9]

此時中共限於實力，所能為力的，寄望於張學良的東北軍和楊虎城的第十七路軍的配合。楊在兩廣事件時，主動向張學良提出響應兩廣，由張、楊分別通電，要求和平解決。倘蔣同意，即開救國會議。倘蔣對西南用兵，即出兵援助兩廣。張接受王以哲的建議，不妨觀察一下，不必立即表示態度。張決定去南京看看形勢。由於陳濟棠的出走，兩人改變了態度。同時莫斯科方面，要中共棄張

6　《事略稿本》，1936年7月1日。冊37，頁321。
7　《事略稿本》，1936年7月1日。冊37，頁318。
8　李志良，〈關於王明建立民族統一戰線的作用〉，《歷史月刊》，1989年第2期，頁71。
9　楊奎松，〈中國紅軍打通國際戰略方針演變〉，《中共黨史研究》，1988年增刊。

四、安內成功攘外見效　161

（學良）聯蔣。中共乃將「抗日反蔣」，轉變為「逼蔣抗日」。[10]

　　兩廣軍情：粵第一集團軍原有三個軍，第一軍余漢謀部駐贛南，第二軍張達部駐粵北，第三軍李揚敬部駐樂江、惠州。新編兩軍，第四軍黃任寰部駐蕉嶺，第五軍繆培南駐廣州附近。每軍三個師，計十五個師。桂第四集團軍原有兩個軍，第七軍廖磊，第十五軍夏威。計六個師，均集中桂北。尚有一部在湘西。新編獨立第一師翁照垣部駐全州。[11]

　　7月6日，粵空軍黃志剛等四十餘人，發出通電，反對陳濟棠、李宗仁、白崇禧異動。電文有云：「陳濟棠、李宗仁、白崇禧等主政南疆，實同割據，夜郎自大，為所欲為，據兩廣以自私，阻國家之統一。」又粵軍第一集團軍第二軍副軍長李漢魂亦通電揭發陳濟棠「揭櫫抗日，……因名實之不符，遂盈庭而聚訟。」[12]

　　7月8日，粵軍第一集團軍第一軍軍長余漢謀抵京出席國民黨五屆二中全會，次日致電粵軍各將領，促其擁護中央，電文有云：「國家危難至此，捨服從中樞、團結力量外，復有何策。」[13]

　　7日17日，粵之第二、第三各軍，各有一師來歸。蔣喜曰：「伯南（陳濟棠字）不能持久矣。」次日，陳濟棠親筆函呈下野，函曰：

　　　　委員長鈞鑒：國事至此，不忍作無謂之犧牲，故決遵命下
　　　野，以免掀起內戰。但粵事交幄奇（余漢謀）主持，各將領
　　　均不服從，仍恐不免一戰。應請鈞座另派一孚眾望之大員，
　　　來粵主持，職（陳）當擺脫一切。[14]

---

[10] 拙撰，〈論中共抗日統戰初期的「抗日反蔣」方針〉。
[11] 《事略稿本》，1936年7月5日。冊37，頁346－348。
[12] 《事略稿本》，1936年7月6日。冊37，頁352－353、357。
[13] 《事略稿本》，1936年7月9日。冊37，頁376－377。
[14] 《事略稿本》，1936年7月17、18日。冊37，頁516、518。

陳濟棠以第二、第三、第五各軍，反對作戰。復以黃光銳率全體機隊及飛行員離省後，兩廣局面頗呈瓦解之象。同時接奉蔣之巧（18日）電，乃決定實行下野，還政中央。[15]

廣西仍不聽命，中央亦不必討伐，但實行封鎖，即可解決。[16]素稱反蔣「健將」馮玉祥，致電廣西李、白，勸其團結，共禦強敵。其電有云：

> 兩兄（李、白）治桂多年，言吏治，弊絕風清；言武備，忠誠精銳；而訓練民團，尤為成效獨著。譽望獨高，有口皆碑，舉國同欽。倘能以此善政，傳之他省，甚且風行全國，吾華之興，可拭目以俟。[17]

蔣致電李、白，說明近來對桂事之處置，為彼等所拒，擬來粵一行，晤言一堂，面商祇求統一，得以實現和平。[18]

李、白覆蔣之電，頗有責難，其言曰：「寇深禍亟，國人所迫切要求者，悉在抗日。復示未蒙涉及一二，獨於仁等之去就，再三督責。」末云：「人謂中央勇於對內，怯於對外。想鈞座早有所聞，不知將何以解釋於國人之前。」蔣閱電後曰：「李、白語氣，凌凌迫人，余能受之。惟廣西為將來抗日之要區，非歸中央統制不可。」[19]

8月11日，蔣到廣州。次日與李、白全權代表劉斐協議和平辦法：以李宗仁為南寧綏靖主任，李品仙副之，白崇禧下野，黃旭初任桂省主席。桂軍改編，統一於中央，仍由李宗仁主持之。中央按

15 《事略稿本》，1936年7月19日。冊37，頁526。
16 《事略稿本》，1936年7月30日。冊37，頁605。
17 《事略稿本》，1936年7月31日。冊37，頁618。
18 《事略稿本》，1936年8月1日。冊38，頁14－15。
19 《事略稿本》，1936年8月9日，冊38，頁61、64。

月撥款，助桂建設。李、白覆電，仍表示倔強不屈。[20]

　　14日，廣西空軍第三隊，由隊長鄭梓湘等，駕駛戰鬥機三架，來粵歸順中央。因此，李、白對粵籍飛行教官，更嚴重監視，軍心益見動搖，其空軍司令兼航空學校校長林偉成率同第二隊隊長寧明階駕機來歸。通電表示：「方今國步艱難，危如累卵，決不宜逞暴為功，以亂作正，憑恃武力，塗炭生民。更不以艱難締造之空軍，供無謂之犧牲。」[21]

　　李、白鑒於情勢不利，乃提出和平條件：（一）李、白為廣西綏靖正副主任。（二）桂省軍隊，非對外不能調動。（三）取消李濟深等通緝令。（四）迅速對日本作戰。（五）恢復十九路軍。[22]

　　9月4日，居正、程潛、朱培德，偕同李、白代表劉斐自邕寧飛至廣州。劉攜有李、白親筆函。蔣當即召居等討論李、白所提條件，交劉飛桂。至此，李、白表示服從。[23]

　　軍事委員會特任命李宗仁為桂綏靖主任，白崇禧為軍事委員會委員並派為常委。黃紹竑為浙江省政府主席。再加桂軍補助費一百萬元，連前共為三百萬元。[24]至此皆大歡喜，各取所需。

　　9月15日，李、白發表和平通電，首曰：「宗仁等痛念國家危亡，激於良心，職責驅使，爰有前此請纓出兵抗戰救亡之發動。」又曰：「今後一切救國工作，自當在中央整個策略領導之下，相與為一致之努力。」[25]

　　9月17日，李宗仁、黃旭初（桂省主席）由桂乘機到粵，蔣喜曰：

---

[20]　《事略稿本》，1936年8月12日。冊38，頁78、80。
[21]　《事略稿本》，1936年8月14、16日。冊38，頁85、93-94。
[22]　《事略稿本》，1936年8月22日。冊38，頁161。
[23]　《事略稿本》，1936年9月4日。冊38，頁381。
[24]　《事略稿本》，1936年9月5、8日。冊38，頁383、395。
[25]　《事略稿本》，1936年9月15日。冊38，頁465-466，

德鄰（李宇）此次來粵，一般人士必相慶，以為此係民國成立以來，最重大及最愉快事件之一。因廣西為最後歸附中央之省份，李氏之來粵，可表示全國之整個統一也。今全國已整個統一，必能抵禦外侮。[26]

具有「倒蔣」經驗的馮玉祥，盛稱兩廣事件和平解決，蔣之成績甚大。對於抗日影響，益為重要。其中說道：

我公（蔣）粵東之行，為日甚久，辛勞甚多，而成績尤甚大。於抗日之表現上、力量上、精神上，均有莫大之收穫。蓋日方謀我愈急，手段愈險，以挑撥分化之能力，作內亂互傾之陰謀。殊不意公料事之神，處事之速，粵方早平，已減其侵略之力量，桂事解決，實增我抵抗之力量。皆無異對日迎頭一擊，飽以老拳。使彼全盤皆輸，所謀皆空。不特我輩中心悅服，即全國人民，亦歡聲雷動，同慶此次之成功也。[27]

司法院長居正函蔣恭維曰：

此次不動聲色，奠定嶺表，創一頁新歷史，非可倖而致也。蓋由公（蔣）精誠貫注，到底不懈。故事前則布置有方，臨事則指揮若定，方針不變，取材自宏，射石示威，攻心為上。既收功矣，公不自滿，以為南人不復反，須繼續努力，始克有濟。[28]

---

[26] 《事略稿本》，1936年9月17日。冊38，頁482。
[27] 《事略稿本》，1936年10月17日。冊39，頁15－16。
[28] 《事略稿本》，1936年9月18日。冊38，頁488－489。

廣州自陳濟棠於1936年7月18出走後，廣東回歸中央，廣西李宗仁、白崇禧，尚不服從。蔣於8月11日入駐廣州，至9月28日離粵，為時四十九天，處理廣西問題，終得和平解決。其中經過，錯綜複雜，危險震撼，蔣記之曰：

> 六月一日以來，兩粵謀叛稱兵，全國動搖，而華北冀、魯以及川、湘，幾乎皆已響應，其態度與兩粵完全一致。黨國形勢，岌岌危殆。時經三月，幸得上帝佑我中國，乃至本（九）月，廣西李、白拜命就範，一場惡潮，至此平息。兩廣乃得統一，革命基礎，至此已定。十三年來之惡戰苦鬥，從此內憂，果能告一段落，是誠上天不負苦心之人也。[29]

　　至此安內攘外，更進一步，邁向統一，指日可待，日本分裂中國之政策，大為不利。日本大阪《每日新聞》社論〈中國統一與日本〉，對中日問題有深入之觀察。節要如下：

> 清末以來，迭經混亂之中國，最近已由蔣介石之手，逐漸完成其政治的統一。因廣東首領陳濟棠之失敗，蔣氏更向統一前進。從來日本朝野，以為中國之安定，所以確保東亞之和平，中國之繁榮，益使中日經濟關係密接，故甚熱望中國之統一。……然據中國各地之本社專電所報告，則中國統一後之對日本政策，不主張協調，而側重抗爭。……則日本對中國之統一，未可遽喜，實不能無一種疑惑之感。
> 試觀中國最近之國際關係，實以日本為假想敵，而專與歐美握手，同時以外交手段，借歐美之力，關於經濟及國防各方

---

[29] 《事略稿本》，1936年10月1日。冊38，頁545。

面努力施設，而歐美之政治的或軍事的勢力，藉中國統一之名，侵入中國。……故日本從來對中國統一之希望，今不得不有所改變也。[30]

日本外相有田八郎於9月28日對東京外國記者發表之聲明書，極盡威脅恫嚇之能事。節錄如下：

> 自余（有田）就任外相以來，為確保東亞之安定，曾首先期望中日兩國間國交之調整。不幸此企圖未有何具體成果，徒增陰鬱之空氣。……回顧邇來之十個月內，對於留華之日本國民，以兇惡之手段，加以危害，其數頻甚，即其中之主要者，亦已有十餘件。於是在華多數日人之生命財產，遂感受非常之威脅，與深刻之不安。然此類不祥事件，當然歸結於多年國民政府，並國民黨難免其責之排日教育，煽動排日等之排日政策。……至於此次交涉之結果，於中日關係，實不出非常良好或非常險惡之二途，故不能置諸如向來之曖昧態度。[31]

此外，日本水兵並在上海挖築戰壕，做戰鬥姿勢。蔣判斷是其防我進攻，而非意存挑戰，是其恐慌與避戰之態及其外強中乾心理，昭然若揭矣。[32]

蔣之艱苦奮鬥，漸為國人所肯定，縱屬異議人士，亦不例外，如黃炎培致蔣之函，似非客套之詞，其言蔣之成就及應付日本之法，亦正蔣之多年來的忍辱負重。節錄如下：

---

[30] 《事略稿本》，1936年8月2日。冊38，頁24－26。
[31] 《事略稿本》，1936年9月29日。冊38，頁532－535。
[32] 《事略稿本》，1936年9月29日。冊38，頁536。

桂局和平解決，吾公（蔣）赤誠為國，始終一貫之精神，大白於天下。最近日本對我交涉，凡川越（茂，日本駐華大使）所提條件，我方答案並另提條件，炎已知之。吾公堅決勇敢之主張，我人絕對擁護、絕對贊成。公到底不遷就之大決心，萬一交涉破裂，彼方未必出於正式宣戰，但蠶食政策，恐將接踵而來。吾國兵力，全仗吾公從艱困中準備有年，雖抱著絕大決心，在實力上，終覺多準備一日，多充實一分，自然不願自我開釁，拖遲一天是一天。如何拖遲，須有方法，就是所想到當局之外，能與彼方周旋者，盡力奔走周旋，一也。設使各友邦出任調解，二也。總之，外表不惜儘量周旋，多方款洽，設法紆迴，內容絕對不遷讓，此種外柔內剛政策，於今日似有適宜。[33]

日本川越所提之條件，我方之答案並另提條件，蔣曰：

倭使川越（茂）與我談判形勢，昨（9月23日）已等於決裂。而彼祇有片面要求，如華北設立特殊區，共同防共，取締排日，修改對於日貨之關稅，解決中日航空運輸，中國儘量聘用日本顧問等等。而我方所提之取消上海、塘沽兩停戰協定，取消冀東偽組織，取締走私，取締日機之自由飛行等。則概不准提出也。是可忍，孰不可忍！[34]

中國和平統一，對日壓迫，不再退讓。這年11月綏遠之戰，其所表現的，與過去五年對日態度，完全不同。1931年的「九一八」事變，及1933年的熱河失陷，可謂不戰而逃；1932年的淞滬戰役，

---

[33] 《事略稿本》，1936年10月5日。冊38，頁567－568。
[34] 《事略稿本》，1936年9月24日。冊38，頁515－516。

可謂戰而後和；1933年的長城戰役和塘沽協定，可謂戰而後屈；1935年的「何梅協定」，可謂不戰而屈。而這次綏遠戰役，則是戰而不屈，而且收復失地。此役經過如下：

自（1936年）11月14日晚，蒙偽匪軍受某（日）方策動，犯我陶林境紅格圖後，綏遠戰爭即正式揭開。匪方雖用飛機大砲，向我陣地進攻，然因我綏省傅（作義）主席早具誓死守之決心。故屢擾而不得逞。16日晨，李守信、王英偽匪軍派步兵四百，以密集隊向我紅格圖陣地猛攻，同時有敵機十三架作掩護，投彈百六十枚。我守軍在高呼中華民國萬歲聲中出擊，旋將匪擊退，敵機亦去。因我工事堅固，故無甚損害。17日，李匪軍部之第二師尹寶山部共聚五千餘，復擬大舉進犯。國軍得報後，當令騎兵彭師長親率步、騎各三團，向十二蘇水一帶集結，準備襲擊。18日，向打拉村、土城子、七股地、二台地一帶，對匪偽部隊開始擊剿前進，至拂曉向匪猛烈攻擊，激戰三小時，匪勢不支，即行向西北方面潰退。此後至24日，我軍徹夜激戰，往返衝鋒，共計七次，始將匪軍大根據地之百靈廟全部佔領，成為綏遠軍事上一大勝利。查百靈廟被匪偽盤據六、七月之久，我軍竟於一夜之間九小時之內擊破匪巢，奪獲軍實無算，實一大勝利也。參加此役者，為傅主席部孫蘭峰一旅，及騎兵司令趙永綬部，孫長勝師等。因此全國上下，無不奮起振作，而願以全力貢獻國家，各地紛紛捐款、製衣，以為慰勞。為國抗敵忠勇戰士之用。

自我軍收復百靈廟後，某（日）方陰謀組織之所謂「大元帝國」，亦行宣告失敗。聞其企圖組織之費用，已耗去五千餘萬。其對百靈廟之經營，本擬作為綏北唯一之軍事、交通根

據。故兩月以來，不斷由平津購辦大批煤炭、白麵，經平綏路運送至歸綏。再由歸綏逐日以汽車轉運百靈廟。此次國軍收復該廟，上項燃料、食糧，已被盡數截留。實為某（日）方始料所不及之事。故綏省人心，異常稱快，敵方既失一重要根據地，德王乃率隨從離嘉卜寺而他去。[35]

（二）西安事變內戰停止

　　一度為蔣之「接班人」張學良，兩人關係，曾「情同父子」，但恩怨難分。西安事變，劫蔣兵諫，犯上作亂，終無悔意。此一史實，研究者多。事變起因，是張配合中共之統戰，由「抗日反蔣」而「聯蔣抗日」。後者中共名之曰「逼蔣抗日」。而張在中共「抗日反蔣」時期，行其「聯共抗日」，實即協同中共「反蔣」也。中共在「聯蔣抗日」或「逼蔣抗日」時期，張則幫助中共「逼蔣抗日」，發動事變劫蔣兵諫。在此時期，蔣是否確知張之意圖？根據蔣之自記，在事變前之兩個多月（1936年9月20日），始見蔣記東北軍有「聯共抗日」之企圖。而張在此時，已隨中共策略之轉變，幫助中共「逼蔣抗日」了。於此可見蔣對張與中共之關係，知之模糊，或對張之意圖及膽量，不免低估，不信其能「犯上作亂」也。茲就蔣之日記節錄之。

　　1936年9月20日，蔣記曰：「東北軍之隱患，所謂聯共抗日，自由行動之企圖，乃因桂事和平解決而消乎？如果對桂用兵，則不測之變，不知伊於胡底。」[36]

　　此為蔣首次記述張學良的「異圖」。這是根據陳誠前一日（19日）自武漢的電報，而陳又是根據東北名流馮庸的傳話。蔣不相

---

[35] 《事略稿本》，1936年11月29日。冊39，頁329－332。
[36] 《事略稿本》，1936年9月20日。冊38，頁491。

信，認為「馮庸之言，多不可靠」，要陳飛往西安面問張學良。同時蔣也致電陝西省主席邵力子，說：「漢卿（張字）兄託馮庸轉告辭修（陳字），有決意統率所部，抗日圖存，與其剿匪損失，不如抗日覆沒。況余（張）自贊助統一後，無一事不服從領袖。深思恩不能報，奇恥不能雪，年復一年，隱痛日深。今之出此，非得已也。」又電西北剿總司令部參謀長晏道剛，要他轉張學良，說張「託馮庸轉告辭修之言，其辭意離奇。」對「張學良之變態，展轉考慮，歎曰：廣西之白（崇禧），尚未心服，而西安之張（學良）今又欲變。其所謂一波未平，一波又起者也。」繼而蔣悟之過慮。以為：「漢卿之性質，與其環境之現實，在現時而欲自由行動，決非其力之所能，吾何必過慮哉！」[37]於此可見蔣對張之矛盾心情，躍然字裡行間。

22日，張覆蔣電，並不否認與馮庸談及抗日問題。張更藉此大談其抗日，並諫蔣實行抗日。此亦張對毛澤東之允諾也。惟對聯共，隻字不提。電曰：

良未曾託馮致辭修何語，自亦不知其所談何事。嗣（邵）力子兄出示鈞電，始悉馮庸談話內容。馮於「九一八」後被羈瀋陽，嗣以不甘附逆，脫走關內。良嘉其氣，並請其日前招之來陝，擬畀以一職，因而談及抗日問題。祗以良不善辭令，鈞座所知，出言既以率直，而經轉話他人，又或不無輕重失真之處。願再為鈞座略陳之：居今日而欲救亡圖存，復興民族，良以為除抗日外，別無他途。比來寇入益深，華北半壁河山，幾全淪陷，而多數民眾，咸感覺忍無可忍，抗日聲浪，漸次瀰漫於全國。中樞領導民眾之責，似應利用時

---

[37] 《事略稿本》，1936年9月20、21日。冊38、496–500。

機，把握現實，堅民眾之信仰，而謀抗敵之實現。

此間東北青年暨官佐，尤多富於抗日情緒，赤匪投機份子，更往往以抗日口號，肆其謠惑。良為領導部下，鏟除共逆計，尤不能不以明示抗日，為鎮壓紛歧、統一意志之策略。總之，就各方言，欲救亡必須抗日，欲抗日必須全國力量之集中。良此時在鈞座指揮下，盡剿匪之職責；尤願早日在鈞座領導下，為抗日之犧牲。惟冀鈞座於國防會議內，確定整個計畫，實行抗日。良決負弩前驅，惟命是從。[38]

　　蔣對張之解釋，似亦相信。慰張曰：「好在中（正）直問，而兄（張）亦明答。彼此始終以肝膽相照，事事開誠直道，則讒間之言，誤會之事，皆無從生矣。」[39]

　　實際上，蔣對張學良之聯共抗日，亦有所警惕。其記曰：「務宜阻防馮系實力（按指宋哲元、韓復榘）與閻（錫山）、張（學良）、陝北紅軍之總聯合而抗日。」[40]這是蔣對張之意圖，有了進一步的了解。張學良亦曾至太原，與閻錫山就聯共抗日事，有所商談。張回西安告知中共代表葉劍英說：

> 請蔣領導聯共抗日。請中央撥款，加強綏遠國防工事，綏、寧、晉請酌增十師。如蔣不幹，閻決不顧一切犧牲，聯晉軍、東北軍、紅軍，全力抗戰。……同時支持宋哲元抗日。[41]

　　與此同時，山西省主席徐永昌應蔣之召，途經南京，軍委會辦公廳副主任劉光對徐說：「張漢卿與共妥協，已成不可掩之事實，

---

[38] 《事稿稿本》，1936年9月23日。冊38，頁510-512。
[39] 《事略稿本》，1936年9月24日。冊38，頁514。
[40] 《事略稿本》，1936年10月5日。冊38，頁570。
[41] 楊奎松，《西安事變新探》（東大圖書公司，1995年，台北）。頁231。

其態度難測。中央擬調該軍（東北軍）至潼關以東，俾與共隔。」10月17日，徐至杭州，20日，和蔣談到東北軍問題，蔣云：「東北軍通共，已為不可掩事實，在張漢卿指揮下，尚不致為國家害，否則不堪想。」徐論：「東北軍之未必通共，有之，亦幾個人的單獨行動，本無其事，疑而激成事實，甚可畏也。」蔣曰：「共決不能容，俄非不可聯，但須我們清共後。」徐建議蔣去西安，一則可以安定抗日戰線之後方，一則撫慰東北軍，使與中央一心一德。蔣同意徐之建議，因於22日赴西安，駐臨潼華清池。[42]

10月28日，蔣與張學良談話，張言對共妥協意見，並謂：「軍事家祇有三個處置，即勝、敗、降是也。」蔣大怒，力斥其「降」字之無意義，並問其在何書找到「降」字之處。張面慚而退。蔣歎曰：「漢卿乃如此無識。可為心痛！」[43]

10月30日，徐永昌偕閻錫山等至西安，蔣已去洛陽。徐與張學良談頗久，張以為共黨決竄綏遠，不有政治辦法，以謀共同抗日，必為日、共所苦，社會人民更不相諒。又云：蔣先生對共，決取力剿步驟，前途殊危險。張請蔣與共妥協，蔣對張云：使共黨當面以手槍擬之，亦不與之談妥協。蔣又云：共黨能無條件的交槍受編乎？否則不論矣。張末云：再請於蔣。閻錫山論共黨之通電抗日，乃絕對投機，彼如取得政權，必先與口謀妥協。蓋戰必有幾分把握，未有求敗而戰者。又共黨不成功時，主張罷工神聖。成功後，則罷工死罪。徐與張論共黨抗日問題曰：淞滬戰役時，共黨曾不因國軍抗日，稍止其滋擾。[44]張不悟此道，固執成見，碰上蔣之強硬，兩人歧見，化解難矣。

12月4日，蔣由洛陽乘火車至西安，入駐臨潼華清池，布署

[42] 徐永昌，《徐永昌日記》，1936年10月15至23日。冊3，頁477－482。
[43] 《事略稿本》，1936年10月28日。冊39，頁64。
[44] 徐永昌，《徐永昌日記》，1936年10月30日。冊3，頁485－486。

「剿匪滅赤」。[45]張偕蔣同行,行前電告中共駐西安代表劉鼎,詳告關於中央軍圍剿行動新的布署情況:胡宗南部將沿左翼向定邊、鹽池推進,集結靖遠、打拉池。關麟徵軍守蘭州並協助新一軍河防。青海馬家軍向西壓迫紅軍過河部隊。12月10日,各部應布署完成。張復提請中共方面「立即準備作戰」。東北軍第六十七軍軍長王以哲電告紅軍總司令彭德懷:「弟(王)現奉命率五個師,協同胡宗南部向預旺縣前進,弟部在右翼,胡在左翼。馬鴻賓已傾向我方,聯成抗日戰線,其部隊散駐七營、三營、海原、鄭旗堡各處,請通知前方同志,對其部隊勿與為難。」[46]如此,代行剿共總司令職權的張學良及其部將王以哲,竟成了紅軍的情報員。

7日,張約楊虎城商量停止內戰辦法,張說:「我們再勸蔣一次,他再不聽,先禮後兵。」楊同意張的辦法。當晚張赴華清池謁蔣,痛陳聯共抗日。次日,張對楊虎城說:「我的勸說失敗了」,「現在只有幹的一條路」。決定扣留蔣介石。[47]

西安事變前一日,蔣記曰:今日早起在院中散步,見驪山有二人,向余對立者約十分鐘,頗可異也。及回廳前,望見西安至臨潼道上,有軍用汽車多輛,向東行進,又可異也。又曰:黎天才(張之親信)與孫蔚如(楊之部屬)二人,忽來求見,事前並未約定,殊覺突兀。黎談話時,對剿共方針,表示懷疑,與漢卿昨日所言者,如出一轍。今日漢卿形色匆遽,精神恍惚,甚覺有異。[48]

12日,晨五時半,忽聞大門前槍聲,少頃,第二槍聲又起,遂連續不止。蔣曰:此東北軍叛變也。至東側後門,踰牆而出。牆外有深溝,高踰二丈,踰牆而墮,摔傷忍痛半小時後,強起登山,山甚陡,將及山巔,衛兵曰:至此出險,當無慮。少頃,手槍輕機

---

[45] 《事略稿本》,1936年12月4、7日。冊39,頁370、385。
[46] 《張學良年譜》,1936年12月2、5日。頁786-787。
[47] 《張學良年譜》,1936年12日7、8日。頁789-790。
[48] 《事略稿本》,1936年12月11日。冊39,頁409-410。

槍自嶺上連發下射，衛兵多死。蔣乃至山腹，見一巖穴，遂入。未
幾，聞華清池機槍迫擊砲大作。蔣曰：此行轅衛兵抵抗，故叛兵以
砲進攻也。久之，槍砲聲息，叛兵登山搜索。離巖穴二十步許，有
人被執，乃蔣孝鎮也。叛兵知其為蔣之最忠實侍從，故在此盡力搜
索。有一叛兵云：此穴中有一便衣者。又一叛兵說：此必委員長。
前一叛兵云：先擊一槍再說。另一叛兵云：不要胡說。少頃，叛兵
問蔣：你是誰？蔣曰：余即蔣委員長。叛兵以槍向空三發，並聲言
曰：委員長在此。未幾，一營長前跪，問其姓名，乃孫銘九，張學
良衛隊第二營營長也。孫遂強以車送蔣到西安，入新城綏靖公署居
之。[49]

　　楊虎城的特務營長宋文梅，率兵扣留中央大員陳誠、朱紹良、
邵力子、蔣鼎文、陳調元、衛立煌、陳繼承、萬耀煌、蔣作賓等。
邵元沖逃走被擊斃。晨6時，張致電毛澤東、周恩來說：

> 東（毛澤東）、來（周恩來）兄：蔣之反革命面目已畢現，
> 吾等為中華民族及抗日前途利益計，不顧一切，今已將蔣
> 及重要將領陳誠、朱紹良、蔣鼎文、衛立煌等扣留。迫其釋
> 放愛國分子，改組聯合政府。兄等有何高見，速覆。並望紅
> 軍全部集於環縣一帶，以便共同行動，以防胡（宗南）敵北
> 進。弟毅（張化名）。[50]

　　中共中央書記處致電莫斯科共產國際書記處：張學良已將蔣介
石扣留於西安。我們的步驟是：（一）周恩來、張學良、楊虎城組
成三人委員會，葉劍英為參謀長，主持大計。（二）召集抗日救國
代表大會，在西安開會，準備半個月內實現之。（三）組織抗日聯

---

[49] 《困勉記》，1936年12月12日。下冊，頁529－530。
[50] 《張學良年譜》，1936年12月12日。頁798。

軍，以紅軍、東北軍、楊虎城軍、晉綏軍四部為主，爭取陳誠所屬之蔣軍加入。[51]

同日。張、楊發表〈對時局通電〉，提出八大主張：（一）改組南京政府，容納各黨各派，共同負責救國。（二）停止一切內戰。（三）立即釋放上海被捕之愛國領袖。（四）釋放全國一切政治犯。（五）開放民眾愛國運動。（六）保障人民集會結社一切政治自由。（七）確實遵行總理（孫中山）遺囑。（八）立即召開救國會議。[52]

蔣自12日被扣，至25日由張學良送至洛陽，為時十四天，各日情況，蔣均有記。張之《年譜》亦各日有記，互有異同。茲併節錄如次：

12日，蔣命張學良來見，約半小時後，張始來，執禮甚恭，蔣不為禮。蔣曰：「今日事，爾事前知之乎？」張答：「不知」。蔣曰：「爾既不知情，應立即送余回南京或至洛陽，此事尚可收拾。」張謂：「此事非余（張）一人所能作主，乃多數人共同之主張。余今發動此舉，當交人民公斷。倘國民贊同余之主張，則可證明余等乃代表全國之公意，委員長（蔣）即可明余主張為不謬，請委員長退休，由我來幹。」蔣聞其「交人民公斷」一語，自思曰：「乃知彼輩殺余之毒計，將假手於暴民之所為也。」[53]

13日，毛澤東、周恩來致電張學良，略云：元兇被逮，薄海同快，目前任務，號召西安及西北民眾起來擁護義舉，對全國亦然。向全體官兵宣布蔣氏賣國殘民罪狀。恩來擬來西安與兄協商爾後大計。[54]

---

[51] 《張學良年譜》，1936年12月12日。頁802－803。
[52] 《張學良年譜》，1936年12月12日。頁797－798。
[53] 《事略稿本》，1936年12月12日。冊39，頁419－421。
[54] 《張學良年譜》，1936年12月13日。頁807。

張學良入見四次，而暗泣者二次，蔣不知其所以然也。蔣兩日拒食，宋文梅（監視者）與綏署侍者以早餐進，聲明此為彼等私人所備。蔣曰：此時尚不覺餓，需食時，再告爾等。是日，仍竟日未食。侍者每一小時，必進茶點一次，見蔣不食，輒憂形於色。蔣思：「此種誠意，出自內心，誠摯之流露，亦殊令人感動。」[55]

蘇聯和共產國際報刊，對西安事變做出定性，認為張學良是叛徒、強盜。莫斯科《真理報》、《消息報》和共產國際的《國際新聞通訊》連篇累牘報導、批評，對西安事變發動者張學良、楊虎城進行指責。[56]

14日，端納（Michael Turner，蔣之澳籍顧問）、黃仁霖自南京來見蔣，端曰：「張學良已悔悟，恐公（蔣）居新城為楊虎城操縱，急求公遷居。」張亦來謂：「遷居後，一切皆服從委員長意旨，並早送委員長回京。」蔣乃許之。[57]

移居後張入見，蔣曰：今既移居矣，爾等已決定送余回京否？張忽謂：「此事殊不簡單，既有多人參與，一切須取決於眾議。且我等已發通電，陳述主張八項，總須容納數事，庶我等此舉，不致全無意義。若毫無結果，則眾意必難通過。」蔣曰：「爾等行動如此背謬，亦必無人見信，更無任何人能贊成之也。」張謂；「爾亦太專制，余即為一人民，亦應讓人民有陳述意見之機會。」蔣曰：「余不回京，爾等無論有何條件或主張，皆不能談。」又曰：「黨有紀律與議事規則，余不能獨斷，可否應決之於多數也。」張曰；「委員長人格實太偉大，但有一點不無令人遺憾，余覺委員長之思想，實太右、太舊。」蔣問何謂右？又何謂舊？張曰：「委員長所看之書，多是《韓非子》、《墨子》一類，豈非太舊？」「委員長

---

55 《事略稿本》，1936年12月13日。冊39，頁436。
56 《張學良年譜》，1936年12月14日。頁807。
57 《困勉記》，1936年12月14日。下冊，頁530－531。

滿腦筋都是岳武穆、文天祥、史可法，總覺趕不上時代，為何不從成功著想，而祇求成仁。」蔣歎曰：爾真未聞革命大道，難怪錯誤至此也。張退後，端納對蔣曰：事變發生後，中樞之決議與處置，對叛逆已決定討伐。端又云：夫人必欲來此。[58]

張之《年譜》記云：端納抵西安，知張學良「絕無傷害」蔣之意，在張的陪同下見蔣，轉交宋美齡給蔣的信，應採端納、張、楊的意見。宋在信中說：南京現在是「戲中有戲」，此話觸動了蔣，使他的態度緩和下來，開始以現實的方式對待事變。[59]

宋美齡致蔣之函內容為何，蔣僅記：「端納見公，詢安好畢。出示夫人宋美齡之手函示公，即自請與公同住。」[60]未及其他。

15日夜，張學良入見云：「此次之事，楊虎城實早欲發動，催促再四，吾（張）始終未允；惟自十日來臨潼，親受訓斥，刺激太深，故遂同意發難，然實後悔莫及。如因此亡國，則惟有二途：（一）自殺。（二）入山為匪。張去後，蔣自言曰；張在西安收容人民陣線，招納反動政客，對學校及軍隊煽惑反動。余對張嘗念其十七年（1928）自動歸附中央，完成統一之功，故不拘他人對張如何詆毀，余終不惜出全力為之庇護。西北國防重地，全權交彼。而今彼之所為，實與我所預期者，完全相反。痛悔知人之不明，用人之不當。[61]

16日晨，張學良入見，曰：「昨夜會議，我（張）言已說服委員長，本定四日至七日可送委員長出去，不料中央空軍在渭南、華縣突然進攻，故昨夜之議，又將不能實行矣。」蔣不言。張出，蔣曰：「彼言四日至七日之期，必請示於莫斯科也。」晚，張又入見，謂前方已衝突，如中央軍仍向前進攻，則此間軍隊祇可退

58 《事略稿本》，1936年12月14日。冊39，頁462-467，468-469。
59 《張學良年譜》，1936年12月14日。頁829。
60 《事略稿本》，1936年12月14日。冊39，頁461。
61 《事略稿本》，1936年12月15日。冊39，頁493-494。

卻。蔣不答。已而蔣百里入見，曰：「請公致函中央，勿再進攻，不久當可出來。」蔣曰：「如有一限期，三日內送余回京，則余可致函，或能停止進攻。」張、蔣百里出，蔣曰：「張學良言退卻，乃藉此恫嚇，謂將挾余他往也。」17日上午，蔣百里又入見，謂：「張學良願遵公意，三日內送公回京，請公致函中央，停止進攻。」蔣允之。[62]

周恩來偕羅瑞卿等九人，下午到西安。晚與張學良會談，商定：東北軍、第十七路軍（楊虎城軍）集中於西安、潼關一線，紅軍南下延安、慶陽一帶接防。紅軍加入由東北軍、第十七路軍成立的抗日聯軍臨時西北軍事委員會。周表明中共的態度是：保證蔣的安全，但聲明如果南京挑起內戰，則蔣的安全無保障。並和張學良商定同宋子文談判的條件。張問蘇聯和共產國際的態度，周答：尚不知；但是中共中央已多次向共產國際說明情況。[63]

18日，周恩來電毛澤東，報告關於張學良、楊虎城態度：

宜（張學良）極願聽我們的意見，尤願知道國際意見。彼衷心甚慮因此內戰綿延，有礙抗戰。

楊（虎城）認開火，可團結內部。失利可放棄西安，以甘（肅）為後方。但對持久戰無把握。楊知其部下不固，又不敢急切改造，現須多下功夫。[64]

周電分析南京內部及各方情況：

南京親日派目的，在造成內戰。宋美齡給蔣介石的信中稱：

[62] 《困勉記》，13936年12月16、17日。下冊，頁532–533。
[63] 《周恩來年譜》，1936年12月17日。頁335。
[64] 《張學良年譜》，1936年12月18日。頁860–861。

「寧抗日勿死於敵手。」孔祥熙企圖調和，宋子文以停戰為條件來西安。汪精衛將回國。閻錫山向張提議，將蔣送山西。韓復榘認為南京現在辦法，不能解決西安問題。李宗仁、白崇禧表示：張此舉乃逼不得已。余漢謀、何鍵表示擁護國民黨中央。蔣態度開始表示強硬，現亦轉取調和，企圖求得自由，對紅軍非降非合，表示要將西北地區交給張管理，對中共也交張處理。[65]

19日，晚，張學良來見，言：「前所要求之條件，最好請委員長加以考慮，擇其可行者，先允實行幾條。」且言：「現在已無八條，只留四條矣。」蔣問：「所刪者為何四條？」張答：「後四條皆可不談矣。」蔣告以余不回京，任何一條，皆不能實行，亦無從討論。[66]

20日，宋子文和端納到西安，宋出夫人一函，略稱：「如子文三日內不回京，則必來與君共生死。」宋示意張學良及端納外出，獨與蔣談話，然監視者仍在門外竊聽。蔣即留遺囑，交宋轉夫人。蔣告宋：日記及文件等，均為張學良攜去，及彼等讀後，態度改變情形。夜，張又來見，謂：「乘子文在此之機會，商定實行一、二事，以便速了此局。」蔣拒之。[67]

21日上午11時宋子文入見，告以京中軍事計畫。蔣曰：如照余之計畫，五日內即可圍攻西安，則余乃安全，雖危亦無所懼。宋離去時，謂後日再來西安。晚，張學良又來見，謂前方已開戰，余（張）到前方指揮一、二日，當再回此。蔣察其語氣，似欲探蔣對其所言是否驚恐。乃泰然置之。[68]

[65]　《周恩來年譜》，1936年12月17日。頁336。
[66]　《事略稿本》，1936年12月19日。冊39，頁557。
[67]　《事略稿本》1936年12月20日。冊39，頁569。
[68]　《事略稿本》，1936年12月21日。冊39，頁576-578。

22日，下午4時宋美齡來西安，蔣見之不勝驚訝，感動悲咽。宋告以外間種種情況。謂今日同來者，有蔣鼎文、戴笠、端納、宋子文等四人。並勸蔣應先設法脫離此間，再言其他。[69]

23日，張學良、楊虎城、周恩來與宋子文談判，周提出六項條件：（一）停戰。（二）改組南京政府。（三）釋放政治犯。（四）停止剿共。（五）召開各派各界救國會議。（六）與同情抗日的國家合作。張、楊同意以此為基礎談判。宋子文表示個人同意，容轉告蔣。[70]

宋子文見蔣，謂：「本日與張學良、楊虎城約周恩來會談半日，所談結果，頗覺滿意，以彼（周）無甚難題也。但彼要求兄（蔣）與之一見，雖不談話亦可。」蔣曰：「如果彼有此要求時，爾當答以蔣先生近日精神不佳，似不便見；蔣夫人可以代見也。」宋並言：「對於送兄回京事，此時眾意尚未一致；然當無如何重大之困難，決當做到不附任何條件，而脫離此間。誓竭全力圖之耳。」[71]

周恩來致電中共中央，關於釋蔣的條件及紅軍組織人數問題：在宋子文、宋美齡擔保下，蔣如下令停戰撤兵，允許回南京後實行我們提出的六項條件，是否可以放蔣回京，我（周）認為是可以的。張、楊都急望此事速成。蔣問紅軍人數，我擬答西北二十萬，按國軍待遇，每月需一百八十萬元，並擴充人，其他各處另計，紅軍組織系統及領導獨立不變，但番號可改。[72]真是「滿天要價，就地還錢」。

24日，上午，共黨忽提七條件，並言中央軍未撤退潼關以東，仍留蔣先生在西安。蔣曰：「是何與昨夜所談者相反也，此必張學良故使共黨作黑面，彼乃賣情討好，以為將來諒解之地也。」乃囑

69　《事略稿本》，1936年12月22日。冊39，頁578－580。

70　《周恩來年譜》，1936年12月23日。頁339。

71　《事略稿本》，1936年12月23日。冊39，頁583－584。

72　《張學良年譜》，1936年12月23日。頁891－892。

宋子文退回條件。宋出告知張學良，張出而調解。未幾，宋入見，謂：「已痛斥之矣，共黨不再言條件。惟要求見蔣夫人，順見蔣先生一面。」蔣乃允之。晚10時許，周恩來見蔣夫人，夫人導入，蔣與之握手相見曰：「如有事，可與漢卿詳談。」周乃辭出。[73]

惟據周恩來記：晚，見蔣介石。蔣表示同意停止剿共、聯紅抗日等條件，並表示，在他回南京後，周恩來可以去南京談判。[74]

據周恩來是日致中共中央書記處電，說「蔣答覆張」：（一）下令東路軍退出潼關以東，中央軍決離開西北。（二）委託孔、宋為行政院正副院長。（三）回南京後，釋放愛國七領袖。（四）聯紅容共，現在紅軍蘇區不變，經過張學良暗中接濟紅軍。俟抗戰起，再聯合行動，改番號。（五）開國民大會。（六）聯俄、聯英、美。[75]

以上各事，據周恩來致中共中央之電，說是「蔣答覆張」的，但非蔣答覆周或宋答覆周的。然據蔣記：宋子文「已痛斥之矣，共黨不再言條件。」兩者之說不同，尚有待於商榷也。

25日，宋子文要蔣介石、宋美齡今日即走，張學良同意，並願親自伴送。周恩來與博古（秦邦憲）認為，蔣在走前，須有一政治文件表示，並不同意張今天和蔣隨去。但張未告知周、博，即親送蔣、宋、宋飛往洛陽。[76]

顯然，此時張學良不顧周恩來及博古的不同意，逕自決定伴蔣回京矣。蔣回到南京後，向中央一再呈請辭職，中央一致決議慰留。形式而已。而張學良隨蔣到南京後，26日，向蔣函呈「認罪」。全文如下：

---

[73] 《困勉記》，1936年12月24日。下冊，頁535。
[74] 《周恩來年譜》，1936年12月24日。頁340。
[75] 《張學良年譜》，1936年12月24日。頁900。
[76] 《周恩來年譜》，1936年12月25日。頁340－341。

介公委座鈞鑒：學良生性魯莽粗野，而造成此次違犯紀律、
不敬事件之大罪。茲覿顏隨節來京，是以至誠願受鈞座之
責罰，處以應得之罪，振紀綱，警將來。凡有利於吾國者，
學良萬死不辭，乞鈞座不必念及私情，有所顧慮也。學良不
文，不能盡布，區區愚忱，俯乞鑒察，專肅敬叩鈞安。[77]

31日，軍事委員會任李烈鈞為審判長，朱培德、鹿鍾麟為審判官，組織高等軍法會審，判處張學良徒刑十年，褫奪公權五年。[78]

張學良的供詞，頗有「好漢一人做事一人當」氣概，認罪而不認錯。節錄一段供詞如下：

此事余一人負責，應當得應得之罪，我並無一點個人的希求，
一切的懲罰，我甘願領受。我寫給委員長的信，不知道他要
發表的，否則我不寫。原先我們也想不是這樣做（指西安事
變），因為事情急迫，無法做出來的。前次我們本想以全體人
員，去向委員長要求。不料一二九學生運動，由警察開槍，以
致如此。我始終是信佩委員長的，而看見他的日記和文電，
更加欽佩；但對親日者，更加認識。現在的要求，是極端的
抗日貫徹。至於我個人的生死毀譽，早已置之度外。……我
對於我們之違反紀律之行動，損害領袖之尊嚴，我是承認
的，也願領罪的。我們的主張，我不覺得是錯誤的。[79]

張之供詞，顯為片面之詞，衡諸史實，殊有差異也。然其判刑後，雖被特赦，仍「嚴加管束」。據王世杰記：

---

[77] 《事略稿本》，1936年12月26日。冊39，頁622。
[78] 《事略稿本》，1936年12月31日。冊39，頁666。
[79] 《事略稿本》，1937年1月1日。冊40，頁5－6。

張學良因西安叛變事，於12月30日在京受軍法會審，政府原擬判決後仍令其返陝處理軍務，但張於判決後向審判官公然宣言仍革「南京政府之命」，惟對於蔣委員長表示信仰。因之國府1月4日（1937）雖決定特赦，仍附「嚴加管束」之文。張以是暫被羈留南京。蓋張素以為政府中某一部分為親日也。[80]

張學良為要求抗日而發動西安事變，蔣則認為：「該軍（東北軍）昔日迴避抗日，表示願意剿匪，今番號召抗日而不願剿匪，均只是迴避作戰，保全自己地位。」其對剿共之影響，蔣曰：「在十二月十二日陝變前，中央對於紅軍已大致洽定收編辦法。陝變起，轉使原定辦法失敗。」[81]

（三）安內攘外之治本

剿共為安內攘外之治標，而其治本則為建設，尤其是交通與教育的建設。而交通和教育建設的急務，則為公路與基礎教育。蔣於1935年1日8日檢討全國公路建設狀況時指出：

> 吾國在民國十年（1921）時，全國公路不過一千餘公里，至民國二十年（1931），增至六萬六千餘公里。在此十年中，增加四、五倍。而二十年（1931）五月間，所擬定蘇、浙、皖三省聯絡公路共六線：（一）京杭，（二）滬杭，（三）京蕪，（四）杭徽，（五）蘇嘉，（六）宜長。總長1,034公里。二十一年（1932）十一月，又將聯絡之範圍擴

---

[80]　王世杰，《王世杰日記》手稿本，1937年1月8日。冊1，頁20－21。
[81]　王世杰，《王世杰日記》手稿本，1937年2月5日。冊1，頁26。

大為蘇、浙、皖、贛、鄂、湘、豫七省，有幹線十一，支線六十，總長22.300公里。而福建、陝西、甘肅、青海等省，亦列入督造範圍之內。至今（1936年1月）各省聯絡公路路線，總長達19,293公里。……是全國可通車之公路，已有九萬公里矣。[82]

在上項建設過程中，而以1935年進步為最快，原因是剿共工作之進展。蔣在國民黨第五次全國代表大會報告指出：

> 這四年來（1931－1935）的工作，沒有今年（1935）一年進步的快，因為在去年以前，共匪在江西還沒有肅清，因此政府種種建設事業，一到江西，便為匪阻而不能發展。自去年江西剿匪完成之後，匪向西南黔、滇、川等省逃竄，中央軍隊也就隨著進到了黔、滇、川。在今年一年中間，川、滇、黔各省政治的進步，……可由這三省一年的變遷，而推知我們國家的進步很快。在去年西北與川、滇、黔等省，不僅是政治上不能有建設，就是交通上也有許多障礙，因為今年土匪逃到那裡，中央軍隨著去追剿，所以那幾省的交通，現在可以說恢復十分之六，而新通的或恢復的電報線，也達到十分之八。……交通進步了，就可以知道我們的國家也進步了。[83]

剿共只是「安內」的治標工作，尚不足以「攘外」。為求治本，必須發展物力與人力。最要的急務，就是發展交通和增進教育。在交通方面，除公路外，尚有電報線路。自1931年以後，經過四年的建設，已有相當的成效。節錄蔣在五全大會之報告如下：

---

[82] 《事略稿本》，1936年1月8日。冊35，頁69－70。
[83] 《事略稿本》，1935年11月16日。冊34，頁166－168。

自民國二十年（1931）到現在（1935）止，共計增加9,475
公里，加線3,369公里，加以整修的，共有19,788公里。長途
電話線路，共增加到5,824公里。鐵路方面，這幾年特速進
步，除省營、商辦不計外，由中央直接經營的，如粵漢路已
發展至350公里，隴海路375公里，浙贛路300公里，蘇嘉路
70公里。數年來的交通建設，自民國二十年以後四年間的成
就，比二十年以前的成就尤多。[84]

至1937年7月7日盧溝橋事變，全國公路共有109,500公里。全國
公路網初具規模。[85]

基礎教育的推廣及其重要性，蔣在五全大會中指出：

教化方面，這四年來教育進步的數量，尤其是小學方面，比
諸民國二十年以前，推廣得很多，而這種現象，在原來教育
不十分發達的省份，尤其顯著。現在政府已經決定自今年
（1935）八月起，到二十九年（1940）止，這五年中間，使全
國所有學齡兒童，有百分之八十能夠受到一年期的教育。
如果教育發達到一定的目標，同時交通方面仍舊繼續以前的
努力，那麼我們新國家的建設，一定可以逐漸完成起來。任
何外患都不成問題了。[86]

關於義務教育（小學）發展，可從下列統計表顯示其成效：

---

[84]　《事略稿本》，1935年11月16日。冊34，頁153－158。
[85]　賈凱傑，〈運輸通信之演變〉，《中華民國發展史》：《經濟發展》（政治大學、
　　　聯經公司出版，2011年，台北。）下冊，頁390。
[86]　《事略稿本》，1935年11月16日。冊34，頁159－161。

年度	學校數	學童數	經費數（元）
1929	212,385	8,882,077	64,721,025
1936	320,080	18,364,956	119,725,603
成長率	50.71%	106.76%	84.99%

　　若以全國學齡兒童百分比而論，已從1929年的17.10%，增加至1936年的37.17%。此足說明國民政府投注於義務教育的成效。[87]

　　由於1937年7月7日盧溝橋事變發生，抗戰開始，國土大部淪陷，暫時無暇顧及教育。迨戰局穩定，國民政府於1940年4月公佈《鄉（鎮）中心國民學校設施要則》及《保國民學校設施要則》，在後方十九個省市，共設國民學校237,000所，學齡兒童共有38,173,765名，其中受教兒童已達29,160,803名，約占學齡兒童76%強。[88]接近了蔣在國民黨五全大會報告中預定的比率。

---

[87] 張憲文、張玉法主編，《中華民國專題史》（南京大學出版社，2015年，南京）。冊10，頁208。

[88] 張憲文、張玉法主編，《中華民國專題史》，冊10，頁225。

▌結論

　　從1920年代中期到1930年代中期，是一個動亂的時代，也是一個以革命為至高無上的時代，叛亂與革命，常視為一體兩面而不可分。視革命為進步，保守為落伍。重左輕右，視左為革命、為前進；右為反革命、為腐化。縱被共黨封為代表右派的胡漢民，亦視革命為神聖。故彼將其此一時期的講詞及著述，編為專集，題曰《革命理論與革命工作》，其首篇的〈革命理論與革命工作〉講詞，即視一切為革命，革命為一切。引述數語如次：

> 破壞是革命的工作，建設更是的革命的工作；軍政時期是革命黨的任務。訓政時期更是革命黨的任務。
> 革命性是肯犧牲自己而為群眾，這是最要的根本。去打不平，便要犧牲自己，這是革命性的最大表現。
> 「革命理論與革命工作」，可以用兩句話來做結束：就是在革命中要常常研究理論，在革命理論中要處處以工作為基礎。[1]

　　蔣介石的講演或談話，更是不離「革命」或「總理」（孫中山），1925年4月在廣州黃埔軍校講演說：

---

[1]　胡漢民，〈革命理論與革命工作〉，《胡漢民先生文集》，冊3，頁6、8、16。

自從東征回來，……我精神受了很大的痛苦，就是有人說校長（蔣）現在不革命了。我從前訓誡學生說：不革命就是反革命罷了。……我自信我是一個革命性的人，我敢說我可以繼續總理革命的精神，我可以做總理真正一個信徒。[2]

約法之爭，蔣斥胡為阻礙革命、破壞革命、摧殘革命，其言曰：

其（胡）阻礙革命、破壞革命之罪惡，不自知悔悟。……兩年以來，全國將士與國民之犧牲之苦痛，滴滴血淚之痛史，不值其一顧。嗚呼！摧殘革命之罪，莫過於是矣。[3]

中共毛澤東的革命論，稱革命為暴動。《西江月·秋收起義》詞：

軍叫工農革命，旗號鐮刀斧頭。匡盧一帶不停留，要向瀟湘直進。地主重重壓迫，農民個個同仇。秋收時節暮雲愁，霹靂一聲暴動。[4]

張學良在發西安事變時，將蔣列為「反革命」，事變當日，致電毛澤東及周恩來說：

蔣之反革命面目畢現，吾等為中華民族及抗日前途利益計，不顧一切，今已將蔣及其要將領陳誠……等扣留。[5]

2　毛思誠編，《民國十五年以前之蔣介石先生》，1925年4月22日。頁630。
3　「蔣中正日記」，1931年2月25日。轉引《蔣中正先生年譜長編》，冊3，頁367。
4　《毛澤東年譜》，1927年9月20日。卷上，頁222。
5　見本著頁175。

孫中山去世後，國民黨人的革命表現如何？成功還是失敗？胡
認為：

> 過去最大的錯誤，是大家並沒有為黨、為國、為中國革命去
> 奮鬥，只是努力於私人權利的鬥爭，把共產黨「呃」「嚇」
> 「折」的三字訣，整套學了來。人人將所有的心思才力，用
> 以對付黨內同志，黨以此不團結，黨的力量以此不能表顯，
> 整個中國革命，也以此完全失敗。[6]

胡氏之言，雖嫌過激。但如就事論事，此一時期的內憂外患，
並非僅憑「革命」就能解決。何況所謂革命，各有不同之論。胡自
認為革命者，其在莫斯科，要求國民黨加入第三國際，果如實現。
後果如何？不難想像。其在南京政府所建立的訓政制度，助蔣集
權，以民主眼光視之，能否做到長治久安，也是一大疑問。湯山事
件，蔣固不免有「過河拆橋」之嫌，然其所主張的約法，在形式
上，較之一黨專政訓政，尚勝一籌。

汪精衛的歷史評價，雖然不及蔣、胡。其在國難期間，對日一
面交涉、一面抵抗政策，以外交掩護軍事，配合蔣以剿共掃除地方
軍人割據，取得對日備戰及建設時機。汪氏之功，不可沒也。

蔣之最大成就，是五次圍剿的收穫。第一和第二次圍雖失敗，
第三次則以「九一八」事變而中止，第四、第五次清除華中精華地
區紅軍的割據，得有建設的時機。追剿深入滇、黔、川三省，取得
可以持久抗日的根據地，奠定抗戰勝利的基礎。此非胡、汪或其他
反蔣人物所能為力也。

---

[6] 見本著頁83。

蔣之另一重要成就，為兩廣事件和平解決，廣西自「討桂」戰役脫離南京中央，已有八個年頭。廣東自湯山事件後，與廣西聯合反抗中央，也有六個年頭。1936年7至9月，達成和平解決，此為安內一大成就。

　　中央勢力進入滇、黔、川三省，復以兩廣事件和平解決，安內既告成功，攘外因之見效。1936年11月的綏遠戰役，改變了五年來對日抵抗政策。例如1931年的「九一八」事變和1933年的熱河失陷，可謂不戰而逃；1932年的淞滬戰役，可謂戰而後和；1933年的長城戰役和塘沽協定，可謂戰而後屈；1935年的「何梅協定」，可謂不戰而屈。這次綏遠戰役，規模雖然不大，卻是戰而不屈。本部分特從《事略稿本》中收入此一戰役經過之紀錄以明之。

　　西安事變，結束了國共六年內戰，是安內工作更進一步的成功。國共和解，一致對外，中蘇關係，亦漸改善，此為日本最大之畏忌。半年之後，抗戰爆發，蔣委員長受到全國軍民的擁護，領導抗戰，取得最後勝利。創下不朽之功，真正做到「多難興邦」矣。

　　剿共與掃除地方軍人割據，只是安內攘外的的治標工作。至其治本，則為建設事業。惟其範圍至廣，種類繁多，如軍事、國防、經濟、財政、教育文化及社會諸端，均為「多難興邦」切要之圖，本著不遑一一記述，僅就公路交通及基礎教育兩項為例簡述之，聊備一格而已。

附錄

■ 一、胡漢民傳

（一）家世及教學生涯

胡漢民（1879－1936），字展堂，原名衍鸛，後改衍鴻，晚年別號不匱室主，筆名有漢民、民意、辯姦及去非，以漢民為著。衍鴻原名反以此隱。清光緒5年10月26日（1879年12月9日）生於廣東番禺，民國25年（1936）5月12日卒於廣州。

漢民先世為江西省吉安府廬陵縣延福青山村人，累世業農，祖父爕山、父文照，咸為宦廣東，寄籍廣東番禺。母文氏，江西望族，能為詩，且解音樂、圍棋。兄弟姊妹七人，僅存其三。長兄衍鶚字清瑞，妹寧媛，漢民排行第四，二十四歲與陳淑子（陳融之妹）結婚。

八歲，與長兄從塾師張德瀛（采珊）就讀。自幼家庭生活幸福美滿，十三歲喪父，家貧輟學，在家自修。十五歲喪母，次年與長兄各課徒自給，應考書院，博取膏火以贍養弟妹。一兄一姊皆以醫養缺乏，相繼亡故。後就讀學海堂、菊波。越華、粵秀等書院，治經史詩章性理之學，由閱讀舊籍中，見顧亭林、王船山諸人著述，激發民族思想。結交志士史古愚、史堅如兄弟、王毓初及左斗山等，知孫中山之為人。二十歲起任廣州《嶺海報》記者，鼓吹女權。此後生活漸裕，交遊日廣。1900年，史堅如謀刺清兩廣總督失敗殉難，漢民深受刺激，決志參與革命運動。擬留學日本，惟以財

力不足。次年代人應鄉試中舉，獲金六千。始遂留學之志。

　　1901年，粵督陶模邀吳敬恆、鈕永建等來粵，籌畫新式教育，遂與吳、鈕訂交。次年春，吳率領學生二十餘人赴日留學，漢民隨行，入東京宏文學院速成師範科。6月，清駐日公使蔡鈞拒保自費生入成城學校習陸軍，吳率學生抗議，被押出境。漢民為反對清公使及日政府，退學回國。次年執教梧州中學，主講修身、國文等科，自編講義，名為《學生修身學》。教學目標：主實行，重道德，並啟發學生民族思想。復兼梧州講習所長，課中為學生評論時政，講述民族革命之要。以其思想新穎，辯才無礙，議論風生，學風丕變。因受保守派之反對，乃辭職回廣州，助編《嶺海報》，與《亞洲日報》主筆謝英伯相約，鼓吹女權運動。1904年，任香山隆都私立學校校長，仍受保守人士掣肘，是年秋，辭教職。適粵督岑春煊實行新政，獎勵遊學，漢民獲選留日，入東京法政大學速成法政科。同行者有朱大符（執信）。汪兆銘（精衛）、古應芬、李文範、陳融等多人。相與契合，朝夕相處，切磋學問，並為其後獻身革命之同志。

（二）加入同盟會宣傳革命

　　1905年7月，漢民返粵途次，孫中山於8月20日成立同盟會於東京，漢民乃急返東京，9月1日，與孫中山初次會晤，即於是日加入同盟會。初任同盟會本部評議部評議員，書記馬君武就學京都工科大學，未能就任，孫中山指定漢民接任，掌理機要文書，日與孫中山接近，親受指導，時為執筆，因對孫之思想，了解益深，對三民主義信仰益堅。為孫之得力助手，前後二十一年，形影相隨，參與決策，精誠無間。此時漢民亦任留學生總評議會秘書，9月，保皇派在東京舉行「戊戌、庚子死事諸人紀念會」，漢民代表同盟會參

加，登壇演說三小時，斥保皇派「利用死人欺騙生人」，聽眾為之動容。11月26日，同盟會機關報《民報》創刊號在東京發行，孫中山撰〈發刊詞〉，此文即由孫口述，漢民筆錄之，首次揭示民族、民權、民生三大主義。《民報》自第一號至第五號，由漢民主編。此後近兩年內，漢民連續在《民報》發表文章多篇，重要者有〈民報六大主張〉，發表於《民報》第三號，雖為揭示該報之宗旨，實即宣示同盟會對內對外之政策。六大主張為：（一）傾覆現今之惡劣政府。（二）建設共和政體。（三）土地國有。（四）維持世界真正之平和。（五）主張中國日本兩國之國民的聯合。（六）要求世界列國贊成中國革新之事業。此外有〈關於最近日清之談判〉等二十多篇（收入《胡漢民先生文集》）。其中與梁啟超《新民叢報》論戰者，有〈斥新民叢報之謬妄〉、〈告非難民生主義者〉等篇。後者不僅為反駁梁對民生主義之非難，亦為早期闡揚民生主義最有系統之論述。同時參與論戰者，尚有汪精衛、陳天華、章炳麟（太炎）、朱執信諸人。梁氏初以能為時文，輕視學界，留學界間有發表反對保皇之言論，梁亦不以為意，及《民報》出，始感大感。雙方論戰經年，梁窮於應戰，要求停戰言和，漢民及孫中山、黃興拒之。《新民叢報》終告停刊。如漢民所云：「交戰結果，為民報全勝，梁棄甲曳兵，保皇之旗，遂不復見於留學界。亦革命史中可紀之戰事也。」

（三）在南洋參與六次起義並與保皇派論戰

1907年3月4日，漢民隨孫中山離開日本，前往南洋，參與起義工作，經新加坡時，與當地華僑同志張永福、陳楚楠、林義順等，籌辦黨報，孫中山採納漢民之意見，定名為《中興日報》，漢民撰發刊詞。繼往河內，設立機關部，指揮粵、桂、滇三省的起義。同

盟會的革命重心，從此轉往南洋一帶。此後兩年間（1907－1908）連續發動潮州黃岡、惠州七女湖、欽州防城、廣西鎮南關、欽廉上思、雲南河口六次起義，漢民奔走各地，聯絡策應，其中鎮南關之役，漢民與黃興等隨孫中山登鎮南關，參與實戰。諸役相繼失敗後，漢民負責處理善後。由歷次失敗經驗中，體認利用會黨烏合之眾不足恃，今後應注重運動清方新軍。此一意見，獲孫中山之採納，因在修訂《同盟會革命方略》中，增加〈招軍章程〉及〈招降清朝兵勇條例〉兩章，故在一年以後，有1910年的廣州新軍之役。尤其兩年後的辛亥武昌起義，以新軍為主力的推翻滿清，實與此一政策相關。

漢民處理河口之役善後畢，即離河口，於1908年8月初來到新加坡，為《中興日報》撰文，與當地保皇派《南洋總匯報》論戰，撰有〈駁總匯報論國會之趨勢〉、〈駁總匯報懼革命召瓜分說〉、〈再正總匯報之奇謬〉等二十篇。其中〈嗚呼！滿洲所謂憲法大綱〉，傳誦一時。更由孫中山口授大意，撰《立憲問題》小冊，散發各埠。據漢民記述：保皇黨之至南洋，在革命黨之前，康有為、徐勤俱以雄辯稱，有資產之華僑尤信之。孫中山往歐洲，嘗數經南洋，華僑聞中山言論，乃稍稍覺悟。1907年中山到南洋後，乃使同志刊行《中興日報》，以與保皇派之《南洋總匯報》對壘，其論戰幾若在日本之所為。但對手較之《新民叢報》梁啟超，脆弱已甚。保皇派不敵，急由美洲把徐勤請來。徐亦不敵，託故他去。保皇軍既罷，華僑乃漸趨於革命旗幟之下。

1909年3月，漢民赴香港，策應廣州新軍運動，擴充南方黨務。11月，成立同盟會南方支部，漢民任支部長。廣州新軍加盟者達二千餘人。1910年2月22日廣州新軍起義，及1911年4月27日廣州黃花崗之役（「三二九」起義），均以南方支部為發動機關，尤以黃花崗之役，「驚天地而泣鬼神，不半年，武昌大革命以成。」

（四）辛亥光復任廣東都督及總統府秘書長

辛亥年（1911）10月10日，武昌起義，漢民於29日由西貢來到香港，廣州各界已集議主張獨立，清粵督張鳴岐佯為認可，旋又取消之。漢民使同志散發傳單，斥張罪狀，並運動新軍逐張。清水師提督李準派人向香港機關部接洽投誠，由漢民接見，示以應遵守事項，約定11月7日為反正日期。李以明電覆稱：「張鳴岐已逃走，諮議局開會舉公（胡漢民）為都督，盼即來省。」是日晚，漢民偕夫人陳淑子等到達省城，李準來迎，即入諮議局就任都督。

12月22日，孫中山由歐返國擬往南京組織中央政府，漢民赴香港迎候，力主孫中山留粵，先鞏基礎，再圖進展。孫以為應重維繫大局，不可專顧一隅。辯論至久，漢民始從孫中山之意，隨之北上。廣東都督交由陳炯明代理。25日抵上海，船舶吳淞，上海都督陳其美及黃興等多人俱來迎接。次日，孫中山召開最高幹部會議，出席者有黃興、陳其美、汪精衛、宋教仁、張人傑、馬君武、居正及漢民等。決定臨時政府採總統制。29日，十七省代表在南京舉行臨時大總統選舉會，孫中山當選為中華民國臨時政府第一任大總統。

民國元年（1912）元旦，孫中山至南京，就任中華民國臨時政府大總統。漢民論曰：

一九一二年一月一日，先生（孫中山）入南京，行總統就職禮，改元為中華民國元年，民國政府成立，而滿清二百六十四年之政府以亡，中國四千餘年君主專制政治亦以廢。從來中國歷史家論一代之傾覆者，輒曰：「人心已去，事無可為。」此於滿清之亡為尤劇！

漢民任總統府秘書長，治總統府文書，大小悉必過目，四方有求見總統者，必先見之。與孫中山同寢室，每夜必舉日間所行重要事件以告，其未遽行者，必陳其所以，常計事至於達旦。處事決斷，實業部長張謇薦其徒十餘人為秘書，漢民悉不用。張在滬揚言，指漢民為「第二總統」。

（五）從二次革命失敗到護法

南北議和告成，袁世凱繼任臨時大總統。孫中山於4月1日卸臨時大總統職，漢民返粵，復任都督兼民政長，以造成「一模範省」為目標，但外有袁世凱之牽制，內以各方意見紛歧，仍無可為。1913年5月，以袁世凱向五國銀行大借款及國民黨代理理事長宋教仁被刺案，與贛督李烈鈞、皖督柏文蔚、湘督譚延闓，聯名通電抗議。袁不理，且於6月14日令免漢民本兼各職，以陳炯明代之。8月二次革命失敗，與孫中山流亡日本。國民黨人相隨亡命東京者，有陳其美、黃興、戴傳賢、廖仲愷等多人，漢民與廖每月以二十元租屋兩小間，為飲食起居之所，藉圍棋與同志討論問題，日警不時來訪，不堪其擾，乃請其入局，不得要領而去。漢民自此對圍棋興趣濃厚。

流亡日本國民黨人，對國事多抱悲觀，孫中山仍鍥而不舍，重組中華革命黨，採取急進方針，支持者不多。部分國民黨人主張緩進者，有歐事研究會之組織，與中華革命黨相對立。漢民雖非急進主義者，仍加入中華革命黨。1914年5月，創刊《民國雜誌》。為中華革命黨機關報，漢民任總編輯，撰〈發刊詞〉，並有〈亡國外債〉、〈強有力之政府辯〉等文，揭發袁世凱之暴政，聲討袁之違法利己，箴誡國人阿附強權及姑息養奸之錯誤心理。對國內反袁活動，亦多有報導。可謂「黑暗中的光明燈塔」。7月，中華革命黨正式成立，孫中山任總理，以漢民為政治部長，致力討袁宣傳。

1915年5月9日，袁世凱承認日本二十一條件後，乃中國之奇恥大辱，歐事研究會的部分國民黨人，原來主張「暫停革命，一致對外」的，亦豁然大悟，自願團結一致，共謀討袁。8月14日，楊度等六人發起籌安會，鼓吹帝制，漢民公開致書楊度，數其謬誤，其中說道：

> 足下（楊）素所持者，憂漢滿蒙回藏分離，故反對種族革命。今則五族共和無異詞，而忽思以一族一姓臨以帝制，斯已大謬。足下又宣言辛亥之歲，本主帝制，格於武人，不能卒伸己意。乃籌安會立，首先求各省將軍之贊可，為其矛盾自攻，無可辯護。稍有識者，亦審足下受人穿鼻，語不由衷。
>
> 獨夫（袁）之首，行見懸於太白，足下教猱升木，其何以逃民國之誅耶！且公路夙志已然，本不勞足下為之勸進；常若不敢自決者，彼亦知名器之不可輕犯。……里諺有之曰：「枉作小人，其足下之謂。」

11月12日，孫中山派漢民赴菲律賓向華僑籌款，大受歡迎。在一次歡宴會中，有華人，有菲方官吏，其中有菲律賓人、美國人。漢民演說中國革命和討袁，有位菲籍官吏很熱情而激動的說：

> 我們贊成中國的革命事業，欽佩孫逸仙博士和胡先生的革命精神，可是我們小呂宋，至今還是一個不能自主的受辱的民族。……我們應該起來效法孫博士、胡先生等，來努力革命啊！

另位美籍官吏當場反駁這位菲籍的官吏的話，說他「十分失職」。但另一位美籍官吏，卻贊同菲籍官吏的話。第三位美籍官吏

又起而調和他們的爭論。這一場歡宴會，竟變成一場辯論會。漢民聽了他們的辯論，覺得十分有趣，做一結論說：

> 在這裡，我可以看到許多很好的東西，聽了許多很好的話，這種機會很難得的。這許多話，是安南人對法國、高麗人對日本、緬甸人對英國，所絕對不能講而不敢講的，而你們竟把民族獨立自主的問題，提出公開討論了。

1916年6月6日，袁世凱死，約法恢復，國會重開，國內戰事暫平。8月16日，漢民隨孫中山遊杭州西湖，心情愉快，為詩以記之曰：

> 我與杭州初識面，新交締定可無詩。淡裝濃抹君都好，布襪青鞋我敢辭。前輩風流多勝跡，近人事業有豐碑。相看容與中流便，不為風浪艤棹遲。

1917年3月，遊明陵、張家口。遊明陵時，見昭陵之樹，多為清東陵移去；復見陵前老柏臥地，有感為詩曰：

> 高王三尺定中原，燕子飛來啄漢孫。白帽奉王先有意，王魚埋地更何言。東陵已竊前朝樹，月夜誰招帝子魂。怪是臥龍呼不起，萬山如睡又黃昏。

5月以後，國內政潮又起，為對德參戰問題，國會被解散，繼以軍閥張勳發動復辟事件，孫中山於7月17日來到廣州，倡導護法，主張恢復約法，國會自由行使職權。部分國會議員來到廣州，謀組護法政府。惟廣東政權，為桂系軍人陸榮廷所掌握，必須取得

陸的合作，始能有所施展，漢民周旋其間，求其諒解。時陳炯明向
孫中山要求統軍入閩，以圖向外發展。漢民乃與廣東省長朱慶瀾商
量，朱願將部分省署警衛軍交陳率領，致召桂系不滿，排朱去職。
省議會舉漢民為省長，朱執信不以為然，乃與粵籍軍人李耀漢密約
條件，由漢民辭省長職，薦李自代。9月10日，護法軍政府成立，
孫中山任大元帥，以漢民為交通總長，協調桂系，多經周折，陳炯
明始獲警衛軍二十營，率之入閩。兩年以後，回師廣東，趕走桂
軍。漢民之功，不可沒也。

　　在此時期，武人當道，國事蜩螗。漢民賦〈紀事〉多首，中有
一首賦北方政局：

　　　　形勝居然占上游，將軍跋扈死方休。中州多故誰為政，江左
　　　　無人我始愁。鄭五猶知愧時事，朱三寧許恨清流，越臺妖鳥
　　　　初無據，火急今朝笑鄭侯。

另一首賦張勳復辟：

　　　　辮子軍來萬象驚，六師不整石頭城。御書有分傳南海，寶璽
　　　　無緣送北兄。獨使董公稱健者，誰叫殷浩負虛名。求人薰穴
　　　　何辛苦，自有降王孺子嬰。

再一首賦南下護法：

　　　　義旗重舉事非常，討虜平生最激昂。冠帶未全依正朔，艟艦
　　　　分半助南疆（指程璧光海軍）。草間狐兔何時盡，天上風雷
　　　　自此忙。前席不勞君借箸，一夫善射百夫強。

孫中山的護法軍政府，於1918年5月4日，被桂系聯合政客改組為「聯合政府」，由大元帥制改為七總裁制，孫中山辭大元帥職，離粵赴滬，「閉戶著述」，啟發人心，《孫文學說》即在此一時期完成。漢民亦來到上海，日以讀書練字為娛，並臨漢碑。常至吳興戴傳賢的書樓，見其藏有《曹全碑拓》，愛其字多而秀勁，開始臨摹，用力至專，不久得其神髓。

1919年發生「五四」運動，為迎接此一新思潮，孫中山於8月1日創辦《建設》雜誌於上海，以漢民為總編輯，執筆者有廖仲愷、戴傳賢、朱執信、林雲陔等。為一月刊，至次年7月出滿二卷12期。孫中山之重要著作《實業計畫》，即在此雜誌分期發表。漢民發表的論文有十篇，並有通訊多篇，與讀者討論政治、社會、文化等問題，其中討論中國家族制度變革問題，至為精闢，節錄一段如下：

> 商鞅變法，中國家族制度亦因改變，不但宗法氏族制度被推翻，就是大家族也難存在。秦代實行的是分居的小家族制。秦滅以後，要遊食之民，盡歸於農，於是「孝弟力田」四字恰為合用，大家族倫理為之復活，「三綱六紀」，可算是大家族主義的結晶。兩漢以後一千多年，少有變化，而中國婦女之不能平等，實為大家族倫理所鑄成。

北伐統一後，漢民在南京任立法院長時期，制定的一部民法，承認男女有同等權利，實現男女平等。此為漢民一貫提倡女權的成就。胡適譽為是一次不流血的社會革命。據一位法學家評論說：

> 國民政府所頒布之法令，對於舊社會之組織，予以重大之改革，而對於婦女關係，變更尤巨。其落落大者，在民法上關於財產繼承，承認男女有同等權利；關於婚姻問題，力求

男女地位之平等;在刑法上,並規定男女應守同等之貞操義務。……一言以蔽之,國民政府之法令,涉及婦女方面者,除特殊情形外,無不本於男女平等之原則,而為婦女求解放,謀福利。此項立法趨勢,自然多基於國民黨之黨綱和政策而來。要其實,一方受現代思潮之鼓盪,一方為以往舊社會之反動,此為革命過程中,應有現象之一。

1920年7月,直皖戰爭爆發,直勝皖敗,在粵桂軍借口助直,派兵入閩,實欲消滅陳炯明駐閩之粵軍。陳於8月12日,在閩南漳州誓師回粵。9月初,受阻於粵東河源。孫中山派蔣介石前往指揮,29日克廣州。陳欲據粵自治,不願孫回廣州,而孫則於12月29日回粵恢復軍政府,擬將軍政府總裁制改為元首制,志在北伐,陳極力反對。1921年4月7日,廣州非常國會選孫中山為中華民國非常大總統,5月5日就職,以漢民為總參議兼文官長及政治部長。陳部粵軍繼克廣西,權勢益甚,與孫矛盾更深。12月4日,孫中山設大本營於桂林,籌劃北伐。參加北伐者,有許崇智之粵軍,朱培德之滇軍,以及其他贛軍、黔軍等、漢民任大本營文官長及政務處長,所有各軍之軍械、軍需等業務,咸歸辦理,事無巨細,悉經處理,對同人督責至嚴。有不諒解者,謂漢民「嘮叨討厭」。

1922年6月16日,陳炯明叛孫於廣州,命所部砲轟孫之任所觀音山總統府,欲置孫中山於死地。孫乘間得脫,避難永豐艦(後改名中山艦),砲擊叛軍,漢民時駐韶關大本營,得訊即赴江西,班北伐軍回師靖難。由韶關赴贛途中,悲憤交集,賦〈書憤〉絕句,以抒所感:

紛紛狐鼠未驅除,攬轡中原計本疏。紫色蛙聲今竟爾,白龍魚服定何如。桓溫誓墓甘遺臭,趙盾欺人畏直書。猶幸六師

能討賊。秦庭不待哭包胥。

漢民班師回攻韶關，攻戰十餘日，不能克。8月9日，孫中山離永豐艦赴上海。漢民轉往福建汀州，尚不知孫之行蹤，不勝惆悵。賦〈由贛入閩〉絕句一首：

嶺外惟看水北流，客程迢遞到汀州。山如有意遮前路，雲似無心入早秋。肯向天涯怨行役，且將風景忘離愁。故人千里音塵隔，鼓櫂滄江可自由。

孫中山到達上海後，適第三國際代表馬林（Maring，原名L. E. L. Snacevliet）於8月25日來會，談中共黨員加入國民黨事。次年1月26日，孫中山與蘇聯代表越飛（Adolf A. Joffe）發表聯合聲明，是為「聯俄容共」政策之形成。在此之前，孫中山曾與漢民及汪精衛、廖仲愷討論此一問題，三人意見不同。汪反對，廖贊同。漢民以為：「凡共產黨員以個人名義加入本黨的，如果真正信仰本黨的主義，共同努力於國民革命，才可以收容。收容以後，如果隨時發現了他們有旁的作用，或有旁的行動，足以危害本黨的，我們應該隨時加以淘汰。」孫中山同意漢民的意見，說：「這一點也在乎我們自己，假使嚴密了我們的紀律，昌明了我們的主義，任何份子加進來合作，我們都不怕的。」

陳炯明叛軍入據廣州後，孫中山即派同志運動在廣西楊希閔的滇軍、會同劉震寰的桂軍、以及在西江的粵軍，於1923年1月16日，恢復廣州。漢民即回廣州，任廣東省長，發生兵變，險遭不測。2月21日，孫中山回廣州，續行大元帥職權，以漢民為大本營總參議，派往上海做和平統一工作，緩和北方軍閥對廣州之的壓力，無所進展。6月，復回廣州，孫中山至前線討伐叛軍，漢民留

守大本營。前方緊急，軍用浩繁，最困難者，莫若財政問題。內部意見，尤為紛歧。漢民應付各方，焦頭爛額，甚或招謗。孫科轉致朱和中的報告，對漢民似有不滿。孫中山函覆之曰：

> 漢民縱不能代我辦事，必能代我受過，否則各種之過，皆直接歸在父一人身上矣。展堂之用，其重要者此為此其一，故萬不能任彼卸責也。……否則父同時要任種種之過，要當各方之衝，則必不能專注意於軍事。軍事一敗，大局崩潰，無以救藥矣。故漢民之去留，甚有關於大局之得失成敗也。

漢民以大本營總參議的名義，為孫中山的幕僚長，勇於負責，處事不免專斷，有一次，和孫中山大起爭論，事態嚴重。據當時任大本營參議的李宗黃回憶：

> 曾記得有一日，孫先生走到對過展堂的辦公室，順手打開一口公事箱，取出幾件公事，順手翻翻，都是他的手令。驀地，忽然聽見孫先生一聲屬呼：「展堂！」登時他便疾言屬色滿面怒容開始了對展堂兄的嚴詞責問。原來孫先生在無意之中，發現那一口公事箱裡，居然滿貯他所下的手令。這些手令全被展堂兄束之箱中，從未發落。展堂兄擅自扣發他的手令，使孫先生為之憤慨萬狀，他屬聲呵斥，把那些封藏的手令，一張張的拿出來，數落展堂兄的不是。因此，這一頓責罵質問，簡直持續達半小時之久。
> 好不容易等到孫先生的呵斥，暫且告一段落，這時候，展堂兄便好整以暇的問一句：「先生（孫中山）還有其他的話要說嗎？」孫先生兩眼定定的望著他，回答的聲音依然很大，他高聲答道：「沒有了！」

於是展堂兄緊接著，便是一個快動作，使我（李宗黃）吃了一驚。因為，他把孫先生面前的那口公文箱抱過，一個底朝上，使滿箱的手令倒滿了一桌，然後他略加整理，迅速開始答辯。他將近年以來他所扣留不發的那些手令，一一拿給孫先生看。與此同時，他口若懸河滔滔不絕的逐項關白。……條分縷析，說明解釋，無不合情合理。最後展堂兄開始發作，他顯然動了肝火，臉紅耳熱大發脾氣的厲聲反詰道：

「即使在專制時代，也有大臣封駁詔書請皇帝收回成命的故事，例如唐太宗將以給事中郭承嘏為華州的防禦使，給事中盧載因為郭承嘏公正守道，屢次封駁認為他不宜置之外郡，因而他也封還詔書，無不合情合理。太宗欣然接受，立刻開復郭承嘏的原職。先生可曾讀過這段歷史麼？」

孫先生坦然答道：「讀過。」展堂兄接口再問，當年先生親擬中華革命黨的黨員誓詞，其中有「慎施命令」一條，先生還記得麼？孫先生應聲道：「記得。」於是展堂兄便振振有詞的再往下說：

「調和鼎鼐，變理陰陽，原是宰相份內的事。我雖然無宰相之名，卻有其實。請問先生今日之事，是不是我在行我應有的職權，盡我應盡的責任。」

孫先生居然為之語塞了，他啞口無言僵凝久久。……一室寂然，於是展堂兄再追問一句：「先生，我在請教你呢？」孫先生終於開了口，他說：「說來說去，還是你對，我說不過你。」詎料，展堂兄還不肯依，他神情肅穆的又說：「先生應該說一句你是對的，方纔合理；但是先生只是在說我說不過你，那祇不過是先生詞窮理屈，無詞自解而已。這句話不能解決問題。」

斯語一出，總參議室的氣氛，越發緊張。剛好辦公室的掛鐘「噹」的敲了第一響，我抬頭一望，十二點了。我便臨機應變向孫先生和展堂兄說：「下班了，今天時間湊巧，可容讓我做一個小東，一道渡河去吃太平館的肥鴿。」孫先生登時就展顏笑了，他歡聲的說道：「好呀！我們就一齊去，不過由我作東，因為今天是我的錯。」展堂兄怒容化霽，使我意味得出一場風波已成過去。

1924年1月20日至30日，中國國民黨第一次全國代表大會在廣州舉行，討論議案，漢民在大會中扮演極重要的角色，其中爭議最大的議案之一，為中共黨員加入國民黨問題。28日上午的大會，漢民主持，當討論黨章時，即有代表提出：「本黨黨員不得加入他黨，應有明文規定。」附議者十人以上，本案成立。中共黨員李大釗即席聲明，略謂彼為第三國際共產黨員，乃是以個人的第三國際共產黨員資格，加入國民黨，望諸先輩指導一切（另附書面聲明）。李發言畢，有代表多人相繼發言，有贊同李之聲明者，廖仲愷是也；有贊同原提議人之意見，須加規定者，爭論至烈。主席漢民最後發言，謂：「現在紀律中已訂有專章，似不必再在章程上用明文規定何種取締條文，惟申明紀律可也。」漢民意見，獲得多數代表贊成通過。

一全大會後，漢民被外放上海執行部，遠離權力中心。蔣介石致書孫中山曰：

> 嘗念吾黨同志，其有以學識瞻略並優，而兼有道德者，固不可多得，……如展堂者，果有幾人？先生（孫中山）亦不令追隨左右，以資輔翼之助。

孫中山從善如流，即召漢民回粵，中央黨部設聯絡部，漢民為部長。蓋為執行漢民所建議國民黨應成立民族國際，以別於共產國際也。此在漢民〈民族國際與第三國際〉講詞中，有詳細之說明。

7月11日，國民黨中央決定設立中央政治委員會，為中央最高決策機構，委員為胡漢民、汪精衛、廖仲愷、瞿秋白（共派）、伍朝樞、邵元沖等七人，孫中山自任主席，鮑羅廷為高等顧問。8月21日，國民黨中央決議在中央政治委員會內設立國際聯絡委員會，受政治委員會之管轄。其職務為：（一）與世界各國平民革命運動聯絡；（二）與世界各國內被壓迫民族革命運動聯絡；（三）與第三國際聯絡。此會委員由孫中山任命之，國民黨、共產黨、第三國際各一人。此即漢民原所建議的民族國際。如此，國民黨的國民革命，便取代共產黨的世界革命。因此，受到中共首領陳獨秀強烈的反對。惟聯絡委員會委員未見任命，此會並未成立。

11月13日，孫中山離粵北上，漢民代理大元帥職權。1925年3月12日，孫中山逝世於北京後，廣州大元帥府改組為國民政府，漢民解除代理大元帥職務。旋以廖仲愷被刺案，胡、汪分裂，被放逐莫斯科。此外，自1928年北伐統一後，中經約法之爭與湯山事件，以及離開南京後晚年的生涯，均詳本著《多難興邦》，不再贅述。

■ 二、汪精衛傳

（一）家世及求學

　　汪精衛（1883－1944，以下通稱汪），本名兆銘，字季新、季恂、季郡。精衛，是汪於1905以後在東京同盟會《民報》發表文章的筆名，即以此著名。祖籍安徽婺源，後遷浙江山陰（今紹興），歷明清兩代。父名瑎，字省齋，清道光末年游幕廣東番禺，始為廣東人。汪瑎原配浙江盧氏，生一男三女，清同治10年（1871）歿，瑎年已五十，續絃廣東吳氏，年十七，生三男三女，汪最幼，在兄弟排行中第四，連同姊妹排行第十。汪於清光緒9年3月29日（1883年5月4日）生於廣東三水，十三歲母去世，十四歲父又去世，生計維艱，全賴長兄兆鏞供養。

　　汪出身書香門第，幕僚世家，幼受嚴格家教。五歲就讀家塾，八歲隨父寄居陸豐縣署，每晨習字中庭，母必臨視之。下午放學回家，父必親自督課。令之讀書習詩。汪自稱：「一生國學根基，得庭訓為多。」

　　長兄兆鏞長汪二十二歲，擅詩詞，常與汪切磋，視同師長。父去世後，隨長兄客居粵北樂昌。清光緒27年（1901）冬，隨長兄返廣州，次年初，應番禺縣試，得第三名。三月，應廣州府試，得第一名。廣東水師提督李準慕汪名，聘為西席，課諸子弟。時兩兄兆鈞、兆鉉，先後病歿，留下寡嫂孤姪，賴汪撫養。時受新思潮影

響，汪與一批青年知識分子古應芬、朱大符（執信）、胡毅生、李文範等，組織「群益學社」，討論時事，探求新知。1904年，兩廣總督岑春煊推行新政，獎勵留學，汪參加留日考試，錄取四十一名官費生，另特別保送官紳十五人。官費生中有汪與朱大符、古應芬、陳融等，官紳中有胡衍鴻（漢民）等，多一時俊秀之士。時中國留日學生已達三千餘人，革命思潮，風起雲湧，汪受此風氣影響。與胡漢民、朱執信等為學問道義之切磋外，頗致力於思想方面之研究。

汪入東京法政速成科肄業，該科設於東京私立法政大學內，專為中國留學生而設，由法學家梅謙次郎主持之，一年畢業，以翻譯講授。1904年5月，設第一期，人數只三、四十人。汪入第二期，人數增至二百六、七十人。入校之初，專心學業。於修憲法等課程中，受到西方民主思想影響，耳目為之一新。據汪自述：

> 我（汪）在國內研究史學的時候，對於遼、金、元之侵吞中國，免不了填胸憤慨，對於清，自然是一樣的；只是被什麼君臣之義束縛住了。及至留學法政，從憲法中學得了國家觀念，及主權在民觀念，從前所謂君臣之義，撇至九霄雲外。固有的民族思想，勃然而興，與新得的民權思想，會合起來，便決定了革命的趨向。

1906年底，汪卒業於法政速成科，續進法政學校專科深造，同時失去官費的資助，便以譯書所得，解決學費及生活費用。

（二）加入同盟會宣傳革命

1905年7月19日，孫中山自歐洲返抵日本，與留學界之中堅人士

多所接洽，其中尤以黃興等為重要。7月30日，在東京召開同盟會籌備會議，此為同盟會成立前的一次重要會議，到會者含國內各省留學生七十餘人，廣東有十五人，汪即其中之一。這天與會者多自寫誓約，宣誓加盟。8月20日，同盟會正式成立，通過黨章，推孫中山為同盟會總理。同盟會本部設執行、評議、司法三部，採三權分立形式，汪為評議部長，議員有田桐、馮自由、胡漢民、朱執信、吳鼎昌等二十人。執行部由總理統率，內分庶務、書記、內務、外務、會計、經理各部，黃興、馬君武、陳天華、朱炳麟、程家檉、廖仲愷等分任之。司法部有鄧家彥、張繼、宋教仁等，均為留學界之英俊。

孫中山曰：「集合全國之英俊，而成立革命同盟會於東京之日，吾始信革命大業，可及身而成矣。」

同盟會機關報《民報》，這年11月26日在東京創刊，孫中山撰〈發刊詞〉，首次揭出民族、民權、民生三大主義。汪在《民報》的第一、第二號，始以「精衛」筆名，連續發表〈民族的國民〉，從政治觀點，指出滿族為專制宰割漢人之特殊貴族，革命排滿，非仇殺報復之事，乃民族根本解決之事。汪在《民報》另一重要論著為〈駁革命可以召瓜分說〉，蓋當時列強間瓜分中國之聲不絕，立憲派梁啟超據此以反對革命，謂革命即召瓜分，其言亦頗具影響力。孫中山乃口授汪撰此文以駁之。孫中山曰：「自精衛先生《民報》〈駁革命可以召瓜分說〉一論出，言中外之情勢，原原本本，使中國人恍然大悟，懼外為之一除。」此時汪以二十二、三歲之青年，暴得大名，清廷曾懸賞緝拿。其長兄兆鏞時在兩廣總督岑春煊幕府中，深感不安，某日，岑借酒醉，要兆鏞交出精衛。為免禍及家庭，汪乃致書其長兄，宣布與家庭斷絕關係。兆鏞得書，便將汪逐出家門。

自同盟會成立主及《民報》發刊後，革命聲勢大振，日本當局應清政府之要求，驅孫中山出境。孫乃於1907年3月赴南洋一帶活

動，隨行者有汪及黃興、胡漢民等，設機關部於河內。從1907年到1908年兩年之間，連續在廣東、廣西、雲南邊境，發動六次起義。同時國內長江流域各地，亦有多次起義。新加坡有《中興日報》之發行，為同盟會在南洋宣傳革命之中心。汪此時奔走於西貢、新加坡、仰光、曼谷、檳榔嶼、馬來亞等南洋各地，進行募款與組織同盟分會。汪不但能文，且有演說天才，故在革命宣傳方面，尤有傑出之表現。演說時旁徵博引，分析入微，引人入勝。胡漢民曾評論汪之演說天才說：「余（胡）前此未嘗聞精衛演說，在新加坡始知其有演說天才，出詞氣，動容貌，聽者任其擒縱。余二十年來未見有工演說過於精衛者。」

（三）慷慨歌燕市從容作楚囚

　　清宣統2年（1910）4月16日，汪在北京謀刺清廷攝政王載灃失敗，與同志黃復生被捕，判永遠監禁。

　　汪之決定實行個人暗殺行動，始於雲南河口起義失敗以後。由於西南邊境六次起義的失敗，革命元氣大傷。更以黨內紛爭迭起，復以清廷頒佈《憲法大綱》，並定預備立憲之期，汪對革命前途悲觀，誓與「民賊偕亡」，以振人心。於1910年春，與同志黃復生、喻培倫、曾醒、方君瑛、黎仲實、陳璧君等，組成「暗殺團」，往返於日本香港之間，祕密進行準備工作。孫中山、胡漢民、黃興極力勸阻，不聽。汪在東京續辦兩期《民報》，中有〈論革命之道德〉一文，謂革命黨人祇有二途，或為薪，或為釜，薪投於爨火，光熊然，俄傾灰燼，而釜則儘受煎熬，其苦愈甚。二者作用不同，其成飯以供眾生之飽食則一。汪入京前，致胡漢民血書八字：「我今為薪，兄當為釜」，即約舉此義也。

　　汪之入京行刺目標，初為慶親王奕劻，以警備森嚴，難以下

手。乃轉向從歐洲考察海軍歸來的清廷大臣載洵、載濤等，又未成。乃決定攝政王載灃。選定其每日上下朝必經之路，什剎海與後海分界處的銀錠橋。3月30日晚，黃復生、喻培倫往石橋下挖孔，4月1日夜，埋妥炸藥，2日往橋下埋電線時，引起野犬狂吠，四周之犬隨聲而吠，黃、喻走避，見有鄰近居民數人，提燈出照。黃、喻待橋下無人，乃將電池攜回；至炸藥以鐵殼太重，不克攜出。此後數日，黃等見橋上有持槍警卒看守，並知消息洩露。彼等以為「不易蹤跡」，決定汪、黃留北京，喻與陳璧君赴日本購藥，以謀再舉。16日，汪、黃被捕。

按照清廷刑律，汪等必被判處死刑，民政部大臣肅親王善耆認為革命黨人眾多，殺幾個革命黨人，並不足以消除革命。值此標榜立憲之際，為收買人心，不如從寬發落。29日，判處汪、黃無期徒刑。5月1日，移入監獄。汪撰〈被逮口占〉五言詩一首，其中特別膾炙人口的四句是：「慷慨歌燕市，從容作楚囚。引刀成一快，不負少年頭。」

1911年10月10日，武昌起義，各省紛紛響應，清廷宣布開放黨禁。11月6日，汪、黃獲釋。12月25日，孫中山自海外歸來，到達上海，廣東都督胡漢民、滬軍都督陳其美、代理大元帥黃興等，聚集上海，汪也到了上海，大家相見，幾如隔世。此時汪的「英雄」形象，大受各界讚譽。

（四）調和南北成敗互見

汪被釋後，仍留京津，聞革命黨人吳祿貞（清第六鎮統制）起兵石家莊，乃往從之，中途知吳遇刺，折回，赴天津與同志組織京津同盟會，謀與袁世凱聯合倒清。時清廷任袁為內閣總理大臣，尚未赴任，汪與袁之長子克定相結，赴彰德見袁，「責以大義」。

1911年11月23日，袁至北京就任，授意楊度與汪合組「國事共濟會」，主張南北停戰，召開國民會議，協議政體。在上海的黃興等授命汪和袁聯絡，要袁「顧全大局，與民軍為一致之行動」，一旦舉事，便請袁充中華民國「大統領」。12月18日，南北議和在上海正式揭幕，北方議和專使為唐紹儀，南方民軍代表為伍廷芳，汪為南方代表團參贊，雙方達成「召開國民會議，解國體問題」的協議。實出自汪之主張。

孫中山抵達上海後，民軍各省代表聯合會選孫中山為中華民國臨時大總統，袁乃藉口唐紹儀越權，不承認雙方達成的協議，迫唐辭職。孫中山也不願對袁妥協，但內外重要同志，多傾向和議，南北議和會議，雖已停開，汪則極意斡旋於伍、唐之間。時任南京臨時政府秘書長胡漢民，力挽孫中山之意於內，終於達成清帝退位，讓政權給袁。故胡曾謂：「余與精衛二人，可云功之首，而又罪之魁。」

其時革命黨人多充滿浪漫氣氛，認為推倒滿清，即是革命成功。當時革命黨人對於權力的看法，大致可分三派：一為持有中國宗法思想者，認為「名不必自我成，功不必自我立，其次亦功成而不居。」二為持西歐無政府主義者，認為：「權力為天下之罪惡，為政權而延長戰爭，更無可以自恕。」三為僅識日本倒幕維新，認為武裝革命時期已過，當注全力以爭國會與憲法，即為鞏固共和，實現民治之正軌。汪是第二派主張者，他與一些傾向無政府主義者蔡元培、吳敬恆、李石曾等，組織「進德會」，標榜「六不主義」，聲稱不做官，不做議員等，以示清高。這時汪的名望，至為「崇高」，當同盟會在南京舉行大會時，竟被推舉為同盟會總理，以代孫中山。胡漢民曾力持不可，仍無效。卒以汪之謙讓，乃已。這年汪僅二十九歲，風度翩翩，才華出眾，和追他不捨的革命伙伴陳璧君，結為夫婦。陳字冰如，小汪八歲，出身南洋華僑富商家

庭，貌平平。慕虛榮，弄權術，汪渾厚，優柔寡斷，對汪一生成敗，極具影響。

民國2年（1913）3月，國民黨代理事長宋教仁被刺不治身死，兇嫌涉及袁與其國務總理趙秉鈞。繼以袁向五國銀行大借款案，發生政潮。孫中山、黃興與袁之關係，大為緊張。國民黨四省都督李烈鈞（江西）、胡漢民（廣東）、柏文蔚（安徽）、譚延闓（湖南），聯名通電抗爭。袁先後將彼等免職，並派兵南下，內戰有一觸即發之勢。汪與蔡元培於6月初自法回國，透過袁之友好張謇從中調解，條件為：（一）國民黨國會議員（議席占多數）舉袁為正式總統；（二）四督通電由袁告誡為止；（三）宋案法律解決，罪及洪述祖（國務院秘書）、應桂馨（兇手）而止。此案提出時，袁撤換贛督之令已下（6月14日）。汪、蔡表示：原條件不因此而易。張且為袁策劃，要袁電請汪、蔡入京，指導其黨之「暴亂分子，使選舉（袁）時，穩靜一致。」又云：「謇於其黨二年以來，獨見汪之可敬可愛而已，公（袁）宜以誠禮待之。」袁覆張電有云：「精衛達者，已託燕蓀（梁士詒，專替袁收買政客）轉約北上。」不待汪之北上，袁又先後下令撤換粵督及皖督。7月12日起，江西、南京、安徽、廣東，相繼「討袁」，二次革命爆發，然迅即失敗。汪發表一文，似有「先見之明」，說一年以來，國民有一致普通之口頭禪曰：「非袁不可」；然同時又有一致普通之心理曰：「非去袁不可」。何以「非袁不可」？以袁擁重兵故，袁之部下不知有國民，祇知有袁宮保，專制可，共和亦無不可；使袁宮保去，則亂且接踵而至，津京兵變，已小試其端，奈何其復蹈之。此「非袁不可」之說也。今日以前，慮其部下之有變而苟然安之，然則今日以後，亦將慮其部下之有變而苟然安之乎？慮其部下之有變，奉為大總統而苟焉安之，然則慮其部下之有變，奉為皇帝而亦苟然安之乎？此所以「非袁不可」之言者，同時亦必有「非去袁不可」之意也。

（五）參加護法不忘調和

　　二次革命失敗後，孫中山、黃興等重要國民黨人，都流亡海外，汪於1913年9月重赴法國。在國外的國民黨人，因急進和緩進主張的不同，而致分裂。孫中山主張急進，在日本重組中華革命黨，進行「三次革命」。主張緩進的國民黨人，有歐事研究會的組織，汪及黃興、蔡元培、吳敬恆、張繼、陳炯明等，均列名其中。歐事研究會的聲勢，似較中華革命黨為大。彼等對孫中山組織中華革命黨的嚴格招收黨員，頗不以為然。吳敬恆有批評的言論。從吳的檔案中，發現有汪致吳之函，對孫強烈不滿，表示他之以前行刺清吏，實因對孫失望，而致對於革命悲觀之故。迨袁於1915年承認日本二十一條要求，及籌安會的組織，一些歐事研究會的國民黨人，對孫之討袁革命，漸趨支持。汪自歐返抵上海，陳其美勸他赴日與孫見面，孫也有電邀汪會晤，汪則始諾而中變。據陳向孫解釋：「總之，精衛兄為人，不變宗旨，小德出入，或受夫人（陳璧君）之牽制，亦未可知。」於此可知，汪對孫中山，仍有成見。

　　1916年6月，袁死，國會恢復，政權為北洋軍閥段祺瑞所掌握。為對德絕交及參戰問題，國會及孫中山均反對之，汪則贊成。有督軍團的叛變與國會被解散，繼以軍閥張勳發動復辟事件。孫中山於1917年7月22日自上海南下廣州，號召維護約法，重開國會，是為護法運動。此時汪與陳炯明與孫中山恢復合作。廣州在桂系軍人陸榮廷的控制下，須有陸的支持，始能有所施展。為此，汪與胡漢民極力拉攏陸榮廷，重要的收穫，是使陸同意交出廣東省署警衛軍二十營，編為護法「援閩」粵軍，以陳炯明為司令，開往閩南漳州。陳有了這批基本武力，兩年以後，打回廣東，趕走桂系軍隊。

　　孫中山的護法軍政府，深受桂系軍人的壓迫，1918年5月18日

軍政府大元帥制，在桂系與政學系的合作下，改組為七總裁制，孫中山辭大元帥，退居上海。汪去了法國，次年8月，巴黎和會召開，汪參加反對中國在和會簽字運動，撰有〈巴黎和會與中日問題〉一文，發表在上海的《建設》雜誌，指出日本攫取山東權益，實為「強盜行為」，主張中國「南北一致，以謀對外。」胡漢民斥所謂「南北一致」，不啻「一致賣國」。認為這是和稀泥的話，很不像汪說的話。實際言之，此乃汪之一貫調和的作風。

1919年10月，陳炯明指揮的粵軍，由閩回粵，驅走桂軍。汪也回到廣州。此為孫中山護法事業一大轉機。但孫、陳之間，卻產生重大歧見。孫主張北伐，統一全國。陳則主張廣東自治，反對北伐。終於演成1922年6月16日陳炯明叛孫事件。汪在這一事件前後，扮演調停角色。1924年9月，孫中山準備北伐時，汪自覺力量不足，乃囑陳璧君赴滬約吳敬恆至韶關，向孫跪求，以北伐為重，對陳寬恕。孫只要陳寫一悔過書，則一了百了。陳堅持不肯。故孫評汪之性質，善於調和現狀，不善於澈底解決。

（六）聯俄容共由右而左

孫中山於1922年8月自廣州脫險到上海後，適第三國際代表馬林（Maring）來到上海，並轉達蘇聯來華特使越飛（Adolf A. Joffe）的來信，與孫中山商談聯合問題，孫允諾中共黨員加入國民黨，是為「聯俄容共」。孫做此決策時，曾與汪及胡漢民、廖仲愷商討，三人各有不同意見，汪極反對，以為共黨羼入國民黨，必有危險。他最有名的比喻，就是《西遊記》所說的：「孫行者跳入豬精的腹內打跟斗，使金箍棒，豬精如何受得了？」廖贊同之，胡有條件的贊同，孫中山同意胡的意見。當1924年1月國民黨第一次全國代表大會之際，曾有代表提出質疑，汪、胡則為之辯護。然對國共合作

態度，仍不免猶豫。故孫中山批評汪、胡：「效法俄國革命，已失信心。」而共黨亦將汪、胡列為「右派」。

國民黨一全大會選出中央執行委員二十四名，胡列名第一，汪第二，均派在上海執行部工作，汪兼宣傳部長。似有疏離中央之意。因蔣介石之建議，兩人均調回廣州。7月，國民黨中央設立中央政治委員會，孫為主席，汪為七名委員之一，並兼中央宣傳部長。11月，孫中山離粵北上。汪以中文秘書名義隨行。1925年3月12日，孫在北京逝世，汪為遺囑執筆人，遺囑文字簡明流暢，堪稱不朽歷史文獻。

孫中山逝世後，廣州大元帥府改組為國民政府，7月1日正式成立，汪任國府主席，並為軍事委員會主席，從此由右變左。8月，發生廖仲愷被刺案，汪為捉拿嫌犯，派兵搜查胡漢民寓所，胡乘間脫走。汪、胡從此分裂，二十年「莫逆之交」，變為仇讎，對國民黨此後之分裂與糾紛，深有影響。

汪之由右而左，據胡漢民後來的追述：孫中山在世時，汪反共最力；可是孫一去世，他為領袖慾所中，為共黨所惑，即與共產黨大有「惟一傾心，相結恨晚」之概！高喊著「黨權高於一切」，「革命的向左轉，不向左轉的滾出去」，「反共產就是反革命」的口號，與「革命者不妥協不投降」等等，同為構成他所自命左派首領的元素。步著「陳良」的後塵，奮起「精衛見鮑羅廷而大悅，盡棄其學而學焉。」國民黨二全大會時，汪聲勢洶洶對兩位華僑同志說：「你們國民黨的人自己不爭氣，這樣下去，我是要把國民黨送給共產黨了。」當他與共產黨打得火熱的時候，又再三宣稱：「要和鮑羅廷生在一處，死在一處。」這是胡後來在南京對汪的評語，講題是〈汪精衛的評價〉（南京《中央週刊》114期，1930年）。

1926年1月，國民黨二全大會以後，廣州成為汪系左派與共黨共治的局面。所謂「物極必反」，3月20日，中山艦事件的發生，

蔣介石取汪而代，汪及共黨失勢。7月，蔣率國民革命軍北伐，半年之間，先後擊潰吳佩孚、孫傳芳兩大軍閥，國民黨的勢力，到達長江流域。俄顧問鮑羅廷指使左派與共黨，建立武漢政權，利用國民黨的旗幟，發號施令，藉「迎汪復職」以倒蔣。汪於1927年4月10日，從歐洲經由莫斯科到達武漢，在武漢中央會議中「開除」蔣的國民黨籍，「罷免」蔣的國民革命軍總司令。蔣卻於4月12日在東南「清黨」，4月18日奠都南京，史稱「寧漢分裂」。由於中共農工運動「過火」，造成武漢政權的崩潰。在倡導「寧漢合作」口號下，汪聯合南京方面的桂系李宗仁，逼蔣下野。汪又與桂系衝突，共黨乘機發動廣州暴動，汪陷四面楚歌，轉而擁蔣自救，出國「避嫌」。

（七）由「反蔣」而「汪蔣合作」

1928年，國民政府完成北伐，中國由軍閥的統治轉為國民黨的統治，蔣與胡漢民合作，實行訓政，集權中央。召致地方實力軍人的反抗。1929年3月，國民黨在南京舉行三全大會，汪派全被排除。此派的重要成員有陳公博、顧孟餘等，有「國民黨改組同志會」的組織，通稱「改組派」，反對三全大會，結合地方實力軍人唐生智、石友三、張發奎、李宗仁、馮玉祥、閻錫山等，發動「反蔣」戰爭。汪自歐州回國，以「護黨救國」為號召，攻訐南京中央。到了1930年5月以後，閻、馮軍在隴海路一帶，與南京中央軍展開大戰，史稱「中原大戰」。

1930年7月23日，汪至北平，籌組「國民黨中央執行委員會擴大會議」（簡稱「擴大會議」），成員以「改組派」和「西山會議派」為主。由此會議產生北平「國民政府」，推閻錫山為「主席」，汪等為委員。民國19年（1930）9月9日9時宣誓就職，取

「久久」諧音，以示「永久」之意。同時也含四個「9」（4×9＝36）。當時有人諷為「三十六著，走為上著」。真是不幸而言中，9月19日，張學良東北軍舉兵入關，閻、馮軍背腹受敵，紛紛潰退。擴大會議諸人各奔東西，汪與陳璧君等潛逃香港。

擴大會議雖告解散，但其所主張召開國民會議及制定約法，顯然較南京方面的黨治訓政，具有號召力。蔣在「中原大戰」告一段落，亦向中央提出召開國民會議及制定約法的建議，為胡所反對，因而發生湯山事件。汪為「救胡反蔣」，又在1931年5月到廣州成立「國民黨非常委員會」和「國民政府」，是為「寧粵分裂」。

「九一八」事變發生，在「共赴國難」的要求下，寧粵雙方於1931年10月22日在上海舉行和平統一會議，汪與胡漢民、蔣介石相聚一堂，似乎是國民黨多年來內爭的結束；惟對如何結束內爭問題，三人之間則有歧見。蔣主張重修舊好，共同負責；胡則主張共同在野，以讓賢能；汪贊同蔣之主張，於是「汪、蔣合作」，而「胡」在野矣。和平統一之法，為召開國民黨四全大會產生新的中央，雙方又有歧見，寧方主張在南京舉行，粵方則主張在廣州舉行，於是決定兩方各自舉行，選舉結果合而為一。但廣州方面的大會，又發生胡、汪兩派的的分裂，於是汪派則在上海舉行。四屆一中全會政府改組，由於粵方的堅持，蔣於全會前下野離寧。林森任國民政府主席，為國家虛位元首，不負實際責任。孫科為行政院長，仿「責任內閣制」。推選胡、汪、蔣三人為中央政治會議常務委員，三人均未到任。

1932年1月28日，發生淞滬戰役，孫科無能應付，汪任行政院長，與蔣同赴南京，對日政策：一面交涉，一面抵抗。汪負交涉之責，蔣負抵抗之責。是為「汪蔣合作」政策。淞滬戰役中，由於廣東第十九路軍和中央第五軍的堅強抵抗，使南京國民政府的地位獲得穩定，也有了交涉的力量，在國際調解下，簽訂停戰協定，日軍

撤出上海。此為「汪蔣合作」政策一項成果。繼之而起的，則為熱河防守問題。日軍占據東北後，成立「滿洲國」，亦將熱河省列入範圍。駐守熱河的東北軍將領湯玉麟，態度曖昧，汪、蔣要張學良將湯調離並派兵入熱，張無能為力，汪於是年8月6日發出通電，責張「去歲放棄瀋陽，再失錦州」，「致敵益驕，延及淞滬」，「今又未出一兵、放一矢，乃欲藉抵抗之名，以事聚斂。」汪表示：惟有引咎辭職，以謝張一人；希張亦辭職，以謝國人，勿使熱河為東北、錦州之續。張亦表示「辭職」，惟其所屬東北軍將領，群起反彈。蔣只是給張換了一個名義，仍坐鎮北平如故。汪則請假出國，由行政院副院長宋子文代理其職。1933年3月4日，百餘名的日軍，在無抵抗的情況下，占據熱河，張始去職出國。蔣調中央軍北上，連同西北各軍，與日軍血戰，是為長城戰役。為時將近兩月，終於不敵，與日方簽訂塘沽協定，形同「城下之盟」。汪在長城戰役時回國復職，因協定備受各方責難，汪則一肩承擔。一面抵抗、一面交涉政策，勢難維持下去了，乃易詞為「困守待援」。其言曰：「與其打鑼求救，而救兵終不到；且因打鑼，更足引敵之侵略，孰若困守以待援之為得計。」外交部長羅文榦因改變政策而去職，由汪兼任外長，以唐有任為次長，行其「中日提攜、親善」政策。到了1935年6月華北事件，日本逼迫南京中央勢力退出華北以後，這個「困守待援」政策也難維持了。這年11月1日，汪在南京被刺受傷，雖經救治，仍有一顆子彈無法取出，一直留在背胛裡。12月，國民政府改組，蔣任行政院長，張群為外交部長，改取對日強硬政策。汪是中央政治會議主席，雖仍主張對日「親善」，但無實權，「汪、蔣合作」，名存實亡。

（八）由「和平運動」到投日

　　1937年7月7日，盧溝橋事變，是為對日八年抗戰之始。蔣宣示「抗戰到底」，汪對抗戰前途悲觀，極力醞釀「和平運動」，參與此一運動者，有胡適、高宗武、陶希聖、周佛海諸人，胡且主張以承認「滿洲國」，作為對日議和條件。汪曾將胡之意見向蔣轉達，蔣不納。其後胡雖改變主張，汪仍致力「和平」。南京失陷前後，德駐華大使陶德曼（Oskar Trautmann）兩次轉來日本議和條件，後一條件，尤為苛刻。時蔣駐節武昌，曾與汪等商討和戰問題，汪以為各國經濟制裁日本，確已不能成立；雖美之汽油，亦不能不售於日本。軍械除蘇俄能略助我外，其他任何國家，決難參加作戰。若無特別大變動，可以說完全絕望。蓋汪之意，傾向於對日和議，且有迫不及待心情。他對軍令部長徐永昌說：「日人正催我答覆，恐三、五日無確覆，即將大舉西來，前途愈不樂觀。」

　　蔣去鄭州前線。汪電蔣：「和不必有成，但能延宕下去，即是大利。」延宕之法，汪與徐永昌商量，徐以為此等事，萬不可使蔣先生負責。此等時期，設蔣先生因此搖動其政治地位，直無異顛覆國家。汪極是徐說。徐因建議：最好由汪先生負責進行。汪無反對表示。

　　據委員長侍從室主任周佛海告訴王世杰（軍事委員會參事室主任）說：

　　　　外交部前任司長高宗武，辭司長職務後，即受政府密命駐香
　　　　港，與日本方面在港之人往來。七月初（1938年），高氏經
　　　　日本同盟通訊社之介紹，飛往上海，並由滬祕密飛往東京。
　　　　高氏在東京居留約兩星期，至七月半始返。高返港後，曾將

在東京晤談情形，具一書面，以專人飛漢呈送蔣先生閱過。高氏抵東京之次日，坂垣（陸軍省大臣）及多田（參謀次官）諸人即親來訪高。嗣後高復晤見近衛首相、松岡洋右、影佐（禎昭）及岩永（同盟通訊社社長）等多人。但宇垣外相以避嫌之故，未出面與高相見。近衛曾告高：可與代表岩永氏詳談和平條件。岩永氏謂日本之要求為：（一）承認滿洲國。（二）華北特殊化。（三）中日經濟合作。（四）日本在中國若干地點駐兵。（五）國民政府與華北、華中偽組織合流，但仍以國民政府為主體。（六）中國加入反共團體。（七）蔣先生下野。……高氏臨行時，日方尚表示，將於八月半續派要人赴港再商，但據周佛海言：八月半似無日人到港之消息。

事實上，高宗武返港後，於8月下旬由高介紹松本重治（日本同盟通訊社中南總分局局長）與梅思平繼續談判。梅與汪的關係，比高更密切。從8月29日至9月4日，連續進行五次會談。梅向松本表示：和平運動非請汪先生領導不可，與汪共同行動的有雲南龍雲、四川和廣東的將領張發奎等。10月21日，廣州失陷，此時汪已至重慶，梅於22日到重慶，向汪報告與日方會談情形。11月20日，梅、高在上海虹口重光堂，與日方代表影佐禎昭、今井武夫等簽訂所謂〈日華協議紀錄〉，亦稱〈重光堂協議〉，主要內容有簽訂防共協定，承認「滿洲國」等。27日，梅、高到重慶，向汪報告。汪承認上海協議。12月17日。汪祕密離開重慶，經昆明往越南河內。據汪自述：

我（汪）於十七日到昆明的時候，雲南省政府主席龍雲問我道：聽說（日本）撤兵以二年為期，是嗎？我答：是的，停

戰以後二年撤兵完了。龍雲道：能否早些？我答；我也想早些，但是能這樣，已不易了。十八日我到河內，還有電報給蔣先生。二十二日，近衛聲明發出了。而二十六日蔣先生在重慶中央黨部演說，對近衛聲明不但完全拒絕，並且加以激底的攻擊。這篇演說公開發表，我為中國前途打算，我乃不得不將我的艷（29日）電，以及致國防最高會議的信（〈舉一個例〉），也公開發表了。

汪是國民黨的副總裁，國防最高會議主席，國民參政會議長，地位崇高。其投日行為，雖未能動搖中國抗戰，卻做了日本「以華制華」的工具。汪到河內，蔣曾派谷正鼎攜帶汪等出國護照及旅費赴河內，勸其遠遊，為汪所拒。1939年3月21日，軍統人員奉命潛入汪寓行刺，誤刺曾仲鳴，汪逃一劫。在日本人的保護下，汪於5月6日經香港轉到上海，完全落於日本掌握之中。

（九）建立南京偽政權

汪到上海後，即於5月31日率領高宗武、梅思平、周佛海等，在影佐禎昭陪同下，前往東京，汪提出「關於收拾時局的具體辦法」，希望求得一點「自主」。結果接受了日本的「關於樹立中央政府的方針」。6月18日，離日經北平，會晤北平「臨時政府主席」王克敏。28日到上海，著手組織政府。會晤南京「維新政府主席」梁鴻志等。8、9月間，在上海召開「國民黨六全大會」和「六屆一中全會」，成立「國民黨中央」。9月21日，在南京與王克敏、梁鴻志等舉行「中央政治會議」，籌建「中央政府」。隨後即與日本代表影佐禎昭等談判密約。12月30日，汪在密約上簽字。依照協議，這一密約「永不公布」。但在三天後，此一密約影本，

即由高宗武、陶希聖攜出上海，潛往香港。1940年1月22日，香港《大公報》以頭版頭條登出，並在第三版刊登了原文照片。汪之賣國確證與日本亡華野心，遂昭白於天下。

1940年3月30日，汪偽政權在南京正式成立，僭稱「國民政府」，汪任「主席」。下設五院，汪為行政院長，立法院長陳公博，司法院長溫宗堯，監察院長梁鴻志，考試院長王揖唐。行政院下設各部會，周佛海、梅思平、褚民誼、林柏生等，分據要津。華北特殊化，設「政務委員會」，王克敏為「委員長」。

1941年12月8日，太平洋戰爭發生，汪要求「參戰」，日本不允。1942年10月以後，日本在太平洋戰場居於敗勢，英美又宣布廢除對華不平等條約，日方乃與汪協商「參戰」事宜，1943年1月9日，汪偽政府發表對英美「宣戰宣言」，照樣成立「最高國防會議」，自任「主席」，實際並無作戰力量，只是協力日方「安全後方」，搜括物資，供應日軍作戰而已。惟藉「安全後方」，則於5月間成立「清鄉委員會」，汪自任「委員長」，以蘇州為中心，進而擴及周圍地區，以為可以藉此強化其政權。曾多次穿「特級上將」戎裝，到清鄉地區視察，大擺威風。

（十）病歿名古屋

隨著日本在太平洋戰場的慘敗，汪之心情日趨惡劣，常在公開場合中，痛哭泣涕，有時大發脾氣，且借酒澆愁。留在體內八年之久的一顆子彈，常覺背部酸痛，進而延及胸部及兩脅同時發痛。12月19日，由日本軍醫取出留在背部的子彈，病情暫時好轉。但至1944年元旦，又感不適，經醫檢查，認為病情已到危險階段。3月3日轉往名古屋帝國大學醫院治療。南京「國府主席」由陳公博代理，「行政院」由周佛海代理。9、10月間，汪之病情更見沉重。

11月9日，美機空襲名古屋，汪移至地下防空洞。受到風寒，病情
急趨惡化。10日下午4時歿。得年六十一歲。

▋ 三、鮑羅廷傳

　　鮑羅廷（Mikhail M. Borodin, 1884－1951），猶裔俄人。1923年至1927年出使中國，擔任中國民黨政治顧問，協助孫中山改組國民黨，指導中國共產黨，建立武漢政權，造成國共分裂，失敗後回俄。對中國政局產生深遠影響。

（一）出使中國前的經歷

　　鮑羅廷，俄文原名格魯遜伯格（Mikhail Markovich Gruzenberg），1884年7月9日，生於俄國維特比斯克省的小域市葉諾維奇（Yanovichi, Vitebsk）。十歲隨父移居拉脫維亞的首府里加（Riga, Latvia），就讀一所俄人夜校，白天在碼頭做工。畢業後進入當地的工藝學院就讀。十六歲即在當地參加猶太社會民主同盟，簡稱「崩得」（Bund），從事革命活動。1903年，加入俄國社會民主黨的布爾什維克派。次年11月，代表里加委員會出席在芬蘭台姆司福（Tammersfors）舉行的俄國社會民主黨代表大會，此會由列寧（Vladimir Lenin）主持。1906年4月，參加俄國社會民主聯盟在斯德哥爾摩（Stockholm）召開的第四次代表大會。於投票表決中，成為列寧與史太林（Joseph Stalin）的忠實支持者。返回里加後，即被祕密警察追蹤。7月，亡命倫敦。次年初來到美國，居波士頓。1908年移居支加哥，以打工為生。與來自維爾那（Vilna）的一名女士阿魯克芬尼（Fenya Orluk）結婚，其後亦隨

鮑來華。這年鮑以一名英國學生身分，在法爾帕來梭大學（Valfaraiso University）註冊入學，並加入美國社會黨。此地也有俄國人的革命黨組織，鮑是重要的成員之一。

1917年俄國十月革命，流亡國外的布派首領列寧及托洛斯基（Leon Trotsky）等，均迅回俄掌握政權。鮑在次年7月離美返俄。在莫斯科，列寧遂即召見，令其返美，傳達列寧的《告美國工人書》。鮑經奧斯陸（Oslo）時，將此書交給一位同志，偷渡入美，其本人則留歐活動。1919年回莫斯科，參加共產國際第一次大會。會後以駐墨西哥領事名義，往美洲工作。攜有價值五十萬美元的珠寶，以供蘇聯對美的活動經費。為避美國海關搜查，乃託交一位奧地利退伍軍官，帶往支加哥交予其妻。但其妻久未收到，使鮑一度受到黨的調查。約兩年之後，這批珠寶，才有下落。

1919年9月，鮑由支加哥抵墨西哥，其任務為：評估墨西哥的革命潛力，建立蘇墨外交關係。認識了印度籍的社會主義者魯易（M.N.Roy），對鮑之活動，協力至多。其最大成就，是成立了墨西哥共產黨。

1920年初到歐洲，參加在阿姆斯特丹（Amsterdan）的共產國際西歐局的會議。旋返莫斯科，參加共產國際第二次大會工作，將列寧所撰的《左派幼稚病》（*Left Wing Communism: An Infantile Disorder*）小冊子譯為英文。次年1月，任共產國際駐柏林特使，進行對外聯絡與滲透顛覆的活動。

1922年春赴英，化名喬治・布朗（George Brown），指導英共活動。8月22日在格拉斯哥（Glasgow）被捕判刑六個月，第二年（1923）2月20日，服刑期滿，被驅逐出境。回俄後，適加拉罕（Lev Karakhan）出使北京，建議派鮑同來中國，擔任孫中山的顧問。

（二）為國民黨設計改組工作

　　民國12年（1923）1月，孫中山與蘇聯代表越飛（Adolf Joffe）在上海發表聯合聲明，俄對孫中山之國民革命，願予提供援助，與此同時，共產國際亦令中共黨員以個人身分加入國民黨，是為孫中山「聯俄容共」政策。2月，孫中山去廣州重建革命基地。8月，派蔣介石赴俄考察。這時鮑已離俄來華，經過瀋陽，與奉系首領張作霖談判中東路問題。9月至北京，由加拉罕函介往廣州見孫中山。10月6日到廣州，9日，孫中山為鮑舉行歡迎會。15日，參加國民黨員集會，發表演說，號召群眾團結在國民黨周圍。18日，應《覺悟社》記者訪問，指出：將來引導國民運動以至完全成功者，即為中國國民黨。這天，孫中山親筆手令委任鮑為「國民黨組織教練員」。鮑遂向孫中山提出改組國民黨的建議，要點為：（一）在國民黨改組前，應修改黨的政綱，向民眾普遍宣傳。（二）制定黨章。（三）在廣州建立堅強而團結的黨的核心。在上海建立第二個中心，然後在全國普遍建立黨的組織。（四）儘速召開全國代表大會，討論黨綱和黨章，並選出新的中央執行委員。（五）為了準備黨的改組工作，應選派積極的黨員，赴各地成立區分部，選出代表大會的代表。（六）在代表大會期間，應使每一代表了解今後的任務，以及如何建立基層組織。

　　鮑的建議，受到孫中山的採納，遂於10月25日召集一項會議。約五十名國民黨要員參加討論關於黨的改組問題。隨即委派九名執行委員和五名候補執行委員，成立國民黨臨時中央執行委員會，聘鮑為顧問，起草黨綱、章程，辦理各地區分部黨員登記，準備召開全國代表大會。

　　鮑之協助孫中山改組國民黨，實欲藉此來推行蘇聯和共產國際

對華政策,其要項可歸納為以下三點:

（一）欲使國民黨與蘇聯密切合作,來做反帝國主義運動,以進行所謂「世界革命」。

（二）使中共黨員及社會主義青年團員加入國民黨,以牽制國民黨的政策,在國民黨內發展組織,最後則取國民黨而代之。

（三）使國民黨注重農民及工人運動,以便加入國民黨的中共人員接近農工群眾,以發展中共的勢力。

孫中山與一些國民黨人,對於鮑之觀點,並不能完全接受。孫中山之聯俄重在獲取俄援,以完成國民革命;其容共乃是要中共黨員接受三民主義和黨的政策。其農工政策,則為消除階級鬥爭,而與共產理論迥異。惟國民黨改組以後,組織功能的加強,政策的落實,鮑之貢獻,自亦功不可沒。

鮑為國民黨所設計的改組工作,在國民黨內引起最多的爭論和糾紛,則為指使中共人員對國民黨的滲透與分化的活動。其滲透的方法,即中共人員在國民黨各級組織建立祕密黨團,經國民黨人發覺而提出檢舉,且認為是鮑所為。國民黨中央監察委員張繼、謝持為此質問於鮑。鮑曰:「加入國民黨內新份子如共產黨者,組織黨團,可引起舊黨員之競爭心,則黨可復活。」張、謝則認為:「實足以使國民黨死亡耳。」其分化的方法,是將國民黨人分成左、中、右各派,使之衝突和鬥爭。以加入國民黨的中共黨團員為左派,聯合幻想中的國民黨左派,共同打擊右派。鮑在答覆張、謝質問時,亦坦承「希望右派、左派相爭,發生一中央派,作黨之中心。」這一分化策略,確對國民黨造成嚴重的影響。胡漢民指出:

> 左、右派像一把刀,鋒芒所到,幾乎無堅不摧,無微不入,雖小到兩個人的團體,亦可一刀兩斷,使之互相對抗鬥爭。然後主持者,善刀而藏,躊躇滿志。當民國16年（1927）清

黨時，發現黨部是空虛的，上下是不相聯絡的，足見其滲透、分化，所造成的結果。

（三）在廣州的權勢

1925年3月12日，孫中山在北京去世後，鮑在國民黨內影響力，更為重要。這年7月1日，廣州大元帥府改組為國民政府，胡漢民解除代理大元帥職權，以汪精衛為國民政府主席，並為軍事委員會主席。鮑為國民政府高等顧問。此一人事的變動，實由鮑之安排。汪對孫中山之聯俄容共政策，原非積極支持，但自出任國府主席後，態度由右變左，且以左派領袖自居。使廣州左右兩極化對立情勢，更趨緊張。8月20日，廖仲愷被刺案發生，鮑藉廖案清除異己，首先排除胡漢民。但胡在國民黨內，仍具影響力。廖案發生時，汪力請鮑來「共同研究」。鮑主張成立特別委員會，以汪及許崇智、蔣介石三人為委員，鮑為顧問，將黨部、國民政府、軍委會職權，一律交特別委員會。鮑欲藉此案以興大獄。8月25日，汪派軍隊一營，如臨大敵，搜查胡之寓所，胡乘間走脫，蔣安排住黃埔軍校，至9月15日，回廣州住入醫院。這天，汪在中央政治會議決定派胡赴俄「考察」，實即放逐。此亦出於鮑之安排。據鮑之說明：為穩定廣東政局，胡漢民必須離開廣州，決定以國民黨代表名義，派他去莫斯科，列席共產國際執委會會議。

繼胡被排離粵者，尚有中央執行委員鄒魯、林森等人，因彼等均彼列為「右派」。彼等即於這年11月在北京西山碧雲寺孫中山靈前，舉行執行委員會議，要求取消容共政策，解除鮑之顧問職務，對汪提出彈刻，另立中央於上海，次年3月召開二全大會。一般稱之為「西山會議派」。廣州方面，卻提前在1月召開二全大會，「西山會議派」人士多被「開除黨籍」或「警告」。是為國民黨首

次分裂。廣州中央自二全大會後，已成為左派和共派共治的局面。自2月3日，鮑離廣州一段時間，14日到北京，會晤由莫斯科派來中國的考察團，向該團團長布勃諾夫（A. S. Bubnov）提供關於廣東革命根據地情況報告，指出隨著軍隊的整編，胡漢民被派往莫斯科，廣州似乎形成了一個統一而又鞏固的政權，在六名軍長中，有四名是「可靠」的。在討論到中國革命策略時，一派主張從速北伐，一派認為北伐為時過早。鮑則提出北伐工作所需的準備工作和步驟：政治與經濟的改革，強化國民黨中的左派，加強農工運動，中共進一步的布爾什維克化，提高軍隊左傾情操。鮑的意見，受到尊重。但為時不久，廣州發生了「三月二十」事件（亦稱「中山艦事件」），汪因此失勢，中共氣勢受到抑制。

「三月二十」事件發生後，鮑與加拉罕對廣州情勢研判，認為局勢尚可挽救。前所擬議的北伐策略，仍屬可行。而布勃諾夫則主張加強援助北方馮玉祥軍。因馮原在北京，為張作霖所逼，退往內蒙，渴求俄援。4月5日，鮑至外蒙庫倫，與馮晤談，商談國民黨與馮軍合作問題。馮往莫斯科，鮑往海參崴，適胡漢民滯留該地，遂同回廣州。

胡之能回廣州，顯得鮑之支持。惟其回粵後提出「黨外無黨，黨內無派」之主張，對共派不利。鮑為處理「三月二十」事件問題，對蔣提出限制共黨在國民黨內的各種要求，採取暫時讓步的策略，同意召開國民黨二屆二中全會解決之。胡、汪均於會前離開廣州，鮑之合作對象，則由汪轉蔣。

國民黨二屆二中全會於5月中舉行，通過蔣提出的「整理黨務案」及出師北伐案。蔣任國民革命軍總司令，7月9日，出師北伐，9、10月間克武漢，北軍吳佩孚被擊潰。11月克南昌，北軍孫傳芳再被擊潰。1927年3月，革命軍再克上海、南京。國民政府及國民黨中央已由廣州遷至武漢，則為鮑所控制，掀起「迎汪倒蔣」。

（四）策劃「迎汪倒蔣」

　　國民革命軍出師北伐後，蔣介石總司令到前線指揮作戰，中共對國民黨策略反守為攻，鮑亦指示中共利用汪精衛問題，進行國民黨的「內部鬥爭」。汪於「三月二十」事件」後，出國休養，權力集中於蔣。10月間，在廣州舉行的國民黨中央暨各省市黨部聯席會議，實由鮑與中共幕後操縱，有八十五名代表出席，大多為左派。除通過各種急進的議案外，最重要的決議案則為「迎汪復職」。實即暗示「反蔣」，蓋汪之去職，乃蔣所「逼」也。從此國民黨各級黨部及民眾團體，要求汪氏「復職」呼聲，形成巨浪，對蔣構成嚴重的壓力。在革命軍克武漢後，內部亦有分裂趨勢，首先是據有兩湖地區的第八軍長唐生智，對蔣頗有異志，極力向中共及俄顧問示好，頗思取蔣而代。鮑獲此情報，即於11月中離粵北上，同行者約有三十名黨政要員和幾百名衛隊，經過長途跋涉，到達革命軍總司令部南昌，轉往牯嶺與蔣商討遷都問題後，逕往武漢，同行的有國民政府四位部長：交通孫科，外交陳友仁，司法徐謙，財政宋子文。還有左派的中央執行委員等。12月10日，到達武漢，受到唐的「盛大歡迎」。

　　在一項談話會中，鮑提議成立「國民黨中央執行委員暨國民政府委員臨時聯席會議」（簡稱「聯席會議」）。委員除以上四位部長外，有宋慶齡、鄧演達、吳玉章等左派人員，以徐謙為主席。在廣州中央未遷武漢前，執行「最高職權」。迨12月底，廣州中央遷至並停留在南昌時，遂形成兩個「中央」對立之局。由於蔣以全力經營長江下游作戰，乃作讓步，同意南昌中央遷至武漢。鮑則完全不理會蔣的意見，於1927年3月10日到17日，在武漢舉行國民黨二屆三中全會，將國民黨中央所有的黨、政、軍事機關，全部改組，

形成以汪精衛為中心的集體領導體制。黨、政、軍大權，集中在中央政治委員會的七人「主席團」，蔣被排除在外。全會前夕，唐生智把親蔣的武昌衛戍司令陳銘樞趕走，代以親汪的張發奎。不啻公開叛蔣。此時鮑在武漢，可謂權傾一世。武漢卻成為莫斯科以外的另一「世界革命中心」。

武漢原來是由軍閥統治的工商業城市，經過鮑的擺佈，迅即變為東方的「赤都」。首先是1926年12月26日，由中共發動的武昌閱馬廠民眾反英運動大會，宣稱參加的團體有二百多個，群眾十萬人以上，把反英帝國主義運動帶進高潮，1927年1月3日，群眾衝入漢口英租界，英方無力維持，武漢當局藉此收回英租界。九江英租界亦同此方式而被收回。從此強烈的反帝國主義運動，隨著革命軍向長江下游的進展，而到達上海和南京各大都市。在上海，有3月21日的工人暴動，在暴動中，上海赤色工會武裝了二千七百名工人糾察隊，鮑以武漢國民黨中央的命令，賦予「憲兵」的職權。在南京，3月24日，發生了轟動國際的「南京事件」。武漢及兩湖地區外國人的教會、工廠、商行、僑民，也遭到群眾普遍的騷擾。4月3日，漢口日租界，發生了群眾與日本水兵衝突事件。

武漢及兩湖地區的工人和農民，都被組織起來，工人有工會及武裝糾察隊，農民有農民協會及武裝自衛隊。對店主、地主，進行清算鬥爭，高喊「打倒資本主義」、「打倒土豪劣紳」，形成赤色恐怖狀態。

在轟轟烈烈的革命高潮中，鮑坐鎮武漢中央。聽取各方情況的報告，做最後的裁決。其主要企圖，是如何剝奪蔣的兵權。在「迎汪復職」的宣傳下，革命軍將領中已造成一種「反蔣」的思潮。根據當時從俄駐北京使館搜出的文件顯示：在武漢三中前夕，革命軍十個將領中，有六個軍「結為盟友」，來「擁汪反蔣」。甚至蔣的嫡系第一軍三個師長中，也有兩個師長（第一師薛岳、第三師嚴

重）服從武漢中央。第六軍程潛不但「反蔣」而且「擁共」。由於共黨勢力的膨脹，兩湖地區工農運動造成的社會恐怖，也使社會產生反俄、反共、反農工運動的普遍思潮。為轉移目標，乃發動反帝國主義運動，造成中外衝突，阻止對「帝國主義者妥協的傾向」。按照共黨的說法：「徵引帝國主義壓迫，使中國各階級一致。」

為拉攏軍事將領，鮑及中共人員利用武漢國民黨中央的招牌，來為一些將領奪權，除了幫助第八軍長唐生智鞏固兩湖地盤，以換取唐對農工運動支持外，也在江西發動「四二」政變，趕走省主席李烈鈞，代以第三軍長朱培德，換取中共在江西的工農運動。第七軍長李宗仁進入安徽後，武漢中央立即委以安徽省主席。但此項命令卻以明電發出，為蔣截留，顯為故意使蔣、李不和。後來蔣之下野，為李所逼，不無因果關係。第六軍長程潛指揮第二、第六軍進入南京，武漢方面特派林祖涵親持命令，派程為江蘇政務委會的主席。除了這些省主席的任命外，還有各省政的委員、廳長之類的重要官員多人，其中多為左派和中共人員。而實際的事務，則多控制在這類人的手中。

至於「迎汪復職」也成為事實，汪在歐洲接到武漢方面電報後，即離法國經由莫斯科，1927年4月1日到達上海。武漢方面已派宋子文到滬迎接、汪在上海停留數日，與蔣見了面，蔣要他一同分共，他卻與中共領袖陳獨秀發表聯合聲明，強調國共聯合。4月10日到了武漢，「反蔣」聲勢，更為浩大。15日，武漢中央通過了對蔣總司令的「免職令」。

鮑之「倒蔣」策略，至此好像成功了。但一經蔣之反擊，武漢政權立即陷入困境。難經汪、鮑努力挽救，只維持三個月，終告崩潰。

（五）在華使命的終結

　　蔣介石總司令指揮的革命軍進入江西南昌後，即進行對長江下游的東南作戰計畫。鮑到武漢後，為對抗蔣的東南作戰計畫，即向北方經營，迎接馮玉祥軍進入河南。馮在1926年9月自俄取得援助的承諾，回到綏遠的五原，率其國民軍進入西安。迨蔣於1927年3月末完成東南作戰計畫，進據上海、南京時，馮軍仍留西安。蔣得上海，財政問題得以解決，外交活動亦有憑藉，始有餘力解決共黨問題。上海工人暴動及南京事件時，蔣由九江趕往上海，獲得國民黨元老吳敬恆、蔡元培等的支持，決定清除黨內、軍中及民眾團體中的共黨人員，是為「清黨」運動。首先解除上海工人糾察隊的武裝，其本人於4月9日進入南京，勒令程潛指揮的第二、第六軍撤出南京，程潛本人已潛往武漢，向鮑告密蔣之「清黨」計畫。鮑於4月7日在其寓所舉行一項緊急會議，決定以「遷都南京」為名，派軍向南京增援，但卻遲了一步，為蔣捷足先登。

　　4月15日，留在上海的國民黨要員胡漢民等集會南京，決定奠都南京。18日，宣布成立國民政府於南京。形成寧、漢分裂之局。史稱「寧漢分裂」。此時屬於南京的革命軍，為何應欽的第一軍，李宗仁的第七軍，廣州方面李濟深的第四軍。此外尚有新近收編的幾個軍。所轄地區為江蘇、浙江、安徽、福建、廣東、廣西等省。武漢方面，則有兩湖和江西。

　　南京方面，為了打破來自武漢的壓力，進而瓦解武漢政權，大致採取三個途徑：一為引發或支援武漢內部反共運動；一為爭取西北方面馮玉祥的合作；一為穩定兩廣的繼續支持。這三方面都大致做到了。

　　武漢方面，面對南京方面的挑戰，立即採取兩項措施：在外交

上，實行「戰略退卻」，緩和農工運動，停止對外國人的騷擾或攻擊；在軍事上，實行北伐，迎接馮玉祥軍進入河南。計畫進取天津和北京。後來回師武漢，出兵「東征」南京。這些措施，都是出自鮑的主張。

關於外交上的「戰略退卻」，是在南京國民政府成立後的兩天，鮑於4月20日向武漢中央提出，其實際辦法，是要武漢政府召集勞資雙方協議。使英、美煙草公司復工。對武漢地區的中外廠商，切實保護，產品自由行銷，不得抵制。打算組織大規模合資公司，歡迎中外合作投資。此外對工人運動，加以約束。並派專人到湖南、江西去宣導。惟群眾運動，易放難收，上層政策雖變，下層暴動如故，致武漢經濟繼續惡化，廠商停工、停業，資金逃避，工人大量失業，社會不安，金融恐慌，財政困難。影響武漢政權的生存。

關於軍事北伐，原有爭論，新從莫斯科來到武漢的共產國際代表魯易，主張「土地革命」，加緊農民運動，以鞏固武漢政權。鮑則主張北伐，進攻進入河南的奉軍，與馮玉祥軍會師河南，爭取山西閻錫山協同北伐，以擴大武漢政權的聲勢。鮑的意見，得到汪和陳獨秀的支持，因於4月18日出師北伐，擊敗奉軍，6月1日與馮會師鄭州。惟「土地革命」，仍在湖南進行，波及軍人的家屬，引起軍人的反共。

5月初，屬於武漢的夏斗寅師，自宜昌舉兵東下，攻至武昌附近，截斷武昌到長沙的交通。駐守長沙的一名團長許克祥，在5月21日發動事變，一夜之間，將共黨的農工團體及其武裝，盡行解除。是為「馬日事變」。兩湖地區民眾，遂即紛起反共。6月初，江西朱培德應其部屬要求，將其軍中的共黨工作人員，遣送出境，並停止農工運動。面對如此的普遍的反共風潮，坐困武漢中央的汪、鮑等，為了挽救此種情況，汪和武漢中央的要員，於6月10日至鄭州，和馮玉祥會商，將河南及西北軍政大權，完全交馮獨攬，

以換取馮的合作。撤回武漢的北伐軍，一面鎮壓內部反共，一面準備「東征」南京。

　　馮玉祥進入河南後，即與唐生智發生權力衝突。馮向武漢要求財力支援，汪無能為力。其撤回北伐軍，放棄進取北京的計畫，更是違反馮的利益。在此之前，馮已獲得南京方面財力支援的承諾，並有信使往還。6月20日，馮到徐州，與蔣及南京方面的要員胡漢民、吳敬恆等會談，南京方面支持北伐計畫。馮同意發電警告武漢共黨及遣鮑回俄。如此，鮑所主張的北伐和迎馮入豫的結果，反而造成對自己的不利局面局。鮑和陳獨秀認為此時唯一出路，只有「東征」。此亦獲得汪、唐的支持。武漢中央遂將唐升為第四集團軍總司令，下轄兩個方面軍，其原來的第八軍，擴編為三個軍，唐兼第一方面軍總指揮。第二方面軍總指揮由張發奎升任，下轄三個軍，其中一名軍長屬於共軍的賀龍，另一名為共軍葉挺的獨立師。對於農工運動的「過火」行動，予以糾正。更不能談「土地革命」。鮑說：「現在只有東征，才能跳出此火坑。一切較高的政綱，都待打到南京再說。」

　　正當汪、鮑緩和內部反共，及準備東征時，從前線撤回的第三十五軍軍長何鍵，突於6月29日在漢口公開反共，要求分共，聲稱剷除暴徒，搗毀工會，捉拿工會人員。何原屬唐部的師長，升為軍長，官兵多為湘籍，留在故鄉的家屬，多被農工會騷擾，即何之兄長，亦被鬥爭。這是何反共的直接原因。

　　鮑連日在其寓所與中共要員商討應變問題，仍不外拉攏汪、唐為之解套。辦法之一，即宣布「撤回參加國民政府（武漢）的共產黨員」。7月15日，武漢中央因有「分共」的聲明。籍口是魯易傳達莫斯科的一項「訓令」。無法在武漢活動的中共人員，多已加入張發奎駐在江西的軍隊，參加「東征」去了。鮑也躲往九江宋子文的寓邸。此時莫斯科派來的兩名特使，紐曼（H. Neumann）和羅明

納滋（B. Lominadze）到了漢口，強迫中共放棄「機會主義」。鮑之在華任務乃告終了。7月27日自漢口乘火車北上，武漢要員汪等親至車站歡送。路過鄭州馮玉祥的防區，受到馮的保護。經由蒙古回俄，結束將近四年在華使命。

（六）回俄以後

鮑離武漢的當天，汪等始發現莫斯科命令中共：「應在國民黨內創立非法的戰鬥機關」。同時又接到張發奎的報告，說開往江西的軍隊，內部起了糾紛。汪知事態嚴重，趕往九江，但已挽救不及，「南昌暴動」終在7月31日的夜間爆發了。汪回武漢中央報告，大罵鮑羅廷，深悔發現共產國際的命令時，沒有把他「抓來槍斃」。根據與鮑同行的一位美國左傾作家斯特朗（Ann Louise Strong）記述：鮑氏一行經西安、平涼、固原、銀川等地，9月18日到庫倫，應邀向蒙古革命黨代表大會致詞：〈中國革命失敗的教訓〉。10月，回到莫斯科，提出一次報告，即保持沉默。1929年5月，檢討「中國革命問題」時，發表〈中國革命的前途〉，受到批評，承認錯誤。說中國革命的錯誤，在他與陳獨秀之間發生重大歧見，而沒有將歧見引到公開鬥爭；否則，就不會有武漢時期的失敗。這顯然是為史太林洗刷失敗的責任。此後鮑有了職業，曾任勞動人民委員，塔斯社代理人，最後任《莫斯科新聞》英文版編輯主任，與斯特朗一起工作。1949年初，與斯特朗一同被捕，監禁在葉庫次克（Yakutsk）附近的一個勞動營裡。被捕的原因，據一位西方學者的研究：是史太林對猶太人在二次大戰後民族主義的增長，感到不安。另一原因，則是因為斯特朗報導中共勝利的一本著作，為史太林所忌，牽連鮑的被捕。1951年5月29日，死於勞動營中，得年六十八歲。

▋四、大陸學界重評蔣介石歷史地位

（一）學術思想開放與市場經濟開放同等重要

　　新加坡《聯合早報》刊載兩篇短文，一篇是都人的〈北京重新評定蔣介石的歷史地位〉（以下簡稱都文），一篇是莊文康的〈為政治效用治史？〉（以下簡稱莊文）。都文是根據中國大陸的兩部電影劇本，肯定北京方面重新評定蔣介石的歷史地位：一是北京中央電視國際頻道播送的連續電視劇《遠東陰謀》；一是在廣州封鏡的史詩戰爭影片《黃埔軍人》。這兩部影劇對蔣介石的歷史地位，都做了正面的肯定。都文不但欣賞北京方面對蔣介石歷史地位的肯定，而且曾經建議過北京，應該迅速恢復蔣氏歷史名譽。

　　莊文是對都文的回應和補充，基本上是贊同重新評定蔣介石的歷史地位。但如何評定，認為這是「史家行內的學術問題」；如果是「為政治目的而治史」，那就有待商榷了。換言之，要評定一個歷史人物的功過是非，就需要有客觀的標準。消極方面：「最好不拘泥於單一的意識形態」；積極方面：「還有很多大是大非的問題需要解決」。例如要是蔣介石得到「平反」，那麼抗日戰爭的歷史，需要重新評定才是。

　　看了都、莊兩文後，可以進一步了解對於重新評定蔣氏歷史地位問題，實為大家所關切的問題。事實上，就筆者所知，自大陸改革開放後，已為重新評定蔣介石及其相關人物的歷史地位，做了大

量的努力，也有了可觀的成效。這不僅是對蔣氏個人，也是涉及歷史文化和學術思想的開放，其重要性不下於市場經濟開放。縱然有某些政治目的，也是值得欣賞鼓勵的；何況政治目的並非全然不可取的。

（二）重評蔣介石歷史地位是改革開放的產物

北京方面對於蔣介石歷史地位之重新評定，實自中共改革開放而開始起步。在此之前，中共史著中，蔣氏完全是被否定的負面人物。據大陸一位學者在其一篇論文中指出：

> 在中國近代歷史的過程中，蔣介石作為國民黨統治舊中國二十二年（1927－1949）的代表人物，是中國新民主主義革命要打倒的第一號人物。多少年來，在人們的心目中，他自然是萬惡之源。罪魁禍首。[1]

但自改革開放後，情況就大為改變，它的情況是：

> 現在歷史已經過去了將近半個世紀，尤其自中共十一屆三中全會（1978年）以後，實事求是的思想路線，大大發展。人們能夠把學術研究和政治宣傳區別開來，把蔣介石作為一個歷史人物，來冷靜地理智地加以認識和研究。在民國史研究取得碩果累累的基礎上，歷史考察他（蔣）的作用和地位，給予歷史的客觀的實事求是的評價。[2]

---

[1]　嚴如平，〈提高蔣介石研究的科學性〉，《民國研究》1996年第三輯，南京大學出版社，頁65。

[2]　嚴如平前文，頁65。

突破禁忌，對歷史人物的功過是非，能做客觀的研究，是學術思想開放的重要工程，這在蔣介石方面研究的表現，尤其顯著。經過大陸學者三十年來的努力，所得到的成果，大致表現在以下幾方面：

（一）全中國各地（包括台、港、澳）學術刊物中，每年都有數十篇至百篇有關蔣介石研究的專題論文，其中不乏「探幽析微」的佳作，更有學者在蔣之政治、軍事、文化、思想，做了深入的探討。

（二）全面敘述蔣氏一生的傳著已經出版了好幾種，還有《蔣介石系列叢書》、《蔣介石政治關係大系叢書》的出版。這些專著和叢書，竟成了熱門暢銷書。

（三）有關研究蔣氏的資料和工具書，也出版了幾種，如年譜、大事紀等。

在許多研究蔣氏的論著中，已不再拘泥前人之見，不再是簡單地一概罵倒，一概否定，而是從大量史料進行歸納、分析、研究，具體評述蔣氏在辛亥革命、北伐戰爭、十年統治、抗日戰爭、戰後時期，以及台灣統治等，各個不同歷史時期，重大史事中，各不相同的功過是非。[3]

（三）由絕對性轉向相對性，一元化走向多元化

大陸學者對蔣氏各個不同時期重大史事和功過是非的評述，也在不斷的推陳出新和提升水準。大致而言，在改革開放較早時期的論著，對蔣氏的評價，雖有肯定與否定，但否定似乎多於肯定，摻雜的意識形態比較濃厚。較後則較為開放，肯定與否定，較為適中

---

[3]　嚴如平前文，頁63－65。

持平；有時甚至肯定多於否定，意識形態亦較淡薄。同時由於研究者的背景和性格之不同，對蔣氏之歷史地位，也評價不同。這些不同的評價，可以使我們了解大陸學者的學術研究，已由絕對性轉向相對性，由一元化走向多元化。這是非常重要的進步。

茲就大陸學者所著兩種不同的蔣氏傳記做一比較，可以看出因著者之不同，而對蔣氏歷史地位有不同的評價，一是楊樹標所著的《蔣介石傳》（以下簡稱楊著《蔣傳》），一是王俯民所著的《蔣介石詳傳》（以下簡稱王著《詳傳》）。

楊著《蔣傳》據其〈簡介〉：從1961年起，致力於國民黨史與蔣介石的研究，曾擔任中共史學家何幹之的助手，何在文革時期被冤死，楊仍堅持蔣介石的研究。該書1989年出版後，大陸史學界曾譽之為「蔣介石研究的開拓者」。此書只寫到蔣在大陸時期，將蔣分為五個歷史階段來評價：一是辛亥革命時期，蔣是一個肯定性的人物；二是第一次國共合作時期，蔣是一個基本上肯定的人物；三是南京十年時期，蔣是一個基本上否定的人物；四是抗日戰爭時期，也是第二次國共合作時期，蔣是一個基本上肯定性的人物；五是國共內戰時期，蔣是一個完全否定的人物。[4]

筆者對楊著《蔣傳》，曾為國史館做過書評，結論是：

> 著者（楊樹標）把蔣介石在大陸時期的歷史分為五個階段，依照這五個階段，對蔣分別加以肯定和否定。其所肯定和否定的標準，大致是以對中共的態度而定。……所謂黨同伐異，自古有之。以中共黨的立場來做評人論事的標準，使得本書充滿了為政治而服務的色彩。[5]

---

4 楊樹標，《蔣介石傳》，團結出版社，1989年，北京。
5 拙撰楊樹標著《蔣介石傳》書評，《中國現代史書評選輯》（國史館，1994年，台北）輯13，頁28。

著者楊樹標對筆者的書評，不但不以為忤，而且大為感謝，說筆者為他紓解了很大的困擾。因為該書出版後，由於書中對蔣氏有肯定之處，頗受「保守」人士的批評。楊氏即以筆者的書評作為「擋箭牌」。

所謂「基本上肯定」或「基本上否定」，亦即相對的肯定或相對的否定，即肯定之中亦有批評或否定，否定之中亦有肯定之處。例如《蔣介石的寵將陳誠》一書的著者孫宅巍，對陳誠的歷史地位評價，也是用相對的肯定與相對的否定。認為陳誠的主要特點可以用三句話、六個字來概括，即：反共、忠蔣、愛國。反共，當屬反動，應予否定；忠蔣，應做具體分析；愛國，基本上應予肯定。所謂「基本上肯定」，即在肯定的同時，對於那些「親者痛、仇者快」的事，應予批評及否定。所謂「基本上否定」，即在否定的同時，對於那些利國利民的事，如開發邊疆、抵禦自然災害、反對台獨等，亦應給予實事求是的評價。[6]

這種相對的肯定或否定，對於改革開放前的一切，都是絕對性，毫無包容性而言，應是一大改變，也是一大進步。

（四）衝破禁區超離政治

王著《詳傳》對蔣氏功過是非的記述和褒貶，雖非完全精確，但能予人以實事求是的感覺，甚少有意識形態摻雜其中。此書之前，王已出版四十萬言的《蔣介石傳》，是此《詳傳》的縮寫。據著者自述：《蔣介石傳》出版後，「得到廣大讀者的充分肯定與支持」；雖因時間緊迫，取捨難免不當。因此《詳傳》出版前，特予全面反覆審閱和推敲；在用詞上，凡屬「敏感」之類或簡化、或刪

6　孫宅巍，《蔣介石的寵將陳誠》（河南人民出版社，1990年，鄭州。）

除，但決不虛構。今讀該書〈前言〉，著者撰寫此書的態度，頗有
中國傳統史家的氣概。其〈前言〉有云：

> 寫史宗旨，實事求是，秉筆直書，寫史亦然。總之，寫史於
> 事實於直筆，只要史實不虛，則千載萬世而不可改，亦千
> 載萬世而可以為鑑。中華史界直筆傳統之真意，盡在於斯！
> 筆者雖愚，不敢更改也。文天祥曰：「天地有正氣，……沛
> 乎塞蒼冥。」史界亦有正氣，浩浩數千年，不絕於史者，此
> 也。[7]

大陸有位學者批評〈一個從事蔣介石研究的人〉指出：

> 有一位從事蔣介石研究的人揚言：自己要不偏不倚，既不是
> 國民黨觀點，也不是共產黨觀點，而要有自己的觀點，這
> 當然令人拭目以待。結果怎樣呢？人們遺憾地，看到在他的
> 著作裡，把解放戰爭，說成是「蔣毛戰爭」，說蔣介石如何
> 注重禮儀，如何體察民間疾苦，如何使人暢所欲言，如何節
> 儉簡樸；甚至說他在台灣是實行「民主政治」和「清官政
> 治」，對台灣的經濟建設做，做出了突出的貢獻等等。[8]

上項批評，顯然是對王著《詳傳》而發，不啻為之宣傳。王著
《詳傳》對蔣的歷史地位，可謂「完全肯定」。例如講到蔣氏如何
建設台灣，王著《詳傳》指出：

> 蔣介石主持台灣當局的工作時期，因而對其建設台灣，發展

---

[7] 王俯民，《蔣介石詳傳》〈前言〉（中國廣播電視出版社，1993年，北京）頁1。
[8] 嚴如平前文，頁68。

台灣生產力是有功的。他給台灣人民帶來了生產水平和生活水平的迅速提高。

當蔣介石確立大政方針後，具體經濟工作，交由經濟專家們完全負責，主動進行管理，指導和訂出具體經濟改革計畫。故其政治，尤其在政權上，雖實行個人獨裁，但在經濟建設工作中，則由專家負責，給予全權。並實行清官政治，簡化手續，以利於經濟發展。總之，使政府為經濟發展、為企業家服務，而不是專卡企業家的脖子，進行無情的內耗以自殺。因而使台灣經濟發展，卓有成就。[9]

（五）重評歷史地位證例之一：蔣與孫中山關係今昔不同

大陸史學界對蔣歷史地位的重評，已屢見不鮮。例如講到蔣介石與孫中山的關係問題，北京社科院近史所學者陳鐵健、黃道炫在其論文中指出：

> 中國大陸史學界對於蔣介石與孫中山關係的研究，長期以來，固襲傳統的政治觀念，沿用固有的思維方式，把蔣介石貶為騙取孫中山信任，投機於國民革命的政治騙子和投機分子。這個流行了幾十年的歷史結論，它是否合乎客觀實際？究竟有多少科學性，這些問題在現代史研究中，是無法迴避的，很有重新加以論辯的必要。[10]

---

9 王俯民，《蔣介石詳傳》，下冊，頁1569-1570。
10 陳鐵健、黃道炫，〈重論蔣介石與孫中山的關係〉，《民國研究》，第1輯1994年。頁4。

經過兩位學者旁徵博引，分析綜合，它的結論是：

> 質而言之，十多年來，蔣介石與孫中山之間，不存在騙與被
> 騙的不良關係；而是革命黨人之間正常的上下關係。孫中
> 山是最高革命軍領袖，又被當作革命的化身。蔣介石革命資
> 歷較淺，對革命主義知之不多，且受傳統君臣之義影響，以
> 效忠觀念對待革命領袖，又時有乖戾之舉動，輒拂袖而去。
> 孫中山作為革命黨魁，雖然要求部下忠誠地服從於他，但也
> 強調平等相待，允許不同意見。對蔣介石的乖戾行為，孫中
> 山大度寬容，多能原諒，不以為忤，反而備加重用。這主要
> 是因為孫中山始終把蔣介石看作一位喜怒形之於色，缺乏政
> 治素養，又性格剛正，直言敢諫的軍事將領。孫中山以崇高
> 的地位和聲望，從體諒武人的角度，容納駕馭蔣介石，使其
> 發揮所長，為之所用，以利於革命事業。孫中山始料不及的
> 是：蔣介石一旦羽翼豐滿，就會挾武力涉足於政治，終於從
> 軍事強人，走上中國最高統治地位。[11]

楊著《蔣傳》對蔣介石與孫中山關係，亦不認為存在「騙與被
騙」的問題。認為：

> 蔣介石取得孫中山的信任，決非一朝一夕，而是有一個較長
> 的過程，是多方面的因素所致，主要的是蔣介石本身的才
> 能，尤其是軍事方面的才能，獲得了孫中山的信賴。其中一
> 個關鍵的事件，是陳炯明的叛變，企圖置孫中山於死地。此
> 時蔣介石能毅然決然地南下廣州，潛入永豐艦，幫助孫中山

---

[11] 陳鐵健、黃道炫，〈重論蔣介石與孫中山的關係〉，頁20。

度過難關。這不能不使孫中山更加信賴蔣介石，而且日漸將重任託付於蔣。[12]

（六）重評歷史地位證例之二：蔣在抗戰中的作用今是昨非

抗日戰爭史的研究，是大陸學界自開放以來最熱門的學科，自1980年代以來，著作、資料，大量湧現，觀點逐步更新。其中有關蔣介石在抗日戰爭中的作用和地位，也不像過去成為禁區或予全盤否定。對其功過是非或成敗得失，頗能實事求是作成客觀的評價。舉例如下：

例一。1931年「九一八」事變，蔣介石與張學良的責任問題，過去一般均認為張學良是執行蔣的「不抵抗」政策。但近年即有學者提出：「不抵抗」蔣固然負有主要責任，但張亦應負重要責任。還有學者認為：張、蔣在「不抵抗」問題上，基本態度大致相同。張是自覺自主奉行「不抵抗」政策，因為以張的實力和脾氣，他可以不同意蔣的「不抵抗」政策，也可以不聽蔣的命令而奮起抵抗。但事實不然，當他防守錦州時，蔣及國府數次令他抵抗，他卻悄悄撤兵，更可證明張之獨立自主。蓋張以西安事變對中共有「不世之功」，中共黨史多予曲護。今回歸歷史，則有不同矣。[13]

例二。關於蔣之「安內攘外」政策，過去大陸學者多予負面的評價，把「剿共」與對日「妥協」，劃為等號，指為「降日」或「賣國」。但近年已有學者認為「安內」不僅限於對付共產黨，也在平息內部的衝突；對抗日準備，也是有所作為。1935年華北事件

---

[12] 楊樹標，《蔣介石傳》，頁33。
[13] 京中，〈抗日戰爭史研究述略〉，《抗日戰爭研究》編《抗日戰爭勝利五十週年紀念集》，1995年，近代史研究雜誌社，北京。頁490。

後，蔣雖繼續壓制內部立即抗日的要求，但已祕密進行抗日的準備工作。[14]

例三。關於抗戰的領導問題，過去中共一向強調是由中共領導，蔣是被逼抗日的；抗戰時期，蔣是「消極抗日，積極反共」。近來則有不同的解釋，例如一位史學界前輩劉大年先生，也是一位八路軍老戰士、馬克思主義者的史學家，在其晚年學術生涯中，也達到一個新的境界。對蔣介石在抗戰中的地位和作用，一反過去全面否定，而為肯定。他說：

> 當時國家權力，掌握在蔣介石、國民黨手中，抗日戰爭有蔣介石、國民黨參加，才有了全民族的抗戰。抗戰期間，蔣介石雖然沒有放棄反共，也沒有放棄抗日。從全民族戰爭的角度看，蔣介石、國民黨在抗戰中的重要地位和作用，應當得到客觀的全面的理解。[15]

有了這位「八路軍老戰士」和「馬克思主義者」史學家的帶領作用，無異給大家開闢了新的空間。另一位「八路軍老戰士」和「馬克思主義者」史學家北京社會科學院院長胡繩在其主編的《中國共產黨七十年》有一段話是說：

> 國民黨最高領導人（蔣介石）承認第二次國共合作，實行抗日戰爭，是對國家民族立了一個大功。國民黨當時是執政黨，擁有二百萬軍隊。國民黨當時政策的轉變，對抗日戰爭的全面展開，有著重要的意義。[16]

---

[14] 京中前文，頁487。

[15] 張海鵬，〈戰士型的學者，學者型的戰士——追念劉大年先生的抗日戰爭史研究〉，《抗日戰爭研究》，2000年第一期，北京。頁23。

[16] 轉引楊天石，〈蔣介石與中國抗戰〉，《找尋真實的蔣介石》（三聯書店公司，

研究蔣介石最傑出的學者，北京社會科學院近代史研究所楊天石更承認：「蔣介石對抗戰勝利是有功的，對世界反法西斯戰爭的勝利也有功。」第一，是促進了不平等條約的廢除。第二，是促進了中國國際地位的提高。第三，是收復失地，洗雪國恥。第四，促進了國際反法西斯戰爭的勝利。當然，上述成績，自然不是蔣介石一人之功，但是，他順應「天理」和「人情」，領導國民黨和國民政府抗戰，堅持到底，這些成績，自然也和他個人密不可分。蔣的過錯，楊也指出：第一，片面抗戰與戰略上的失誤。第二，抗戰中期與後期的反共活動。第三，蔣在抗戰期間，堅持一黨專政。[17]

　　這是對蔣介石領導抗戰的功過，較為完整的評析。如就功過相比，蔣介石對於抗戰，還是功大於過。所謂「人非聖賢，孰能無過？」即如呂芳上在楊著《找尋真實的蔣介石‧序言》中所云：「以蔣介石研究為例，海峽兩岸對蔣一向的『神』、『鬼』之辨，到如今視為有成有敗、有功有過的『凡人』。蔣介石走入歷史，社會因此更見成熟。」[18]

　　2008年，香港）。頁508。
[17] 楊天石，〈蔣介石與中國抗戰〉，《找尋真實的蔣介石》，頁509－510。
[18] 呂芳上，〈序言〉，楊天石，《找尋真實的蔣介石》，頁v。

血歷史116　PC0734

新銳文創
INDEPENDENT & UNIQUE

多難興邦：胡漢民、汪精衛、蔣介石及國共的分合興衰1925－1936

作　　者　　蔣永敬
責任編輯　　洪仕翰
圖文排版　　楊家齊
封面設計　　蔡瑋筠

出版策劃　　新銳文創
發 行 人　　宋政坤
法律顧問　　毛國樑　律師
製作發行　　秀威資訊科技股份有限公司
　　　　　　114 台北市內湖區瑞光路76巷65號1樓
　　　　　　電話：+886-2-2796-3638　傳真：+886-2-2796-1377
　　　　　　服務信箱：service@showwe.com.tw
　　　　　　http://www.showwe.com.tw
郵政劃撥　　19563868　戶名：秀威資訊科技股份有限公司
展售門市　　國家書店【松江門市】
　　　　　　104 台北市中山區松江路209號1樓
　　　　　　電話：+886-2-2518-0207　傳真：+886-2-2518-0778
網路訂購　　秀威網路書店：https://store.showwe.tw
　　　　　　國家網路書店：https://www.govbooks.com.tw

出版日期　　2018年4月　BOD一版
定　　價　　320元

Printed in Taiwan

國家圖書館出版品預行編目

多難興邦：胡漢民、汪精衛、蔣介石及國共的分合
興衰1925－1936 / 蔣永敬著. -- 一版. -- 臺北
市：新銳文創, 2018.04
　　面；　公分. -- (血歷史；116)
　　BOD版
　　ISBN 978-957-8924-06-2(平裝)

1. 國民政府　2. 民國史

628.3　　　　　　　　　　　　107002968

讀者回函卡

感謝您購買本書,為提升服務品質,請填妥以下資料,將讀者回函卡直接寄回或傳真本公司,收到您的寶貴意見後,我們會收藏記錄及檢討,謝謝!
如您需要了解本公司最新出版書目、購書優惠或企劃活動,歡迎您上網查詢或下載相關資料:http:// www.showwe.com.tw

您購買的書名:_____

出生日期:_____年_____月_____日

學歷:□高中 (含) 以下　　□大專　　□研究所 (含) 以上

職業:□製造業　□金融業　□資訊業　□軍警　□傳播業　□自由業
　　　□服務業　□公務員　□教職　　□學生　□家管　□其它_____

購書地點:□網路書店　□實體書店　□書展　□郵購　□贈閱　□其他

您從何得知本書的消息?

　　□網路書店　□實體書店　□網路搜尋　□電子報　□書訊　□雜誌

　　□傳播媒體　□親友推薦　□網站推薦　□部落格　□其他_____

您對本書的評價:(請填代號 1.非常滿意　2.滿意　3.尚可　4.再改進)

　　封面設計____　版面編排____　內容____　文／譯筆____　價格____

讀完書後您覺得:

　　□很有收穫　□有收穫　□收穫不多　□沒收穫

對我們的建議:_____

_____

_____

_____

姓　　名：＿＿＿＿＿＿＿＿＿　年齡：＿＿＿＿　性別：□女　□男

郵遞區號：□□□□□

地　　址：＿＿＿＿＿＿＿＿＿＿＿＿＿＿＿＿＿＿＿＿＿＿＿＿

聯絡電話：(日) ＿＿＿＿＿＿＿＿＿＿　(夜) ＿＿＿＿＿＿＿＿＿＿

E-mail：＿＿＿＿＿＿＿＿＿＿＿＿＿＿＿＿＿＿＿＿＿＿＿＿